应用型本科院校经管专业规划教材系列

编委会

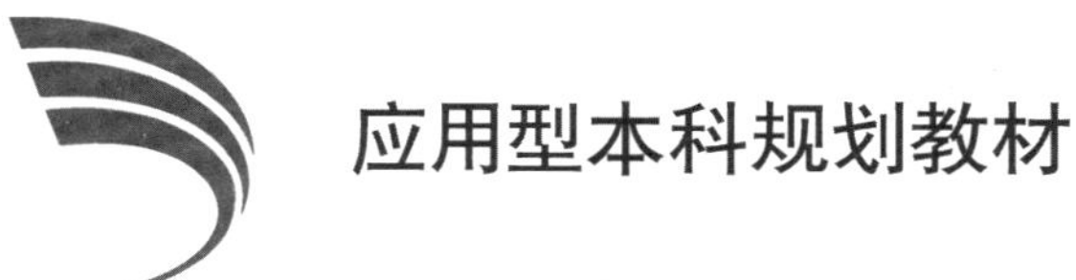

应用型本科规划教材

商业银行管理学

COMMERCIAL BANK MANAGEMENT

◆韩 瑾 主编

ZHEJIANG UNIVERSITY PRESS
浙江大學出版社

总 序

胡祖光

应用型本科教育是在我国经济建设现代化和高等教育大众化推动下产生的一种新类型本科教育。研究型和教学研究型高校主要培养理论型人才,高职类院校培养技能型人才,而大量的教学型本科院校、独立学院培养的是介于前两类院校之间的应用型人才。应用型本科教育作为一种独立的教育类型,它具有自己的人才培养目标、培养规格、培养过程、培养方式和评价标准。

随着办学规模的快速扩大和分类指导、分层教学的开展,应用型本科高校的人才培养定位日益清晰,但作为实现培养目标重要工具的教材建设却远远滞后。由于应用型教材种类和数量的匮乏,使得许多院校不得不沿用传统研究型教学的教材。严重影响了应用型本科院校人才培养目标的实现。浙江大学出版社一直关注应用型本科院校的建设与发展,把开发应用型本科教育教材列为重要工作,组织力量并与相关高校密切合作,与广大一线教师、院系教学领导进行充分有效的研讨、交流,组织优秀的作者队伍编写教材,努力编写出适合应用型人才培养需要的教材。

应用型本科院校大多设置有经管类专业,在学人数量很大,涉及的课程也很多。浙江大学出版社在调查研究基础上,优先开发了教学急需、改革方案明确、适用范围较广的教材。

胡祖光 浙江工商大学党委书记、校长,浙江省社会科学界联合会主席,教授、博导。

本系列教材具有以下特色：

1. 强调教材要符合应用型本科教育的定位和人才培养目标。考虑到应用型本科教育既要符合高等教育法关于本科教育学业标准的规定，又要充分体现应用性的特点，强调以应用为主线来构建教材的结构和内容，做到基本理论适度，实际应用性突出。同时，把经管类学生应当学习和掌握的应知应会的基本技能贯彻于教材中，把理论与实验实训有机结合起来。

2. 强调教材及时反映新观点、新技术、保证学生接收和掌握前沿实用的知识和技能。把当前生产工程、管理、服务一线的新观点、新技术收到教材中，增强学生的学习能力、就业能力、转岗能力和创业能力。

3. 聚集多校力量，吸纳各校教改成果，提高教材质量。将情况较为类似的学校组织到一起进行教材编写，挑选业务水平高、教学经验丰富的一线骨干教师作为主编。通过集体讨论来决定教材的整体框架、内容选取，把各校的教学改革成果体现到教材中。

相信这套精心策划、认真编写出版的系列教材会得到广大院校的认可，对于应用型本科院校经济管理类专业的教学改革和教材建设将起到积极的推动作用。

2006年8月

前　言

商业银行是以复合银行体系为特征的当前世界金融体系的主体，商业银行的经营行为和效率对世界经济金融体系运行起着举足轻重的作用。商业银行作为特殊的金融企业，经过数百年的发展，在管理经营思维及方式方法上有其特有的规律，并积累了深厚的经验可供后人学习。

2001年中国加入WTO，中国金融市场也同时步入了前所未有的高速发展阶段，中国商业银行在业务品种、管理模式和公司治理方面创新不断。如何应对投资银行发展对商业银行业务的挑战，如何丰富商业银行的资金运用项目拓展盈利渠道，如何完善和发展规避风险技术和工具，如何满足不同客户群体不同层次需求等新问题是中国金融界在理论上和实践上需要不断探索和解决的课题，也是现代金融人才、商业银行从业人员需要掌握的理论和技术基础。

本书以教程形式编写完成。详细地、循序渐进地向读者介绍了商业银行的历史、基本业务、管理理论、管理技术和经验。同时以中国金融界近几年发生的事件作为案例，向读者展示了当前银行家面临的挑战和思考，展示了中国商业银行正在进行的改革和银行家的实践活动，使商业银行管理学基础理论学习与银行家的实践活动生动地衔接。

针对如何解决本科学生理论与实践相结合的问题，本教材还引用了商业银行经营管理中的实际数据和技术样本，以增强读者对银行管理的感性认识和帮助读者初步掌握银行的实际操作程序和技能。

本书是金融专业本科学生系统学习商业银行的基础知识，掌握银行基础管理技术的教材。也可以作为金融专业研究生和金融从业人员系统掌握商业银行基础知识的参考书。

全书共十六章，分为三部分。

1. 第一部分为商业银行概论。第1—3章描述商业银行的历史、金融职能、公司治理结构、商业银行现阶段的危机和发展方向，以及评价商业银行的业绩的通用方法。

2. 第二部分为商业银行基础业务。第 4－11 章讲述了银行资本金管理、资金来源管理和资金运用管理，以及基于银行基础业务之上的商业银行创新业务品种和创新活动。

3. 第三部分为商业银行新型业务及风险管理技术。第 12－16 章讲述了银行中间业务、表外业务、国际业务及规避风险技术。

本书希望通过对基础理论的详细讲解，辅助于实际问题的讨论，使读者更容易将理论知识与实践活动联系在一起，在增强学习乐趣的同时，培养处理实际问题的能力。

本书第 1 章至第 13 章、第 15 章、第 16 章由浙江大学城市学院韩瑾副教授编写，第 14 章由浙江大学理工学院熊越生博士编写。

由于金融市场发展日新月异，编者水平的局限性，教材中难免出现遗漏和错误，恳请读者批评指正。

编　者

2007 年 3 月

目　录

第一部分　商业银行概论

第二部分　商业银行基础业务

第三部分 商业银行新型业务及风险管理技术

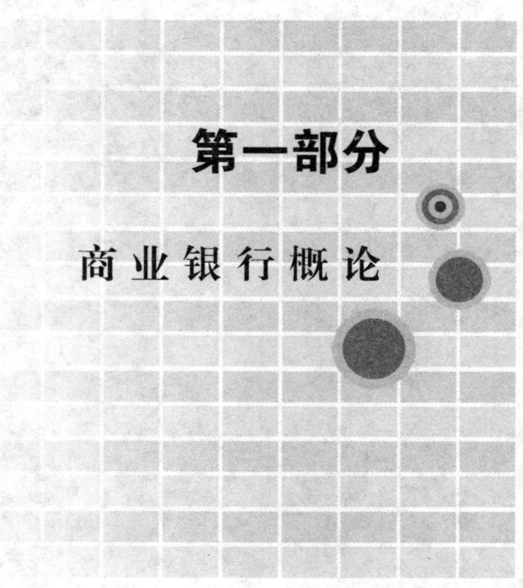

第一部分

商业银行概论

目前，中国实行的是以中央银行为核心、以商业银行为主体、多种金融机构并存的金融体系。商业银行的贷款规模高达23万亿元，银行贷款总量占间接融资市场资金总量的80%以上。商业银行向社会提供着以支付结算为基础的各类金融服务，银行业务活动已经渗透到社会经济活动和公众日常生活的各个环节。

了解并掌握银行作为一种特殊的经济实体的基本运作规律，是成为金融行业一分子，进而成为金融家、银行家的有志青年的知识基础，也是为国家培养新一代银行人才、推动中国金融事业发展的基础。在本书的第一部分，我们主要从宏观的角度，介绍商业银行的发展历史，分析商业银行得以存在的经济学原因，以及银行组织结构和影响经营业绩的因素。

第1章

导 论

引 言

商业银行是市场经济的产物，是适应市场经济社会化大生产而形成的一种金融中介组织。自1587年世界上第一家银行在威尼斯出现，商业银行在西方国家的发展已经经历了四百余年，是各种金融机构中历史最悠久、提供金融服务范围最为广泛的组织，至今仍然在世界金融体系中发挥着主导作用。

学习目标

1. 掌握界定商业银行的方法
2. 掌握商业银行的作用及其得以存在的经济学原因
3. 了解商业银行发展历史和未来发展趋势

重点问题

1. 商业银行在经济体系中的基本职能
2. 银行家管理商业银行的基本原则
3. 历史上两种典型的商业银行模式

1.1 商业银行的界定

什么是商业银行(Commercial Bank)? 如今冠以“银行”字样的机构比比皆是,比如投资银行、开发银行、储蓄银行、商业银行、世界银行等等,如何界定商业银行机构特性,将商业银行从众多的金融机构中区分出来,是本课程开展各种问题讨论的基础。

1.1.1 商业银行的定义

对商业银行的定义至今并没有一个权威性的定论,不同权威机构和学者对“商业银行”解释不同,但是把商业银行视为特殊的金融企业,从企业经营范围和提供的服务角度去描述商业银行的特征,各学派的观点较为一致。

美国著名学者彼得·罗斯在《商业银行管理》一书中这样解释:“对商业银行最好的辨别方法是观察这些机构,看他们向公众提供什么样的服务。作为金融机构的商业银行向客户提供了范围广泛的金融服务,尤其是在贷款、储蓄和支付结算方面。商业银行向经济社会中任何商业企业提供广泛的金融服务。”

中国学者史建平在《商业银行管理学》(2003)中将商业银行定义为:“商业银行是从事货币信用的企业,它为客户提供支付服务、金融中介服务和其他金融服务,从中获得利润。”

国际货币基金组织(The International Monetary Fund,IMF)①用“存款货币银行”来描述此类金融机构。

2003 年 12 月颁布的《中华人民共和国商业银行法》从商业银行可提供的金融服务和产品范围方面界定了商业银行的企业性质:“本法所称的商业银行是指依照本法和《中华人民共和国公司法》设立的吸收公众存款、发放贷款、办理结算等业务的企业法人。”

综合上述理论界、实务界专家和机构对商业银行性质的界定,我们认为商业银行是这样一种特殊的金融机构。首先,为客户提供“开立活期存款账户”的服务,并通过活期存款账户向客户提供支付结算服务。提供支付结算服务是商业

① 国际货币基金组织(The International Monetary Fund,IMF)是政府间的国际金融组织。于 1945 年 12 月 27 日成立,是联合国的一个专门机构。IMF 已有 182 个成员。主要业务活动有:向成员提供贷款,在货币问题上促进国际合作,研究国际货币制度改革的有关问题,研究扩大基金组织的作用,提供技术援助和加强同其他国际机构的联系。

银行的基础业务。其次，为客户开立定期存款账户，并以活期和定期存款账户为基础广泛吸纳家庭和机构闲置资金，并向家庭或机构资金需求者发放贷款。提供存贷款服务是商业银行核心业务。第三，商业银行是以获利为最终目标的金融类企业，实现盈利是银行生存的前提。商业银行在社会中的特殊地位，造成公众往往对银行抱有承担部分"社会责任"的希望，但是，作为实体企业，如何实现经营目标和盈利，才是银行经营管理的核心问题。如何处理好追求盈利和社会责任之间的矛盾，是银行家特别是追求高速增长的银行家面对的难题。第四，商业银行是从事货币信用的企业，以信用为生存基础。公众相信银行会履行"到期还本付息"的承诺，将家庭的生活基金、养老金，机构暂时盈余的资金存入银行，这些资金构成了银行主要资金来源，是银行获得投资收益的基础。如果银行不履行承诺，少付利息，更严重地不能偿还本金，存款人会迅速提取存款，银行就会倒闭。因此，银行的公众信用形象是其生存的基础。

中国商业银行的业务范围是由中央银行设定的，与其他类别金融机构之间业务范围界限非常清晰。通过辨别业务范围，能够准确地识别哪些金融机构属于商业银行。在中国能够提供存款账户服务同时又能提供贷款服务的金融机构都被划分为商业银行，归属中国人民银行统一监督管理，比如邮储、农村信用社等金融机构，虽然这些金融机构的名称中并没有加入银行的字样。

1.1.2 商业银行的企业行为特征

商业银行作为特殊的微观经济实体——金融企业，是以追求利润最大化为目标，以金融资产和金融负债为经营对象，利用负债进行信用创造，全方位经营各类金融业务的综合性、多功能的金融服务企业。其主要特征如下：

一是与一般企业一样，以盈利最大化为经营目标。2005 年之前，中国四大国有商业银行的中国工商银行、中国农业银行、中国银行、中国建设银行，其职能主要是充当国家执行宏观调控政策的工具，以执行国家金融政策情况作为绩效评价标准，造成银行大量的不良资产，盈利能力很低。在这种状况下，四大国有银行虽然冠有"商业银行"的称号，但并不是严格意义上的商业银行。相比之下，中信银行、上海浦东发展银行、招商银行等众多的股份制商业银行，其银行管理者完全根据市场规律管理和决策，银行绩效以盈利能力作为评价标准，因此是严格意义上的商业银行。

二是不同于一般工商企业，是金融中介机构。商业银行经营的商品是特殊的商品——货币，经营活动领域是金融市场和货币市场，提供的产品是存贷款产品和其他金融服务产品。商业银行的中介职能表现为在金融市场上取得公众信任，从资金的提供方获取资金实现“资金集中”；利用市场信息和金融专业优势，向资金需求者提供贷款实现“贷者集中”。

三是基础业务不同于其他的金融机构。商业银行是以活期存款账户服务和支付结算服务为基本业务的特殊金融机构。在活期存款账户服务基础上，向公众提供最广泛的金融服务。

四是独特的盈利模式。传统商业银行通过筹集低成本（低利率）资金，发放适度利率的贷款，获得利差收入。利差收入是商业银行最主要的收入来源。现代商业银行的中间业务发展迅速，服务手续费收入也成为银行收入的主要部分。商业银行盈利模式可以简单地表示为：

银行收入＝（贷款资金平均利率－存款资金平均利率）×可贷款资金数额
＋服务手续费收入－各项费用支出

1.1.3　商业银行的业务特征

商业银行在商品经济社会中，以多种形式、提供多种产品服务于家庭和机构。不同的产品分类被银行管理者称为不同的“业务”。比如银行向客户提供活期结算账户服务、定期存款账户服务和以活期结算账户为基础的支付结算服务，同时提供生产经营贷款和消费者贷款等等，这些产品和服务被分别归类为存款业务、结算业务和贷款业务。

传统上的商业银行以存款业务、支付结算业务和各类贷款为基础业务，但是，随着经济环境变化，市场竞争加剧，传统业务市场正在不断被其他金融机构蚕食。在存款业务方面，随着资本市场的发展，货币基金由于其较小的风险和较稳定的收益越来越被公众所接受，商业银行原有的中小资金的提供者纷纷离开商业银行，借助于货币基金将资金投入资本市场。商业银行存款资金来源萎缩，商业银行扮演社会“资金集中”角色的地位受到威胁。在贷款业务方面，商业银行扮演的“贷者集中”的角色也同样受到挑战。大型企业、优质中小型企业越来越多地以在主板和中小企业板上市的形式获得融资；而创业型和发展初期的小企业也越来越多地通过风险投资机构、民间融资机构获得融资支持，贷款市场竞争白热化。只有支付结算业务方面商业银行拥有“专属空间”，各国金融制度严格控制提供支付结算服务的金融机构数量。残酷的竞争使得固守传统业务的商业银行面临倒闭的威胁。

近年来，各国商业银行，特别是经济发达国家的商业银行，不断创新产品和服务，将经营范围延伸到资本市场和保险市场。这种努力是艰苦的，常常与金融监管条例发生冲突。但是也正是在创新和约束不断摩擦和协调之中，商业银行业务得到了前所未有的发展。金融衍生产品、代客理财产品等已经成为现代商业银行的主要业务,商业银行的业务范围也开始扩展进入资本市场。

1.2 商业银行经营管理原则

商业银行作为一个特殊的金融企业,它具有一般的企业特征:追求利润最大化。但是,商业银行在经济社会和金融体系中的特殊地位和作用,要求商业银行在追求收益的同时,必须兼顾一定的社会责任。这些责任包括:正确地、有效地执行国家货币政策和系列宏观调控政策,保证国家金融体系平稳运行;保证资金安全,建立可靠的信用形象,维持社会秩序的稳定。另外,在经营活动中银行承担着巨大的信用风险,不良资产比率过高会导致银行倒闭,因此,保证贷款资金的安全回收,确保存款人资金安全成为银行家经营决策中的首要原则。

1.2.1 经营管理的原则

商业银行的经营管理必须坚持以下原则:

1. 安全性原则

安全性原则包括两个方面内容:一是,商业银行必须有足够的清偿力(持有足够的资本金数量)。即在贷款资金受到重大损失时,足够的资本金数量可以保证银行用资本金弥补贷款资金损失,不会将贷款损失转嫁给存款人,从而保护存款人的利益。二是,在日常业务活动中,必须把“保证资金不受损失”作为首要原则。保证银行、存款人资金安全是商业银行开展日常工作的前提。

2. 流动性原则

指商业银行应保持稳定的资金来源,具有足够的融资能力。随时以适当的价格、取得足够的资金,以满足客户提取存款、获取贷款的需求,满足结算客户支付清算的需求。流动性是商业银行正常运作的充分和必要条件。

3. 效益性原则

指商业银行作为一个企业,其经营目标是追求最大限度的盈利。盈利能力是评价商业银行绩效的核心标准,是商业银行经营管理的最终目标。影响商业银行效益的因素主要包括:金融市场环境、存贷款资金规模、金融产品特色和客户群体定位等。为了获得最佳收益率,银行管理者必须综合考虑各种影响因素。

1.2.2 经营管理的主要特点

商业银行经营管理的主要特点表现为:

1. 商业银行业绩受经济环境状况影响非常明显

商业银行的经营对象——货币资金的特殊性，决定了商业银行与经济活动的各个层面和环节都有密切的联系。一方面商业银行的经营行为会影响到经济社会的各个方面，同时社会各种经济活动和状况也会影响到商业银行。比如：商业银行机构所处的地域和经济环境，直接左右着整个地区商业银行的盈利能力。2001—2006 年期间，中国长三角地区经济成为中国经济发展的引擎，地区内企业分布众多，企业效益好，处于长三角地区的商业银行无论大小全部盈利且资产质量良好。与此同时，东北和西北地区，由于整个地区经济相对落后，造成该地区的商业银行整体盈利水平明显低于长三角地区。

2. 商业银行经营活动的全过程充满了风险

以商业银行提供的基本业务存款、贷款和结算业务为例，主要存在以下风险：①存款业务风险。商业银行吸收存款人资金，同时向存款人承诺：保证存款人可随时提取存款本金，并获得相应的收益。在这个交易中，商业银行处于被动地位，因为存款人可以随时中止交易，提取存款。如果银行经营不当，会出现存款人无法按时提取存款的状况，银行轻则会受到政府监管当局的严厉处罚，重则会引起“挤兑”，引发社会动荡。②贷款业务风险。商业银行获得资金后，必须及时将资金运用出去，即将资金贷给企业或个人。在这个交易中，银行将承担巨大的信用风险。借款人由于种种原因，会出现拖欠贷款或逾期不还的情况，过多的不良贷款，会导致银行丧失清偿能力，引发银行倒闭。商业银行在这个交易中也处于被动地位。③银行支付结算业务风险。在银行支付结算服务中，各种假票和诈骗等恶性案件随时可能发生，银行工作员每天必须认真审核每一张经手的票据和现钞，因为任何一个疏忽都可能给银行带来重大的损失。

1.3 商业银行得以存在的经济学原因

商业银行在国家经济体系、金融体系中的作用是什么？在不同的国家，同一国家经济发展的不同阶段，商业银行所起的作用不同；各国实施的金融制度不同，商业银行的作用也会有程度上的变化。可以肯定的是，商业银行作为一个金融中介机构，与保险公司、基金公司一样，是向家庭和机构提供特定金融服务的。由于社会需要这种特定的金融服务，商业银行就有其存在的理由。事实上“银行为什么会存在”这个金融理论问题至今仍然众说纷纭。在商品经济、市场经济时代，分析商业银行作为金融服务中介机构存在的经济学原因，金融理论家们普遍认为，可以从微观、宏观两个角度，通过金融中介、支付中介、金融服务和货币创造等项基本职能来阐述。

1.3.1 金融中介

商业银行在经济活动中,在两类不同的当事人之间起桥梁作用。这两类不同的当事人,一是入不敷出的个人和机构,他们目前的开销和投资支出大于目前的收入,需要向外借入资金。二是有盈余资金的个人和机构,他们目前的收入大于开销和投资支出,有多余的资金存入银行或进行其他投资。银行在两者之间起着不可或缺的中介作用:向有盈余资金的个人和机构提供金融服务以吸收其资金,转而将这些资金贷给入不敷出的个人和机构。

当银行向入不敷出的个人和机构发放贷款的价格(贷款利率)和预期收益大于向有盈余的个人和机构吸收资金的价格(存款利率)和成本时,银行获得收益。银行就会一直充当这种融资中介的角色。当银行贷款收益率与吸收资金的成本率之间关系可预测时,银行预期的利率风险降低(关于这一点请参阅第十四章规避利率风险技术),银行会不断地扩大吸收存款和扩大发放贷款的规模。

1.3.2 支付中介

支付结算是指机构、个人在社会经济活动中使用现金、票据、信用卡和结算凭证进行货币支付及其资金清算的行为。其主要功能是完成资金从一方当事人向另一方当事人的转移。银行、机构和个人是支付结算行为的主体。其中,银行是支付结算和资金清算的中介机构,商业银行通过发行金融结算工具(支票、汇票、银行卡),利用建立的网点网络(这些网点可以是银行自己设立的,也可以是银行的业务代理机构,或者是有业务合作协议的其他银行的网点)为在本银行开立交易账户的客户提供支付结算服务,帮助委托人完成资金的支付转移。

国家中央银行在建立国家的支付结算网络中起着至关重要的作用。中国人民银行在国家、地区、县市三级人民银行机构中建立了票据交换中心和资金清算平台,三级机构平台连接,组成了覆盖全国的银行支付结算清算网络。各家银行的分支机构与当地的人民银行资金清算平台相连接,通过清算平台实现一家银行资金直接向另一家银行划转。中国人民银行颁布的《人民币银行结算账户管理办法》用来规范和约束银行的支付结算行为。商业银行在经济体系中承担着保证各种资金流动顺畅、资金结算准确的责任。如果将资金视为维持经济体系运行的血液,那么央行和商业银行搭建的资金结算和清算网络就是保证血液流通的循环系统。

商业银行通过提供结算服务,一方面可以收取手续费,另一方面个人和机构在支付结算中会有大量资金沉淀下来，这些资金是银行资金来源的重要组成部分。另外，银行通过优质的结算服务结识了大量的客户，并可以通过客户的结算行为了解其品格和经济状况。这些信息是银行扩大存款客户、贷款客户、理财客户群体的基础信息。因此，商业银行会在支付结算上投入巨大的精力，不断追求客户满意的服务质量。

1.3.3 金融服务

金融中介和支付中介是银行向机构和个人提供的最基础的金融服务。实际上现代银行向个人和机构提供的金融产品和服务已经远远超过了存贷业务和支付结算业务。新型的服务产品有代客理财、提供担保、代理销售保险、基金、黄金，也提供规避风险工具、电子货币支付等。这是银行作为企业顺应客户需求变化和需求多样化的必然结果。银行通过向客户提供他们需要的服务增进与客户的感情，从而锁定客户；通过多样化的服务丰富银行服务种类，增加银行收入。增加银行金融服务种类，创造出更多的服务和产品是客户和银行双方共同的愿望。当然，商业银行提供的服务必须在政府金融政策允许的范围内。

1.3.4 货币和信用创造

所有现代商业银行都创造货币（立即支付的能力）和信用（未来支付的义务）。银行创造货币通过两种方法：其一，银行向借款人发放一笔贷款后，借款人将贷款资金转移到自己的存款账户中，存款账户中的存款资金就是货币，借款人可以开出支票，在任何地方购买商品。这样银行就通过发放贷款，并借助于借款人的存款账户，创造了货币。其二，当贷款产生的存款在银行间流动时，整个银行系统在创造货币。根据政府中央银行的规定，银行持有的存款中一部分必须放到中央银行作为存款准备金，其余资金部分可以作为贷款发放。借款人拿到贷款资金，转账到其他银行的存款账户，其他银行又可以利用存款账户资金发放贷款。如此进行下去，整个银行系统就可以创造出许多的存款资金。如果银行系统没有货币流出（指客户从存款交易账户中提取现金，或者银行留下存款准备金），一元人民币存款将会创造出：

$$\text{创造出新货币}=\frac{1}{RR}\times\text{存款额}$$

式中：RR 为中央银行规定的准备金率；$\frac{1}{RR}$为简单存款乘数。

2006 年 8 月 15 日中国人民银行公布的存款准备金率为 8.5%，那么，1 元人民币创造的货币为：

$$创造出新货币=\frac{1}{8.5\%}\times 1=11.76(元)$$

资金在银行之间流通过程中，会有现金的流出，比如从交易账户中提现，或转换成储蓄存款工具。权威人士认为，银行系统真正的货币乘数小于2。

商业银行借助于支票这种非现金的结算工具，通过发放贷款，派生出存款；并可重复运用这种工具，创造出数倍于原始存款的资金，从而具有创造社会资金供应量的功能。商业银行的这种功能是国家宏观调控两个主要手段(财政手段、金融手段)中的金融手段。中央银行通过调节商业银行的存贷比率或存款保证金比率，可以有效地控制社会货币供应量。

1.4 历史上的商业银行

“商业银行”这种称谓，来自英译 commercial bank，是指以存贷业务为基本业务的一类金融机构。西方经济发展史中记载着银行的发展历程：从最初的16世纪末威尼斯黎多银行到荷兰的阿姆斯特丹银行(1609年)，直至17世纪末的英国的英格兰银行(Bank of England)。银行的股东均由商人和国家机构组成，控制权也掌握在商人与君王手中，服务的对象也是商人和国家利益。用 commercial bank 来表示为商业贸易服务、提供短期贸易融资贷款的银行机构有其合理性。

18世纪初，银行随资本主义的发展进入美国。美国经济最初以产业经济为主体，银行延续早期的主要业务。随后，由于战争而引发美国国内大规模基础建设热潮，投资基础设施建设带来的稳定收益和较少的风险使银行的资金投向逐步向长期投资转移。从那时起，这种称谓已经远远不能表明这一类金融机构的特征，如今人们还这样使用这个名词来称呼这一类金融机构，主要是用于区分投资银行、政策性银行和专业银行等其他形式的银行。我们不能仅仅从名称上去判断这一类金融机构的性质和业务范围，需要从本质上去把握其特征。

1.4.1 早期商业银行在威尼斯萌芽

货币兑换是商业银行最早开展的金融业务。16世纪，由于得天独厚的地理位置，威尼斯成为当时欧洲大陆最富有的城市和贸易集散中心，当地居民主要从事海上渔业和运输，并将丰富的货品转向欧洲大陆。1587年成立了最早的银行——黎多银行(Banco Di Rialto)和信用通用银行(Banco Giro of Venice)，最初的主要业务是兑换和转账。当时小国林立，地点分散，没有统一体系，各国的铸币单位不同，铸币成色和重量也不相同。各国商人在威尼斯进行买卖交易时，为了完成商品交换，必须进行货币的兑换。这样，就出现了专门赚取货币兑换手续费的商人——最早的银行家。这些资金来源于商人自有资金，这时的货币兑换行就是商业银行雏形。后来演化出的业务有：①私人借贷广泛展开。②短期融资工具，期限120天汇票广泛使用。③利率高达20%，风险高的利率利息更高，全由借者承担。

1609年，荷兰的阿姆斯特丹银行成立。阿姆斯特丹是欧洲的主要港口，也是当时国际银行和保险的中心。阿姆斯特丹银行并不发行货币，主要提供兑换、结算、存款业务。其特点是：①以货币兑换为主要业务。②以国家信誉为保障。各国贸易商将黄金存在银行，换取银行的大金额支付凭证。国家规定一定金额以上的支付必须用信用凭证。③银行的信用凭证以客户存入黄金数量的5%贴水。

1.4.2 近代商业银行在欧洲得到发展

17世纪，随着欧洲资本主义发展，威尼斯作为世界贸易中心的地位逐渐被荷兰、英国等新兴的资本主义国家代替。商业银行也随之逐步传入欧洲大陆，经营规模和业务范围在欧洲各国不断扩大。但是，当时的商业银行发放贷款的利率从6%～48%不等，属于高利贷行业。由于这种高利贷对民众的生活产生威胁，遭到了当时教会的反对，一度发展迟缓。

英国的工业革命后，过高的高利贷影响到资本家的利润，制约着资本主义的发展。为了满足社会经济发展对资金的需求，1694年，在英国国王的特许下，英国成立了股东由国王为首，其余1267人"毫无例外"为商人的英格兰银行。其特点是：组织体制是股份制；贷款贴现率为4.54%。英格兰银行的出现标志着近代商业银行模式开始形成。由于提供较低成本的资金，一方面极大地满足了企业主对资金的需求，推动了国家经济的发展。另一方面，高利贷行业为了生存纷纷降低利率，推动了金融行业的发展。

这个时期形成了金融史上两个重要的银行经营模式：

一是以英国为代表的职能型商业银行经营模式。英国商业银行经营的业务主要受"真实票据论"的影响，即资金用途主要是满足短期商业活动，以真实的票据作为抵押，一旦票据到期或承销完成，贷款资金就可以自动收回。这种模式下商业银行的资金安全性得到保证，利润稳定。

二是以德国为代表的全能型商业银行模式。德国、瑞士、奥地利等欧洲国家采取全能型的银行经营模式——金融百货公司。全能型商业银行除了向企业提供短期商业贷款以外，还发放长期贷款，而且可以直接投资股票、证券，参与企业的决策与发展。这种模式将商业银行业务与投资银行业务结合起来，使商业银行显示了强大的生命力。

1.4.3 以美国银行为代表的现代商业银行发展

现代商业银行发展以美国银行业的发展和演变为代表，分为三个阶段。

1. 第一阶段：20 世纪 30 年代之前，混业经营金融体制下的全能型商业银行

20 世纪 30 年代以前，美国商业银行基本上向客户提供综合性全方位的金融服务。第一次世界大战结束后，许多新兴的行业和企业纷纷涌现，为了实现扩大生产规模的目标，企业从主要向商业银行短期贷款融资转向通过资产市场筹集长期资金。同时债券市场和股票市场也得到了迅速的发展。企业债券和股票成了公众投资的热点，证券市场一片繁荣。商业银行借助于其雄厚的资金实力频频涉足证券市场，商业银行为了刺激投资者的投资欲望，通过保证金贷款的杠杆效应，使银行大量短期贷款资金流入股市。同时国家对证券业缺少有效的法律法规和监管机构规范证券业的发展，无论是政府、金融机构、投资人都没有经过全球性的经济危机，对金融风险的预警和防范一无所知。证券市场进入了狂热的非理性阶段。美国政府一直采取“无为而治”放任政策。出现了当时典型的违法行为：如虚售(wash sales)、垄断(corners)、大进大出(churning)、联手操纵(pools)。最终导致 1929 年美国证券市场的大崩盘。以纽约证券交易所为例：

1921 年	股票的平均股价为 66.24 元
1929 年 9 月	股票的平均股价涨至 569.49 元
1929 年 10 月 28 日	终于发生了“黑色星期一”

2. 第二阶段：严格的分业经营金融体制下的职能型商业银行

1929 年至 1933 年，爆发世纪历史上空前的经济危机，纽约证券交易所的股票市值下跌了 82.5%，从 858 亿美元下跌到 156 亿美元，美国银行界也受到了极大的冲击，导致大批银行关闭。仅 1930—1933 年，关闭的银行多达 7763 家。1933 年，弗吉尼亚州的参议员卡特·格拉斯和亚拉巴马州的众议员亨利·斯蒂格尔联合向国会提出了一系列的改革和健全金融管理体系的方案，这就是著名的《格拉斯—斯蒂格尔法》。主要内容包括两个方面：

(1)商业银行必须与投资银行分开。任何以吸收存款为主要资金来源的商业银行，不得经营证券业务。而以证券业务为主的投资银行也不得经营存款业务。两种金融经营机构的管理人员不得相互兼职，分支机构不得有附属关系。

(2)建立联邦存款保险公司。该公司主要经营商业银行的存款业务,同时监督不参加联邦储备系统的州立银行的经营,以保证存款人资金的安全,维护金融业的稳定。

投资银行与商业银行分业经营后,许多同时经营商业银行和投资银行的大银行将两项业务分开。1935 年,摩根公司决定维持商业银行业务,成立摩根—斯坦利证券公司。花旗银行转变为专业的商业银行。大通银行转变为专业的商业银行。所罗门兄弟、美林公司、高盛公司转变成为专门的投资银行。

3. 第三阶段:金融自由化趋势下的商业银行

20 世纪七八十年代的技术革命、金融创新与金融自由化、金融国际化相互作用,相互促进,使得金融机构混业经营成为难以阻挡的历史潮流。1999 年美国国会通过了《金融现代化服务法案》,废止了《格拉斯—斯蒂格尔法》,标志着美国金融经营体系"寿终正寝"。明显的变化是:商业银行被允许持有一定比例的企业股权,商业银行获准可以经营证券业务。

1.5 现代商业银行及其未来发展趋势

伴随着经济全球化、金融一体化的趋势,商业银行未来若干年的发展方向和发展模式也清晰的显现出来。服务区域全球化、业务范围综合化、银行规模巨型化、产品研发快速化,信息技术对银行管理效率和竞争力起着决定作用,成为国际金融机构未来发展的主要特征。

1. 业务全球化趋势

在经济一体化、全球化的大背景下,受益于电子技术和网络技术支持,同时各国政府和监管机构不断放宽监管条例和相关法律限制,各跨国金融巨头为了建立行业垄断地位,保证稳定的利润收入,其网点机构设立几乎遍及世界各个角落。同时,实力雄厚的商业银行市场竞争力更强、抗风险能力更强,经营更稳健,对保证国家经济快速、平稳发展更为有利等等优势,已经成为不争的事实,取得了更多国家政府的信赖。

2. 企业巨型化的趋势和银行并购浪潮

近年来,并购浪潮在世界范围内的各个行业不断蔓延,通过并购扩大企业实力、减少竞争、提高管理及生产效率的效应不断得到证实。商业银行作为经营特殊商品的一般企业,成为兼并购业务中的主角。据统计,截至 2004 年,商业银行前十强,都是通过兼并实现的。

3. 同业间竞争日益加剧

金融市场自由化、全球化,国外金融机构获得国内银行同等待遇,与国内商业银行在相同的环境下进行竞争。

4. 金融创新速度加快

商业银行试图通过金融创新获得新的客户、新的业务领域,以弥补丧失的市场和客户。表现在:一是业务创新。商业银行纷纷投资基金公司、保险公司、证券公司等金融机构,业务范围不断扩大。二是角色创新。商业银行不但在货币市场中发挥主导作用,同时通过各种附属机构,在债券市场、基金市场、金融衍生产品市场也发挥着积极的作用。三是新产品不断推出。在兼并收购领域、期权期货领域向客户提供服务,获得业务发展空间。

2006 年,国内共有 4 家国有商业银行,15 家股份制商业银行,以及农村信用社、邮政储蓄银行。2006 年 12 月,中国度过加入世贸组织保护期的最后期限,国外银行可以在中国大部分城市设立服务网点,提供人民币结算服务,竞争激烈程度加剧。另外还表现在:一是同业业务竞争加剧。各商业银行的服务区域在世界范围扩展,最终趋于相同;高科技产品迅速发展,产品同质化时间缩短。二是客户资源竞争。客户需求不断变化,客户的流动性加剧,保留老客户、获取新客户变为同等重要。三是专业人才的竞争。金融行业也越来越趋于是高智商人才、高水准营销人才、管理人才的汇集之地,产品、服务趋同,业务竞争加剧导致人才流动加速。

5. 信息技术对银行竞争力起着决定作用

电子技术和计算机技术的发展成为商业银行高速发展的助推器。商业银行服务手段的电子化和网络化成为发展主流。

【相关链接】

招商银行借助电子技术发展业务

金融服务由传统的厅堂服务扩展到自助银行服务、网上银行服务、电话银行服务、各种销售终端服务。特别是 Internet 网络,使银行成为办公室内的银行、家里的银行、口袋里的银行,无处不在。在现代网络技术面前,银行无论规模大小处于平等地位,只有掌握领先技术的银行,才能向客户提供全面、快捷、独特的金融服务和产品,从而获得市场竞争力。国内金融市场中,在利用科技技术获得竞争力方面表现卓著的要数招商银行。1997 年,招商银行还是一个规模非常小的地区性银行,其电子借记卡“一卡通”和先进网络技术支持的网上银行从 1997

年到 2006 年始终处于国内银行领先地位。2006 年招商银行凭借其电子银行的实力被世界银行评定为中国最具竞争力的商业银行。

6. 产品设计客户化趋势

现代金融市场中,客户日益成熟,他们不再满足于传统金融产品老面孔,更注重个性化、方便、盈利。客户的需求决定了金融产品的市场份额和生存期。商业银行的产品设计师们面临的难题是:未来客户需要什么样的产品,这样的产品市场有多大、生存期有多长。很多银行都有在产品设计和开发上投入大量资金和精力,而设计出来的产品却受到市场和客户冷遇的经历。市场洞察力、预测能力成为决定银行产品设计师设计能力的决定因素。因此,银行产品设计师逐渐走出后台,与前台客户服务专家、市场研究专家共同合作,后台管理部门与前台服务部门距离缩短。

【本章小结】

我们从讨论商业银行的企业特征入手,通过对商业银行业务范围的界定,将商业银行从众多的金融中介机构中分离出来。讨论了商业银行作为金融中介企业在国家经济、个人和机构经济活动中扮演的角色,介绍了商业银行的基本职能,分析了商业银行得以存在的经济学原因。通过对商业银行历史回顾和发展趋势的分析,揭示了现代商业银行未来发展的多样化趋势和丰富的业务领域,这也是商业银行无限魅力之所在。

【课后练习】

一、论述题

1. 查找资料,谈谈世界银行、投资银行、储蓄银行、商业银行等“银行”机构在服务的对象、服务项目方面的区别。

2. 通过互联网查询,列举世界前二十大金融机构,它们分别属于什么类别的金融机构。简述你这样区分的理由。

3. 中国商业银行发展历史分为哪几个阶段?各阶段有什么特点?

4. 你使用的银行的网址是什么?评价网站的质量?与同类银行相比它有什么独特之处?

5. 关于银行未来命运的问题。许多金融分析家警告传统银行将走向灭亡。目前,随着资本市场发展,银行手中的大客户,甚至中小客户都纷纷转向资本市场,进行投融资。你是否同意金融分析家的观点,请从支持和反对两个方面阐述你的观点。

第1章 导 论

二、计算题

6. 工商银行收到来自客户的一笔存款，总额是9.8万元，其中5万元存入企业支票账户，该账户的法定存款准备金比率是8.5%；其余存款银行为他开具了一张18个月的定期存款单，该账户的存款法定存款准备金比率是9%。问：工商银行最多能借出多少贷款？

7. 关于简单存款乘数计算。

为简单起见，我们规定五个假设：①两家以上的银行；②法定准备金为20%；③公众将全部收入存入银行，手中不持有现金；④全部存款均为活期存款；⑤商业银行无超额存款准备金。问：公众存入100万元的存款，可以产生多少派生存款？

【网站指引】

通过以下网站，你可以了解金融财经动态和金融业热点问题：

http://www.safe.gov.cn/国家外汇管理局网站

http://finance.sina.com.cn/新浪网财经版

第2章

银行体系和经营环境

引言

银行经营管理活动和绩效受到诸多因素的制约，主要是政府金融政策和经济环境两大因素。目前，世界上大多数国家政府的金融监管部门都制定了复杂的银行管理条规——金融政策，并且监督银行家执行条规的情况。这些条规包括机构网点的设置审批、金融服务产品的种类和价格、服务设施状况、服务质量、公众的意见和银行创新项目等等。另外，不同的历史渊源和政治背景，经济发达程度和环境都会直接影响到银行业务和经营业绩，银行家必须熟知这些政策条规和银行运作规律。本章着重讨论金融政策和经济环境对银行管理行为和业绩的影响。

学习目标

1. 掌握金融体系和银行体系的结构
2. 了解中国金融体系对银行家管理决策行为的影响
3. 了解经济环境对商业银行业绩的影响

重点问题

1. 国家金融体系和制度
2. 商业银行体系、制度、组织结构

2.1 金融体系和银行体系

2.1.1 国家金融体系

什么是一个国家的金融体系？金融体系(Financial System)是指在一定的历史时期和社会经济条件下，金融市场参与主体和各主体之间的相互关系。世界各国的金融体系，可以划分为三种类型：

1. 单一银行体制

单一银行体制是指将中央银行的职能和商业银行的职能集中于单一的国家银行，另外仅建立几家专业性的银行，如储蓄银行、外汇银行、投资银行等。苏联、东欧各国及我国改革开放前均属于这一类型。

2. 复合银行体制

复合银行体制是指以中央银行为核心，以商业银行为主体，多种金融机构并存的金融体系。目前，我国的金融体系属于这一类型。这种体系也被称为“以银行为主导的金融体系”。在这个体系中，商业银行居于核心地位，起着绝对主导的作用。商业银行的作用表现在：①银行利率成为金融体系乃至整个社会经济活动的基准收益率。②居民金融资产的绝大部分为银行储蓄存款。③银行体系的资金规模在国家金融体系整体资金规模中的占比较大，庞大的银行资产缺乏流动性。

3. 市场主导型金融体系

市场主导金融体系是指以金融市场为基础和核心构建的金融体系。在这个金融体系中，处于核心和主导地位的是包括股票市场和债券市场在内的资本市场。资本市场的生命力和竞争力表现为存量资源调整、风险流动和分散、经济增长财富分享机制。

世界上大多数国家的金融体系是以银行为主体的复合银行体制。

2.1.2 现代银行体系

现代银行体系(Bank System)可分为中央银行、商业银行等多个子体系。中国现行的银行体系结构如下：

中央银行	中国人民银行　中国银行业监督管理委员会
国有商业银行	中国工商银行　中国农业银行　中国银行　中国建设银行
股份制商业银行	交通银行　中信实业银行　中国光大银行　深圳发展银行　上海浦东发展银行　招商银行　民生银行　福建兴业银行　广东发展银行　华夏银行等信用合作社和合作银行
政策性银行	国家开发银行　中国进出口银行　中国农业发展银行
非银行类金融机构	中国人民保险公司　中国国际信托投资公司　国家外汇管理局　资产管理公司　企业财务公司
外资银行和涉外金融机构	汇丰银行　花旗银行

【相关链接】

中国商业银行业发展大事记

1949年以前的中国银行业。1897年4月26日，中国最早的银行在上海成立。1908—1936年期间，全中国银行数目最多的时候达到330家。中国当时正处于半封建、半殖民地的社会制度下，受外资银行的挤压，民族银行业没有得到进一步发展。抗日战争爆发后，国内经济状况和社会环境急剧恶化，民族银行业迅速衰退，几乎处于停滞的状态。

1949—1979年，为新中国银行业发展的第一个时期。这个时期的银行体制我们称之为“大一统”的金融体制。1948年12月，在石家庄成立中国人民银行，开始发行人民币。之后政府对旧的民族资本银行进行全面的公私合营，成立大一统的中国金融体系，这个体系运行了30年。它的特征可以归纳为：①全中国只有一家银行——中国人民银行。②银行集管理职能与经营职能为一身。③银行按照国家的信贷计划向社会各界提供资金，是国家财政的会计和出纳。

1979年以后的中国银行体制。国家开始尝试市场经济运行体系，在全国范围年开展经济体制改革，在这个大背景下，1978年恢复中国农业银行。

中国中央银行体系确立：

1979年　中国银行分设

1983年　中国银行独立对外经营业务

中国建设银行业务归属人民银行管理

中国工商银行正式组建

中国人民银行行使中央银行职能

中国三家政策性银行成立：

1994年　成立中国农业发展银行

成立中国进出口银行

成立国家开发银行

中国股份制商业银行出现：

1996 年　第一家股份制银行交通银行成立

中信银行、华夏银行、浦东发展银行、中国民生银行、深圳发展银行、招商银行、兴业银行、广东发展银行相继成立

2003 年　深圳发展银行在深圳证券交易所挂牌上市。民生银行、浦东发展银行、招商银行在沪深两证交所相继上市

中国加入世贸组织的时间表拟定后，过渡期为 5 年，2006 年为中国内地金融行业向国际市场全面开放的最后期限。2003 年开始国有四大银行的体制改革，通过"国有银行股份制改造"，实现股份多元化、经营市场化，提高资本实力、盈利能力，最终实现市场竞争力的提高，以应对国际银行的威胁，成为过渡期中国金融体制改革的主要目标。顺序是：中国银行、中国建设银行 2004 年启动；中国工商银行 2005 年启动；中国农业银行 2006 年启动。

中国现代银行体系的特点是：

(1)中央银行(通常被称之为货币当局、监管当局)是核心。中央银行不针对个人和机构办理业务，只与金融机构往来，监督和检查银行业金融机构的经营管理行为。中央银行作为现代金融体系的核心，主要职责是制定和执行货币政策，维护金融稳定，为银行和政府等部门服务。按照《中国人民银行法》的要求，中国人民银行具体业务是制定和执行货币政策，包括：发行货币；负责现金流动的管理；管理金融市场；负责组织资金清算，维护清算系统的稳定；为金融机构提供再贷款，负责对金融机构执行再贷款政策情况的检查；代表国家从事国际金融活动等。

(2)商业银行是主体，直接向个人和机构提供金融服务。目前，中国有四家国有银行(中国工商银行、中国建设银行、中国银行和中国农业银行)。2004 年以来，中国工商银行、中国建设银行和中国银行通过吸收国外战略投资者入股或在海内外上市的形式扩大股本，银行股权结构已经发生了明显的变化。但是，国有银行的控股权掌握在中央政府手中，中央政府会继续保持对国有银行的绝对控制权，持股比例不低于 51%。四家国有银行总资产占国内银行业金融机构总资产的近 60%，是国家保证金融体系稳定运行的基础。其余若干家股份制商业银行，如中信银行、招商银行、民生银行、浦东发展银行等，总资产占比例较小，这些银行的经营管理完全按照市场化运作。

(3)政策性银行专门从事一些不以盈利为目的的政策性金融服务。如专门

为粮油购销企业提供粮油收购贷款的农业发展银行，为促进国家大型项目、基础设施建设而设立的国家开发银行等等。

（4）提供特定服务的银行类金融机构。如邮政储蓄银行是主要从事储蓄和汇兑业务，不能办理企业存款和各种贷款的金融机构。

（5）非银行类金融机构。如资产管理公司和财务公司。前者主要是指专门处置不良贷款的金融机构，如四大国有银行在股份制改造前，为了剥离不良资产，先后成立的四大资产管理公司（长城资产管理公司、信达资产管理公司等）。后者主要是一些大型企业成立的、从事资金融通的内部金融机构。

2.1.3 金融制度

什么是金融制度？在任何国家，政府监管当局都会制定国家法律和行业法规，通过法律法规中的条款确定各类金融机构之间的相互关系，并限定金融机构向客户提供金融服务的种类。这些金融法律和法规构成了通常所说的“一个国家的金融制度”。具体体现为政府法规、规章、条例，以及行业公约、约定俗成的惯例等。包括货币制度、汇率制度、利率制度、信用制度、银行制度和金融机构制度、金融市场的种种制度，以及支付清算制度、金融监管制度及其他制度。金融法律和法规涉及金融活动的各个方面和各个环节。从金融家到金融业的一般职员都必须严格遵照相关的规定进行各项金融服务活动，任何违反规定的活动都会被视为“违规”而受到处罚。金融体系和金融制度决定了金融市场的竞争程度和银行业向个人和机构提供金融服务的服务范围和金融产品种类。

2.2 银行业监管体系

商业银行作为特殊的金融服务中介机构，在国家经济活动中扮演着重要的角色，在企业资金融通中担当着传导中枢。为了维护国家整体金融体系的稳定运行，防范金融风险，保护存款人和其他客户的合法权益，国家设立专门的机构，并制定一系列的金融法律、法规，用于监督、管理和规范商业银行的经营行为。我们称这样的组织为商业银行监管机构。各监管机构之间的职责分工和机构的设置方式构成了一个国家的银行业监管体系。在银行业监管机构职责分工以及监管体系结构方面，由于经济环境不同、商业银行发展历程不同，世界上不同的国家之间存在较大差异。

2.2.1 中国银行业监管机构的组织结构

1. 中国银行业监督管理委员会(简称银监会)

2003 年 4 月 26 日成立,工作职责是制定有关银行业金融机构监管的规章制度和办法,通过审慎有效的监管,保护广大存款人和消费者的利益,增进市场信心;通过宣传教育工作和相关信息披露,增进公众对现代金融的了解,努力减少金融犯罪。

2. 中国人民银行(简称央行)

首要职责是通过货币政策发挥对国民经济的宏观调控作用,防范和化解金融风险,维护金融稳定。

中国银行业监管体系如图 1-1 所示。

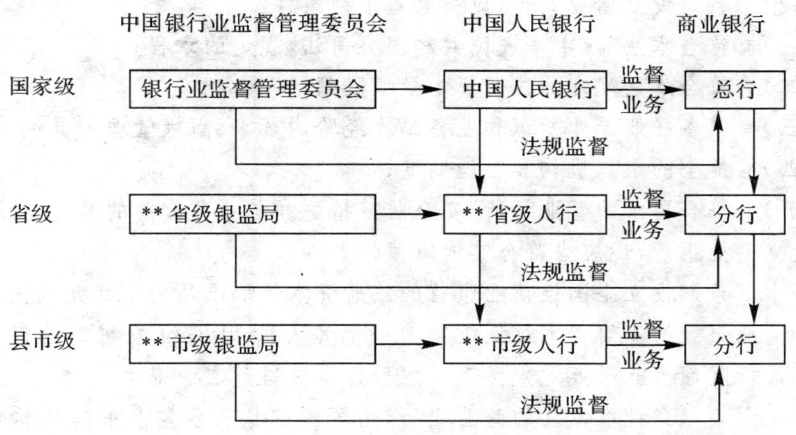

图 2-1 中国银行业监管体系

2.2.2 中国银行业监管的法律法规

大多数国家都建立政府银行业监管部门,这些部门负责制定银行业的管理条规。条规内容包括机构网点的设置审批、金融服务产品的种类和价格、服务设施状况、服务质量问题、公众的意见和银行创新项目等。政府监管部门颁布的、与商业银行经营管理活动有关的金融法律、法规、规章和文件的总和,称为商业银行管理制度。银行管理制度内容可以体现一个国家金融监管的严厉程度。我国制定了银行业的三大法律:《中华人民共和国银行业监督管理法》、《中华人民共和国中国人民银行法(修正)》和《中华人民共和国商业银行法(修正)》。

中央银行为了规范银行业金融机构各类经营行为,特别是在规范一些基础性业务、涉及面较广的金融服务业务行为方面,制定了一系列的金融法规。如:关于银行支付结算金融法规:《票据法》、《支付结算管理办法》、《银行卡业务管理办法》和《银行人民币结算账户管理办法》等。

【相关链接】

《中国商业银行法》(节选)

第二章 商业银行的设立和组织机构

第十一条 设立商业银行,应当经国务院银行业监督管理机构审查批准。

未经国务院银行业监督管理机构批准,任何单位和个人不得从事吸收公众存款等商业银行业务,任何单位不得在名称中使用"银行"字样。

第十二条 设立商业银行,应当具备下列条件:

(一)有符合本法和《中华人民共和国公司法》规定的章程;

(二)有符合本法规定的注册资本最低限额;

(三)有具备任职专业知识和业务工作经验的董事、高级管理人员;

(四)有健全的组织机构和管理制度;

(五)有符合要求的营业场所、安全防范措施和与业务有关的其他设施。

设立商业银行,还应当符合其他审慎性条件。

第十三条 设立全国性商业银行的注册资本最低限额为十亿元人民币。设立城市商业银行的注册资本最低限额为一亿元人民币,设立农村商业银行的注册资本最低限额为五千万元人民币。注册资本应当是实缴资本。

第十六条 经批准设立的商业银行,由国务院银行业监督管理机构颁发经营许可证,并凭该许可证向工商行政管理部门办理登记,领取营业执照。

中国目前实施的是严格的金融管制。注册商业银行实行"审批制度"。企业和个人在具备了各种商业银行法规定的注册条件后,并不等于就可以成立银行,国家对银行的数量严格控制。从 1979 年中国建立第一家商业银行到 2006 年,中国商业银行还不到 20 家,却拥有 24 万亿存款和 18 万亿贷款。一个庞大的金融市场与有限的金融机构数量形成反差,银行业成为金融垄断行业和高盈利行业,年人均盈利达到 30 万～100 万元。

对政府严格的金融管制条例褒贬不一,一种观点认为在政府严格的管制下,可以建立一个规范的金融秩序,降低金融市场风险。1979 年亚洲金融危机波及亚洲大部分国家,导致严重的经济和金融危机。中国作为唯一一个未受到波及的国家,由于成功地帮助其他国家渡过金融危机,受到世界银行的赞赏,许多金融专家认为中国受益于当时封闭的金融市场和严格的国内金融管制。另一种观点认为,严格的管制保护了现有银行机构的既得利益,市场缺乏竞争,不利于银行机构和金融市场的发展,截至2006年,中国商业银行不良资产比率过高,金融服务品种单一、盈利结构单一和缺乏市场竞争力的问题成为最受关注的问题。

2.3 商业银行经营管理体系

中国各家商业银行管理者都在与银行业监督管理委员会和中国人民银行制定的严格、复杂的规章制度周旋。因为,商业银行必须不断适应市场和客户的需求,向客户提供更新的产品、更高质量的服务。而银行家们的金融创新活动会与现行的金融制度发生冲突,国家银行业监管当局通过不断地解决商业银行金融创新活动与现行金融体制之间的冲突和矛盾,推动着一个国家金融(银行)体系和制度不断完善和发展。

2.3.1 两种主要的商业银行经营体系

商业银行的经营体系,也被称为商业银行的经营模式。目前,世界上各国商业银行体系主要分为两大类,即分业体系和混业体系。这两种体系的主要的区别是,商业银行是否能参与资本市场的交易;是否能充当资本市场中的金融服务中介机构,为资本市场的个人和机构提供金融服务,哪个体系更好一些。不同的历史时期,不同的经济环境,各国对此有不同的看法。比如,美国银行体系的发展走过了从"混业—分业—混业"的路子。而以德国为代表的欧洲银行业一直坚持实施混业体系。中国银行业发展道路表现为从"混业—分业",正逐步走向混业。

目前,世界各国的银行业发展正在趋同于混业体系,有一定的理论和实践基础支持。1933年美国的《格拉斯·斯蒂格尔法》所确立的分业经营原则的一个重要理论依据是:证券、银行业混业经营是导致1929—1933年大经济危机的关键原因。但是,近年来这个观点受到了学者们的质疑,美国联邦存款保险公司在1987年总结:"没有证据表明银行破产是由于其附属证券机构承销低质量的证券造成的损失而引起的。银行存在的问题实际上是公众对银行体系失去信心造成。因此,联邦存款保险的设立和一个有力的最后贷款者远比禁止商业银行从事公司证券的承销和交易更能有效地控制银行破产。"金融专家普遍认为:一方面,商业银行本身以负债经营为特征,其自有资金较少;另一方面,银行又必须随时足额满足提款或支付需要。可以说银行业的有效运作建立在公众信心的基础之上，一旦公众对银行的信心发生动摇，银行的经营和生存便产生问题，并且此种信任危机还具有传染效应，即对个别银行的不信任可能危及整个银行系统乃至整个金融体系。正是基于上述分析，“以效率和竞争力取代安全”的金融理念为世界银行业从分业体系走向混业体系奠定了重要的理论基础。

2.3.2 商业银行的分类

为了更清楚地认识商业银行，我们对商业银行作如下分类：

1. 按产权结构划分

可分为股份制商业银行、国有商业银行。股份制商业银行是现代商业银行的主要形式。世界上有些国家规定，商业银行只能是股份制银行，如日本规定商业银行一定是按法令规定的股份公司。欧洲的商业银行股权结构有多种形式。中国银行体系中，2007年以前四大银行为典型的国有银行，随着中国金融改革深入，2005年到2007年，四大国有银行先后完成股份制改造，成为符合国际惯例的股份制商业银行，即国家控股、产权多元化的股权形式。

2. 按照银行机构的区域分布划分

可分为：①国际性银行。它的分支机构分布不受国界的限制，银行总体规模大，资金、技术实力极强。如花旗银行、汇丰银行。②国家级银行。分支机构分布于国内大部分地区，目前中国的大多数银行属于国家级银行。③地区性银行。分支机构分布于某一个特定的行政区域内，其分支机构设立仅限于地区政府管辖的行政区域。比如浙商银行，其分支机构目前仅限于浙江省行政区域内。

3. 按向公众提供的金融服务品种区分

分为分业体系下的职能型商业银行和混业体系下的全能型银行。分业经营体系下的商业银行，只经营传统的存、贷、支付结算以及监管当局明文规定的业务，目前，中国商业银行属于此类。混业体系下的商业银行，可以经营金融领域内的所有业务，甚至投资实业。目前世界上大多数国际性银行属于此类，巨大的资产规模、广泛的业务覆盖面，使得国际银行对世界经济的影响力巨大。

2.3.3 商业银行的外部组织形式

公众认识银行或者评判银行的实力和服务往往更注重其外部的组织形式，比如银行地跨几个省区，本人所在的城市银行的网点有多少等等。银行的外部组织性形式可以分为如下三类：

1. 单元制银行

银行机构的业务完全由单一独立的银行机构完成，不设或者限设分支机构。

这种形式在美国最为广泛，主要因为美国是个州独立性比较强的联邦制国家，为了满足地方中小企业的资金需要、防止金融垄断和银行合并。中国的农村信用社和城市信用社为典型的单元制银行。这种模式的优点是：①容易协调银行与政府的关系，为本地经济服务。②维护金融市场公平竞争、防止垄断。③银行业务自主权较大。④有利于当地监管当局监管。

2. 总分支行制银行

大多数商业银行都采用这种组织形式（见图 2-2）。这种组织形式的银行，除总行机构外，还在国内外各地设立分支机构。目前，国际和国内商业银行主要采取这种形式。其优点是：①机构多且分布广，易于吸收存款和统一调拨资金。②业务覆盖地域广，有利于规避和分散业务风险。③有利于运用计算机网络，为客户提供便捷的服务。

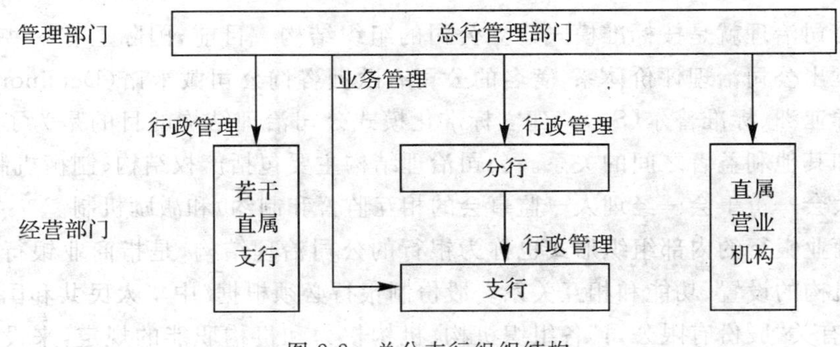

图 2-2　总分支行组织结构

【相关链接】

总分支行制银行在资金管理方面和金融服务方面的优势

2004—2006 年，国内银行资金市场需求关系特点是，华东地区银行存款增量少，但贷款需求增量大。东北地区各省储蓄存款多，但企业资金需求量很小。银行管理者面对的问题是：华东地区银行资金来源紧张，而东北地区银行资金运用受市场限制、盈利能力差。总分支行制组织形式下的商业银行，可以发挥总行的协调作用，通过银行内部计价方式，调拨资金，使两个地区的机构同时增加盈利收入。城市商业银行是地方性银行，城市商业银行客户在一个城市的银行机构办理存款，但不能到另一城市办理提款业务。而中国银行、中国农业银行的客户可以在全国任何一个城市得到异地通存通兑的服务。

3. 银行持股公司制

由一个集团成立一个股份公司，再由该公司收购和控制两家以上的银行股票。在法律上这些银行是独立的，但其业务和经营策略属于同一家控股公司控制。这种形式在美国最为流行，是商业银行发展的一个趋势。花旗银行就是一个典型的例子，其资产规模达到 7000 亿美元，年利润达到 500 亿美元。这种体制下，形式上持股公司拥有银行，而实质上往往是大银行控制着持股公司，持股公司控制着多个小银行。其优点是：①通过突破地域与行业的限制，扩大业务规模和业务领域，增强自己的实力。②在银行资金不足时，可以多渠道融资，扩大资金来源。

2.3.4 商业银行内部组织结构——公司治理结构

公司治理就是按标准模式建立公司的组织结构。目前，国际上有一些咨询公司推出公司治理评价体系，著名的公司有欧洲咨询公司戴米诺(Deminor)、里昂证券亚洲、标准普尔(SP)。建立标准化模式公司治理结构的目的是为了协调股东和其他利益者之间的关系。公司治理结构主要包括产权结构、制衡机制(即股东大会—董事会—经理人—监事会的相互监督和制约)和激励机制。

商业银行的内部组织形式也称为银行的公司治理结构，是指商业银行内部组织机构的设置、功能和相互关系。股份制银行必须根据《中华人民共和国公司法》中有关“股份有限公司”各组织机构、机构权力和机构职能的规定，来设立银行内部的组织形式和赋予职能。①

目前中国大部分商业银行采取股份制商业银行的产权结构，银行内部的组织是遵照公司法的要求设立。主要分为三个层次(见图 2-3)。

(1)决策系统。商业银行的决策部门包括，股东大会和董事会。股东大会是最高权力机构，由全体股东组成，决定银行的经营方针和投资计划；选举董事和监事；修改公司章程；对银行增加或减少资本或发行债券作出决定。

董事会是股东大会选举产生的最高决策机构。对股东大会负责。权力包括：①决策权。董事一般不参加银行的日常经营活动，但银行经营的重大问题一般必须与董事会商讨，并由董事会作出决策。②管理权。董事会有权对银行的

① 公司治理一般是指公司管理和激励约束的方法。早在 20 世纪 70 年代公司治理的概念就提出来了，但是直到 1997 年，这个概念才受到广泛关注。原因是，亚洲金融危机之后，各方面提出的防范金融危机的方法中，强化公司治理被看作是企业抵御外来危机的“良方”。形象一些，公司治理就像给人体增加抵御各种传染病的抗体。

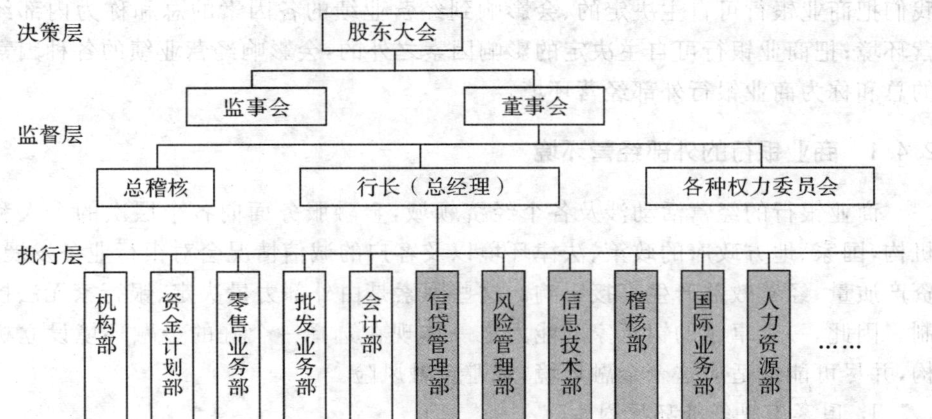

图 2-3 商业银行公司治理结构

经营进行组织、指挥和管理。③任免权。董事会有权任免银行管理人员。对中层管理干部，董事会可以直接按自己的意愿提名和推荐。

(2)执行系统。由行长、副行长和各个业务部门总经理组成。商业银行行长在银行的日常工作中有最大的经营决策权。股东大会每年度向商业银行的执行层下达年度的经营指标，如利润指标、风险管理指标，并不干涉银行行长采取什么措施来完成这些指标。因此执行人的管理能力和他的团队的业务能力直接影响到整个银行的经营业绩。

(3)监督系统。由监事会和稽核部门组成，独立行使对银行内部各部门的经营活动和管理工作合法性、合规性的检查和监督。

2.4 商业银行经营环境

银行是否能够成功的运营，一个主要的因素是银行机构所在地的经济环境，包括贸易繁荣程度、企业运行状况、家庭和个人的收入情况。你可以观察到，在上海、北京，国内外金融机构的数量远大于其他城市。在你所在的城市，商业中心和贸易中心是银行最喜欢设置网点的地方。

什么是商业银行的经营环境？商业银行在日常经营管理活动中面临许多制约因素，这些影响经营业绩的因素就构成了商业银行的经营环境。比如：当地监管机构是否会在国家的法律法规之外增加对商业银行业务的限制；当地企业的信用环境如何，企业拖欠贷款本息的习惯会造成当地银行资产质量恶化等等。

我们把商业银行可自主决定的、会影响到经营业绩的各因素的总和称为内部经营环境;把商业银行可自主决定的影响因素之外的,会影响经营业绩的各种因素的总和称为商业银行外部经营环境。

2.4.1 商业银行的外部经营环境

商业银行的经营活动涉及各个经济领域,金融服务面向各个层次的个人和机构,国家、地方政府的政策、法律环境以及客户的诚信情况会对银行业务发展、资产质量、经营效益产生直接影响。这些因素是由外部力量决定、银行家无法控制。因此,一个卓越的银行家的能力之一体现在选择一个好的金融环境设立机构,并尽可能地适应这个金融环境,规避金融风险。

1. 国家宏观经济环境因素

指国家的宏观经济运行状况,国家实施的汇率政策、利率政策、通货膨胀程度等。这些因素都会对商业银行的经营能力、盈利能力产生深刻的影响。

以"东南亚的金融危机"为例,1997 年 7 月泰国的泰铢开始贬值,引发东南亚多个国家和地区货币纷纷贬值,经济出现负增长,失业率居高不下,整个东南亚陷入经济危机中。许多国家的商业银行都因为经济的衰退背上了巨额不良资产,一些国家的商业银行不良资产达到百分之十几。

2. 政府行为因素

指政府的经济政策、产业政策、税收政策和政府与商业银行的关系等等。这些因素导致银行家会极力与当地政府搞好关系,争取政府的支持。

【相关链接】

政府政策倾向性对商业银行业绩影响

城市商业银行是由城市信用社改制后成立的,主要由市政府持股。2000 年左右杭州市政府曾经以政府内部文件的形式规定,所有市政府国有事业单位必须在本市的商业银行开户并办理结算业务,给银行带来大量业务客户,以及结算沉淀存款和贷款业务。依靠一系列政府支持措施和银行内部不断进行的改革,截至 2005 年,经过几年的时间,城市商业银行管理专业化程度不断提高,盈利能力不断增强,整体业务高速发展。

浦东发展银行在浙江成立机构时,吸收了部分政府资金入股。在日后的经营当中,政府在负债业务和资产业务方面都给予了机构倾斜政策。从外界观察,这家银行并没有非常具有竞争力的产品,在公众心目中也没有特别的优势的形象,但是各项业务发展迅速,业绩是浙江省股份制商业银行中的佼佼者。

3. 法律环境因素

这里的法律环境主要是指地方政府公检法部门在执行相关法律过程中，是否会以公正的态度对待银行的维权行为。不公正的法律环境会导致企业养成逃债的习惯。商业银行应该远离有地方保护主义政策的地区，因为在这样的地区，如果银行与当地企业有经济纠纷，银行的利益往往不能得到保护。

4. 地区经济和客户诚信度因素

地区经济的状况直接关系到地区内企业的经营状况。一般情况下，经济发达、企业集中且发展快的地区，个人和机构的金融需求大，诚信度较高。个人和企业的信用直接关系到商业银行的贷款质量。观察中国商业银行机构的分布，你会发现，在经济发达地区商业银行的集中度远远大于经济欠发达地区。

判断地区经济环境优良与否的因素包括：①人口状况因素：人口的数量、人口变化趋势和人口的结构。②生产力发展水平因素：生产力发展水平与地区的商品经济的发育程度和总体经济实力有密切的关系。生产力水平较高的地区人口密集、商品经济发达企业效益好、居民收入高水平带来较多的闲置资金，这里的居民对住房、汽车和其他商品的需求量大，因此对银行贷款资金需求量大，银行的存贷款业务增长，对银行结算业务、汇兑等等业务需求量大。③工商企业的经营状况因素：工商企业的经营状况与商业银行的兴衰息息相关。商业银行本身就是在工商业的发展和商品经济的发展中产生，并且伴随着向工商企业提供金融服务的增多而不断发展和壮大。商业银行的主要贷款投向工商企业、中间业务主要收入来源于面向工商企业的结算和其他服务。因此商业银行的发展与工商企业的发展"息息相关"。反过来，商业银行的设立也为当地的经济发展和企业发展提供了重要条件。④交通便利因素：商业银行的机构网点应该设立在交通便利的交通要道，利用这里的人气，带动客户群体的快速增长。从而带来业务的快速发展。

2.4.2 商业银行的内部经营环境

仔细观察你周围的银行，虽然处于同样的地区、城市甚至在同一条街道上，不同的银行机构每天接待的客户数量相差悬殊，公众对他们的评价也不同。深入调查后，你会发现他们的经营业绩也相差很远。出现这种情况的原因来自于银行内部，即决定于银行内部经营环境。关于影响商业银行业绩的内部因素是什么？不同的观察家从不同的观察角度给出不同的评论。

1. 银行资本金

巴塞尔协议规定，商业银行的资本充足率必须大于8%，否则，就有可能被摘牌或受到处罚。资本金被金融界用于衡量银行抵御风险的能力。公众更偏向于将存款存在抗风险能力强的银行。

【相关链接】

央行对商业银行资本金管理要求

央行颁布的《资本充足率管理办法》中，第四十条规定“对资本不足的商业银行，银监会可以……(三)要求商业银行限制资产增长速度；(四)要求商业银行降低风险资产的规模；(五)要求商业银行限制固定资产购置；(六)要求商业银行限制分配红利和其他收入；(七)严格审批或限制商业银行增设新机构、开办新业务。根据商业银行风险程度及资本补充计划的实施情况，银监会有权要求商业银行停办除低风险业务以外的其他一切业务、停止审批商业银行增设机构和开办新业务。

2. 人力资源

从最基本的物质要素看，商业银行由“办公场地、工作人员和计算机设备”组成，资金来源于客户，靠为客户提供金融服务获得收益。商业银行主要的自有资源是有金融专业能力的人才。从更高层次上看，商业银行核心竞争力由市场开拓能力、新产品开发能力、专业知识能力构成，通过核心竞争力去获得客户、市场和盈利，需要高素质的人才。

银行业渴望各种专业人才。打开各大银行网站的主页，都有“招聘栏目”提供就业岗位，当大学生去应聘时，又常常遭到拒绝。银行的高级管理人员频频跳槽，让管理者伤透了脑筋。经常会听到银行行长在叹息缺少风险管理师造成贷款的审批速度过慢，缺少个人理财专家无法给客户提供满意的理财方案。这些现象反映出银行对专业人才的渴望，但是培养一个好的银行专家一般要5～8年以上的时间。

3. 组织机构

一般用人均利润率来衡量一家银行人员使用是否高效，用对客户需求的反应速度、对市场产品需求变化的反应速度衡量银行组织结构设置是否高效率。银行要有一个科学、高效的组织结构，通过这个组织结构达到更快的市场响应、更快的客户响应和利用最少的人力资源成本获得最大的收益。

为了提高对市场客户需求的响应能力。2005年中国国内各家银行开始改革传统的业务体制——即以行政区域为业务单位的总分支行经营模式，转向以业务种类划分的“垂直扁平化”的事业部管理模式。在这种模式下，同一个银行在同一个城市的零售业务和批发业务是分别属于总行零售业务部和批发业务部行政管理的，两项业务的机构、人员、业务和利润独立。事业部体制可以使银行在最短时间内把市场客户的需求转换成为金融产品，抓住客户，获得市场竞争力。

4. 内部管理制度

严格的管理制度是商业银行抵御风险，提高服务质量的基本保证。管理规范的银行会将各种规则和制度建立档案库，规范员工的操作行为，遏制可能出现的风险。

1999 年开始银行业流行在内部实施企业管理国际标准 ISO9000，并花费大量的人力和物力整理文件资料，进行员工培训，目的是把“操作和管理必须有法可依，有章可循”的思想灌输给每一个员工。

2.4.3 商业银行的金融创新

有不少金融理论对金融创新的动因作出解释。①希尔伯的“约束诱导创新理论”认为：“政府和企业内部约束会对金融机构造成金融压制。而金融企业总是在寻求利润最大化，金融创新就是要解除或减轻驾驭企业之上的金融约束”。②凯恩的“回避管制创新理论”认为：“许多形式的政府管制和控制，阻碍了金融机构从事已有的赢利活动和利用管制以外的盈利机会，因此，金融机构会利用金融创新来逃避政府管制。管制和创新会形成一个相互推动的过程，静态均衡的状态几乎不存在。”③制度学派的金融创新理论、希克斯和涅汉斯的金融创新理论，也从不同的侧面揭示了银行家的创新活动与金融管制、市场需求及银行利润、银行风险之间的关系。

总结各流派的理论阐述，归结为商业银行金融创新活动的目的是：逃避管制、防范风险、降低成本、增强竞争能力。是银行家和监管当局永远需要面对的课题。

【相关链接】

协调监管当局的管制和银行创新的矛盾推动金融业进步

中国政府对银行业实施严格的金融管制，特别是银行存贷款利率被限制在一个非常小的浮动空间内。2005 年一年期存款利率 2.25%，扣除所得税后，存款收益小于 2%。客户不满足于此，纷纷将存款取出，转向投资收益更高的项目。为了留住客户，广东发展银行推出“薪加薪”理财产品，承诺客户最高收益可以达到 3%。这种行为一度引起金融界争议和监管当局的质疑。广发银行给出的合理解释是:因为银行并没有客户承诺保本,因而此产品不属于存款,不属于“监管当局存款利率管制”范围。其次,资金的用途并不是贷款,而是用于银行间债券市场投资。经过一段时间的磨合,监管当局默认了这种做法。之后,银行理财产品在中国银行业开始普及。

【本章小结】

本章通过分析金融体系和银行体系结构,讨论了中国银行运行的政策环境和经济环境。通过分析银行内部、外部组织结构,揭示了银行特殊的公司治理结构。通过对内部和外部环境因素的分析,说明环境因素对于银行经营业绩、经营决策所可能产生的诸多方面的影响。

【课后练习】

一、简述题

1. 简述中国现行的金融体系和现行的银行体系。
2. 画出股份制商业银行的公司治理结构图。
3. 阐述商业银行为什么要进行金融创新。

二、实践题

4. 利用外出的机会了解一家商业银行分行的内部组织形式(部门组成),谈谈每个部门的主要工作。根据课文的内容,完成一家银行总分行三级组织结构设计。

三、论述题

5. 论述现代国内商业银行的经营管理模式、盈利模式,并预测其未来发展趋势。

【网站指引】

通过以下网站你可以了解到更多的关于金融体制方面的资料:

http://www.cbrc.gov.cn/中国银行业监督管理委员

http://www.pbc.gov.cn/中国人民银行

http://www.cnki.ne/中国期刊网

http://www.wanfangdata.com/万方数据网

http://www.magshow.com/中华期刊展示网

第3章

商业银行财务报表分析和绩效评价方法

引 言

银行财务报表汇集了能够反映银行各项业务开展情况的基本数据，银行家每天要阅读资产负债表等相关报表，了解银行资金来源和运用的状况，掌握各个部门的工作是否按计划进行。月末、季末和年末，银行家通过损益表和现金流量表分析银行的经营管理绩效、以便总结工作经验和发现不足，制定下一阶段的业务计划。银行家们还会通过查阅竞争对手的财务报表，分析对手的经营策略，发现可能对本银行产生的威胁，从而调整和制定本银行发展策略。上市银行根据法规会定期公布相关财务报表，公众可以通过网站查阅这些银行的财务数据。

学习目标

1. 掌握银行资产负债表结构
2. 通过分析财务报表掌握银行业务结构
3. 通过财务报表数据评价银行的抗风险能力、盈利能力和经营管理绩效

重点问题

1. 银行财务报表的内容和编排规律
2. 资产负债表如何反映银行业务状况
3. 银行绩效评价方法

3.1 商业银行财务报表

银行财务报表包括银行的资产负债表、损益表、现金流量表和表外项目报告表,反映银行在一定时期的业务状况、盈利状况和运营状况。财务报表为报表的使用者提供定量和定性的信息。定量信息包括可用货币计量的银行业务信息,如:业务状况、计划执行情况、银行盈利状况等等。定性信息包括银行执行金融政策、会计政策情况,银行面临的风险状况和管理者管理能力等等。

3.1.1 资产负债表

银行资产负债表(balance sheet of financial position)是银行最主要的财务报表,反映特定时点(如:某天、月末、年末)上银行的业务规模和结构。通过阅读资产负债表,使用者可以得到银行各项业务规模、业务结构、清偿能力、抵御风险能力、经营特色等等定量的、非定量的管理信息。下面以中国民生银行 2005 年末的资产负债表为例进行分析(见表 3-1)。

表 3-1 中国民生银行资产负债表(2005 年 12 月 31 日) 单位:元

资 产		负债及股东权益	
一、流动资产		一、流动负债	
货币资金	1918715000	短期存款	2.73118E+11
贵金属	0	短期储蓄存款	63952957000
存放中央银行存款	54860062000	财政性存款	10877359000
存放同业款项	10639246000	向中央银行借款	0
存放联行款项	0	同业存放款项	33893169000
拆放同业	62628450000	联行存放款项	0
拆放金融性公司	1929999000	同业拆入	0
短期贷款	1.60426E+11	金融性公司拆入	0
抵押贷款	0	应解汇款	0
应收进出口押汇	1548582000	汇出汇款	495475000
应收账款	0	委托存款	0
其他应收款	796112000	应付代理证券款	0
其他应收款净额	745168000	卖出回购证券款	5422664000
减:坏账准备	146444000	应付账款	0

续表

资　产		负债及股东权益	
应收款项净额	745168000	预收账款	0
预付账款	0	其他应付款	1525112000
贴现	6308565400	应付工资	480325000
短期投资	13299073000	应付福利费	107499000
应收利息	1582194000	应付股利	58020000
委托贷款及委托投资	0	应交税金	946145000
自营证券	0	其他应交款	0
代理证券	0	预提费用	31538000
买入返售证券	20009640000	发行短期债券	0
一年内到期长期债权投资	6813377000	一年内到期长期负债	0
其他流动资产	0	其他流动负债	0
流动资产合计	3.43121E+11	流动负债合计	4.52953E+11
中长期贷款	1.4782E+11	二、长期负债	
逾期贷款	5191463000	长期存款	70667592000
减:贷款呆账准备金	4991491000	长期储蓄存款	10140679000
应收租赁款	0	保证金	344435000
租赁资产	0	应付转租赁租金	0
长期资产合计	1.4802E+11	发行长期债券	0
二、长期投资		长期借款	0
长期股权投资	50000000	应付债券	7263878000
长期债权投资	59455922000	长期应付款	0
长期投资合计	59637579000	住房周转金	0
减:长期投资减值准备	131657000	其他长期负债	306746000
长期投资净额	59505922000	长期负债合计	88723330000
三、固定资产		负债合计	5.41677E+11
固定资产原价	4210781000		
减:累计折旧	1008888000		
固定资产净值	3201893000		
减:固定资产减值准备	8970000	三、股东权益	
固定资产净额	3192923000	股本	7258779000
在建工程	1705659000	资本公积金	4207435000
固定资产合计	4898582000	盈余公积金	1182831000
无形资产	117957000	其中:公益金	0
长期待摊费用	363755000	未分配利润	1696860000

续表

资　产		负债及股东权益	
无形资产及其他资产合计	1294837000	股东权益合计	15459479000
资产总计	5.57136E+11	负债及股东权益总计	5.57136E+11

数据来源：新浪网，网址：www.sina.com.cn。

资产负债表的基本结构：

负债及所有者权益＝存款＋借入款＋股东权益

资产＝现金资产＋持有证券＋贷款＋其他资产

资产负债表的平衡公式：

资产总额＝负债总额＋股东权益总额

表3-1列举了在2005年12月31日这个特定的时点，民生银行资产、负债和股东权益(也称所有者权益)规模。分析上面的报表可以发现，资产负债表主要由资产、负债和所有者权益三大项目组成。其中，"流动负债、长期负债"组成银行负债项目，负债项目中的各子项目的比例关系反映了银行负债的结构。报表中的"股东权益"项目反映银行股东投资的数量和结构。负债和所有者权益共同构成了银行的资金来源。"流动资产、长期资产、长期投资、固定资产"组成资产项目，也称为银行的资金运用，资产项目中各个子项目的比例关系反映了银行资产的结构。

1. 资产项目

银行资产主要项目分类如下：①现金资产(C)；②存放在其他金融机构的存款(P)；③在金融市场购买的证券(S，包括国库券和企业债券)；④向客户提供的贷款(L)；⑤其他资产(MA)。

表3-2　银行资产项目分类

项目代号	分类	表3-1中资产项目	表3-1中余额
C	现金资产	库存现金、存放中央银行存款、存放同业款项、存放联行款项	0.019187E11＋0.54860E11＋0.10639E11＋0
P	与其他金融机构往来	拆放同业、拆放金融公司	0.62628E11＋0.01930E11
S	持有证券	无	0
L	贷款	短期贷款、中长期贷款、逾期贷款、贴现	1.60426E11＋1.4782E11＋0.05191E11＋0.06309E11
MA	其他资产	股权投资、固定资产等	——

分析表 3-2，三个项目资产余额合计为 4.51213E+11 元。列举的项目是商业银行的主要资产业务，在银行总资产中的占比＝4.51213E+11/5.57136E+11≈81％。

这个数据表明，截至目前，中国商业银行的主要资金运用（投资项目）仍然以贷款为主，报表的数据可以给予有力支持。银行的贷款包括：短期贷款、中长期贷款、逾期贷款和贴现。其中的贷款损失准备金账户余额可以用于抵扣银行的损失贷款。

另外，我们还可以观察到此报表中，持有证券余额为 0，这个数字反映了我们在第 2 章中讨论的中国银行体系的问题。我们提到中国银行业实行的是“分业经营体系”，银行经营范围与非银行金融机构经营范围之间有严格的区分，银行不能经营租赁业务、证券投资业务（证券自营）和代客证券投资业务。

观察现金资产分类中，库存现金是为了满足存款客户提取存款的需要，也就是银行家常常提到的满足银行流动性的需要；存放央行存款是商业银行用于满足央行关于存款准备金比率的要求、满足银行支付结算中清算资金的需要；存放同业款项是银行用于获得其他银行为本行客户提供代理服务在服务代理银行存入的活期存款。在库存现金不能满足银行流动性需求时，存放央行存款中的超额存款准备金可以迅速转化为现金作为银行流动性需求的补充。

2. 负债项目

银行负债项目主要包括两项：机构和个人存放在银行中的存款（D）；银行从金融市场借入的资金（NDB），也称非存款资金或借入款。

存款。存款是银行通过向家庭和机构提供金融服务，吸引家庭和机构将盈余资金存入银行而获得的资金，是银行主要的和最稳定的资金来源。其中交易账户存款、定期存款和储蓄存款被称为核心存款。

借入款。借入款是银行为了满足流动性、贷款资金需求从金融市场借入的资金。在近代负债管理理论指导下，借入款已经逐步成为现代商业银行，特别是大型商业银行的重要的资金来源。

表 3-3　银行负债项目分类

项目代号	分类	表 3-1 中负债项目	表 3-1 中余额
D	个人和机构存款	短期存款、短期储蓄存款、长期存款、长期储蓄存款、保证金	273118000000+63952957000+7066759000+10140679000+344435000
NDB	金融市场借款	向中央银行借款、同业存放款项、财政性存款、应付债券	0+33893169000+10877359000+7263878000

分析表 3-3，两个项目负债余额合计为 4.70258E+11 元。列举的负债项目的二个分类是商业银行的主要负债业务，在银行总负债中的占比=4.70258E+11/5.41677E+11≈87%。家庭和机构的存款是银行的最基本资金来源，银行从金融市场上获得的借入款主要弥补存款资金不足。该银行的“应付债券”是银行通过金融市场发行的长期可转换债券。

3. 股东权益（资本金）

股东权益（EC）项下的资金规模常常被看作是一个银行实力的象征，用来衡量银行抵御不可预测风险的能力、保护存款人利益的能力。股东权益数量在“负债及股东权益”总量中的占比一般小于 10%，这一点说明银行是靠大量对外借款（负债）来支持资产业务的。财务杠杆比率大造成银行经营过程面临巨大的风险。由国际银行巴塞尔委员会公布的《关于统一的国际银行资本衡量和资本标准的协议》的主要目的就在于指导国际商业银行提高资本金比率，增强抗风险能力。

4. 三项目之间的关系

银行资产、负债和股东权益的关系如下：

$$C+P+S+L+MA=D+NDB+EC \tag{3-1}$$

资产负债表中记载的负债和股东权益数额代表银行持有的资金来源的数量，决定银行进行投资项目（资产）的购买力，负债和股东权益的结构揭示了资金来源的不同渠道。资产总额代表银行累计的资金运用的数量，银行通过资金运用获得收益、为银行带来收入，并向存款人支付利息和支付银行日常运行费用。资产的结构揭示了银行资金运用的方向。从数量上讲，下面的公式是一个恒等式：

$$\text{银行资金运用数量}=\text{银行资金来源数量} \tag{3-2}$$

资产负债表中每一项资产（资金运用）必须由一定的负债（资金来源）来支持。所以，银行所有资金运用项目的数量总和必须等于银行资金来源项目的数量总和。更进一步讲，银行的资金运用分为：管理项目和投资项目。银行在预留了必须满足日常管理项目需要的资金数量后（如库存现金、存款准备金等）后，剩余部分资金才能用于投资项目（如贷款、买入证券和其他投资），因此，银行资金运用项目中投资项目的数额一定小于银行的资金来源数额。银行家经常讲的一句话，“资金来源的数量决定银行贷款投资数量，决定银行盈利能力”，从这里可以得到解释。

3.1.2 银行损益表

银行损益表也称为利润表，是反映银行在一段时期内各项业务收入和支出情况的财务报表。报表中记载的数据和信息反映了银行的盈亏状况，体现了银行的经营效率、管理效率和盈利能力。

损益表是反映银行在一定时期内盈亏状况的动态报表。银行的资产负债表和损益表之间有着密切的联系，资产负债表中的资产投资活动产生损益表中利息收入等收入项目，负债活动和银行管理活动产生损益表中的利息支出和费用支出等支出项目。报表使用者可以通过损益表了解银行的利润状况，了解银行的收入渠道分布状况、利息支出分布状况和费用支出分布状况。银行家可以通过研究损益表发现银行哪一项资产业务发展不够，还可以给银行带来更多的收益；哪个负债项目费用过高，需要进一步控制费用支出。

损益表平衡公式：

收入－支出＝利润

损益表的主要组成部分：主营业务收入、主营业务支出、净利润和可供股东分配的利润。下面以中国民生银行损益表为例进行分析（见表 3-4）。

表 3-4　中国民生银行损益表（2005 年 1 月 1 日—12 月 31 日）　单位：元

项目	金额	项目	金额
一、主营业务收入	23800377000	减：存货跌价损失	0
其中：利息收入	17491718000	管理费用	0
金融企业往来收入	3225771000	财务费用	0
手续费收入	494049000	五、营业利润	4240326000
证券销售差价收入	0	加：投资收益	2364000
证券发行差价收入	0	营业外收入	0
租赁收益	0	减：营业外支出	0
汇兑收益	221894000	六、利润总额	4242690000
房地产经营收入	0	减：所得税	1540171000
其他营业收入	0	少数股东权益	0
二、主营业务支出	18538942000	七、净利润	2702519000
其中：利息支出	7822305000	加：年初未分配利润	1999595000
金融机构往来支出	3210984000	盈余公积转入	0
手续费支出	121717000	外币未分配利润折算差	0
营业费用支出	6006507000	八、可分配利润	4702114000
汇兑损失	0	减：提取法定盈余公积	270252000
房地产经营成本	0	提取法定公益金	135126000
房地产经营费用	0	九、可供股东分配的利润	3096736000
其他营业支出	19436000	减：应付普通股股利	362931000
三、主营业务税金及附加	1021109000	提取任意盈余公积金	0
四、主营业务利润	4240326000	十、未分配利润	1696860000
加：其他业务利润	0		

数据来源：新浪网。

1. 主营业务收入

银行收入包括银行资金运用带来的利息收入和银行向个人和机构提供金融服务手续费收入两部分。其中,银行资金运用收入项目包括:贷款(L)利息收入、证券投资(S)利息收入、拆放同业和金融机构形成的金融机构往来利息收入。服务手续费收入包括:银行为个人和机构办理支付结算服务的汇兑收入,银行为个人和机构办理其他金融服务(如办理挂失、代理缴费等)手续费收入,这部分收入也称中间业务收入。

表 3-5　中国民生银行 2005 年损益表中主营业务收入结构

业务种类	表 3-4 中收入项目	表 3-4 中余额
贷款	利息收入	17491718000
拆放同业款项、存放同业款项拆放金融公司	金融机构往来收入(利息收入)	3225771000
支付清算	汇兑收益	221894000
表外业务、中间业务	手续费收入	494049000

由表 3-5 可知:

贷款和金融往来利息收入占银行总收入的比率:

(17491718000+3225771000)/23800377000=87%

手续费和汇兑收入(中间业务收入)占银行总收入的比率:

(221894000+494049000)/23800377000=3%

计算结果显示中间业务收入占比仅为 3%。这是目前中国政府和金融家们普遍担心的一个问题——银行的盈利结构单一化。中国商业银行主要依赖贷款实现盈利。当一个国家的金融市场逐步完善,更多的企业会通过资本市场筹集资金,放弃银行的贷款。金融专家普遍预测,商业银行的贷款市场随着中国资本市场的发展而不断萎缩,这意味着商业银行盈利能力将不断下降。如何扩大中间业务收入,改善银行的盈利结构,改变银行对于贷款绝对的依赖关系,这是商业银行必须积极应对的问题。

2. 主营业务支出

包括利息支出和营业费用支出两部分。银行的利息支出包括银行支付给存款人的利息支出和金融市场借入款的利息支出,这是银行的主要费用支出部分。营业费用支出包括向银行职员支付的工资、奖金和福利部分,银行房屋和各类设备的日常运行费用或租金等。

表 3-6 中国民生银行 2005 年损益表中主营业务支出结构

业务种类	表 3-4 中支出项目	表 3-4 中余额
存款	利息支出	7822305000
同业拆放款项、同业存放款项 金融公司拆入	金融机构往来支出 （利息支出）	3210984000
发行债券	手续费支出	121717000
营业场地租金、电子设备运营 办公消耗品、差旅费用	营业费用支出	6006507000

由表 3-6 可知：

存款利息支出占比＝7822305000/18538942000＝42.19％

金融机构往来支出占比＝3210984000/18538942000＝17.32％

营业费用占比＝6006507000/18538942000＝32.40％

从上面的数据可见，该银行资金成本占比为 59.51％，营业费用占比为 32.40％。费用占比较大。从这个数据我们可以理解现代商业银行的一些管理措施，比如实施严格内部管理制度：控制日常费用开支、控制营业场地面积、控制电子设备的更新速度等等。这些做法也是银行管理者降低营业支出，提高利润的一种手段。

3. 利润

银行主营业务收入扣除主营业务支出、主营业务税金和附加，得到主营业务利润如下：

主营业务利润＝主营业务收入－主营业务支出－主营业务税金及附加

利润总额＝主营业务利润＋投资收益

净利润＝利润总额－所得税

可分配利润＝净利润＋上年未分配利润 〈3-3〉

根据公式〈3-3〉，计算表 3-4 有关数据如下：

主营业务利润＝2380037700－1853894200－1021109000
＝4240326000（元）

利润总额＝4240326000＋2364000＝4242690000（元）

净利润＝4242690000－1540171000＝2702519000（元）

可分配利润＝2702519000＋1999595000＝4702114000（元）

分析公式〈3-3〉可得，银行要提高收益可以采取的策略有：①提高资产利息收入；②重新安排资产结构，提高盈利资产占比；③降低存款和借入款的利息支出；④重新安排资金来源结构，降低高利息存款和借入款的占比；⑤降低员工的工资和福利；⑥降低设备和房屋的费用，等等。

当然，在实际操作中，银行家面对的情况要复杂得多。如：某项资产收益率高，银行财务人员主张发放这样的贷款，但是银行风险管理经理则认为高利率的贷款意味着高信用风险而予以否定。又如：银行存款中活期存款成本率最低，但是过多的活期存款意味着银行将承担更大的流动性风险，银行必须存放更多的现金资产（非盈利资产）以满足流动性的需要，这样活期存款的综合成本可能大于定期存款。在此，在实际操作中银行家们反而青睐于成本率相对较高的定期存款。

3.1.3 现金流量表

现金流量表也称资金流量表，是反映一定时期银行资金来源和资金运用变化情况的财务报表。银行现金流量表主要回答两个问题：银行在某一时期使用的资金来自何方？资金用到哪里去？银行现金流量表由经营活动现金流量、筹资活动现金流量、投资活动现金流量三部分组成（见表 3-7）。

（1）主营业务产生的资金的流入和流出包括：存、贷款业务的现金流，同业拆借和贴现业务的现金流。编制的原则是：

某一时期银行获得的资金流入＝银行营业收入＋银行资产减少＋银行负债增加

某一时期银行使用的资金流出＝银行营业支出＋银行资产增加＋银行负债减少 〈3-4〉

（2）筹资业务产生的资金的流入和流出。

（3）投资业务产生的资金流入和流出。

三部分现金流量满足恒等式：

某一时期银行获得的资金＝某一时期银行使用的资金

表 3-7　中国民生银行现金流量表（2005 年 1 月 1 日—12 月 31 日）　单位：元

一、经营活动产生的现金流量	
贷款利息收入收到的现金	20528319000
金融机构往来收入	0
其他营业收入收到的现金	0
活期存款吸收与支付净额	36725190000
吸收的定期存款	0
收回的中长期贷款	45030925000
同业存放和系统内存放款项吸收与支付净额	0
与其他金融机构拆借资金净额	0
金融机构其他往来收到的现金净额	0

续表

租赁收入	0
证券及租赁业务现金增加净额	0
收到的其他与经营活动有关的现金	0
手续费收入收到的现金	494049000
汇兑净收益收到的现金	0
债券投资净收益收到的现金	0
经营活动现金流入小计	7.23172E+11
存款利息支出支付的现金	10062564000
金融企业往来支出支付的现金	0
手续费支出支付的现金	121717000
营业费用支付的现金	0
其他营业支出支付的现金	0
支付给职工以及为职工支付的现金	2356723000
支付的定期存款	0
短期贷款收回与发放净额	0
发放的中长期贷款	78258329000
支付营业税及附加	0
支付的所得税款	1269071000
购买商品接受劳务支付的现金	0
支付的其他与经营活动有关的现金	0
经营活动现金流出小计	7.07849E+11
经营活动产生的现金流量净额	15323082000
二、投资活动产生的现金流量	
收回投资所收到的现金	51127263000
分得股利或利润所收到的现金	0
取得债券利息收入所收到的现金	2386367000
处置固定无形和长期资产收回的现金	3852000
收到的其他与投资活动有关的现金	0
投资活动现金流入小计	53517482000
购建固定无形和长期资产支付的现金	1285969000
权益性投资所支付的现金	0
债权性投资所支付的现金	54553645000
支付的其他与投资活动有关的现金	0
投资活动现金流出小计	55839614000
投资活动产生的现金流量净额	−2322132000

续表

三、筹资活动产生的现金流量	
吸收权益性投资所收到的现金	0
发行债券所收到的现金	1114891000
借款所收到的现金	0
收到的其他与筹资活动有关的现金	0
筹资活动现金流入小计	1114891000
偿还债务所支付的现金	0
发生筹资费用所支付的现金	0
分配股利或利润所支付的现金	329446000
偿付利息所支付的现金	0
融资租赁所支付的现金	0
支付的其他与筹资活动有关的现金	0
筹资活动现金流出小计	334055000
筹资活动产生的现金流量净额	780836000

数据来源：新浪网。

对表3-7的数据进行归纳，得出以下结果：

银行经营活动现金流入量＝贷款利息收入＋手续费收入＋收回的中长期贷款＋吸收活期存款
＝20528319000＋494049000＋45030925000＋36725190000
＝102778483000(元)

银行经营活动现金流出量＝存款利息支出＋手续费支出＋支付职员工资＋发放贷款＋支付税金
＝10062564000＋121717000＋2356723000＋78258329000
＋1269071000
＝92068404000(元)

银行经营活动现金净流量＝10710079000(元)

3.1.4 其他报表

为了更全面地反映银行的经营状况，商业银行(特别是上市银行)会公布一些其他的财务报表作为信息补充。这些报表包括现股东权益表、表外业务报告表等。

1. 股东权益变动表

股东权益变动表反映了银行股东对本银行投资变化的情况和银行盈利的分

配情况。股东对银行的投资(也称为股本)是商业银行抵御不可预测风险的最重要也是最后的屏障。因此,政府监管当局高度关注股东权益变动表。另外,股东权益变动表列举了股东的权益实现,也备受股东的关注(见表3-8)。

表3-8 中国民生银行股东权益变动表(2005年8月30日) 单位:元

一、实收资本(或股本)		任意盈余公积	0
期初余额(实收资本)	5184447000	储备基金	0
本期增加数(实收资本)	1037588000	企业发展基金	0
资本公积转入	0	法定公益金转入数	0
盈余公积转入	0	本期减少数	0
利润分配转入	0	弥补亏损	0
新增资本(或股本)	0	转增资本	0
本期减少数(实收资本)	0	分派现金股利或利润	
期末余额(实收资本)	6222035000	期末余额	496756000
二、资本公积		法定盈余公积	0
期初余额(资本公积)	4948491000	储备基金	0
本期增加数(资本公积)	2640000	企业发展基金	0
资本(或股本)溢价	0	三、法定公益金	0
接受捐赠非现金资产准备	0	期初余额	280697000
接受现金捐赠	0	本期增加数	0
股权投资准备	0	从净利润中提取数	0
拨款转入	0	本期减少数	0
外币资本折算差额	0	集体福利支出	0
资本评估增值准备	0	期末余额	280697000
其他资本公积	0	四、未分配利润	
本期减少数(资本公积)	0	期初未分配利润	1999595000
转增资本	0	本期净利润	1268009000
期末余额(资本公积)	4951131000	本期利润分配	1399876000
法定和任意盈余公积	0	期末未分配利润	1867728000
期初余额	496756000	年初余额	0
本期增加数	0	本年增加数	0
从净利润中提取数	0	本年减少数	0
法定盈余公积(增加数)	0	年末余额	0

数据来源:新浪网。

表3-8反映出该银行在本期实收资本增加1037588000元,银行抗风险能力增加,但是原股东股权被稀释。“本期利润分配”数大于“本期净利润”,分配动用上期末未分配利润,是为了保持银行的股本收益率不会有太大的降幅而采取

的措施。

2. 表外项目报告表

全球主要国家金融体系都趋向混业体系。一方面,传统商业银行资金运用依赖于贷款的状况,受到资本市场的冲击,企业客户越来越多地趋向离开商业银行到资本市场直接融资,造成银行贷款市场需求量缩小,银行贷款业务收入已经不能满足银行追求利润增长的要求。另一方面,金融混业体系下,政府的金融政策允许商业银行提供更多的金融服务。这种状况激发了银行家们的创新热情。对于那些向客户提供金融服务时不动用银行资金(可能在之后的某个时间会动用银行资金)的业务不列入资产负债表中,被银行列入"表外项目报告表"中。中国银监会颁布的《资本充足率管理办法》中,规定银行的表外项目分为五类:贷款的授信业务、与某些交易相关的或有负债、与贸易相关的短期或有负债、承诺、信用风险仍在银行的资产销售与购买协议。银行将这些表外业务状况计入表外项目报告表。表外项目报告表与其他银行财务报表没有对应关系,一般不对外公布。

3.2 商业银行绩效评价方法

评价商业银行绩效有许多成熟的方法和技术。由于商业银行经营活动越来越全球化,为了有可比性,目前国际和国内金融界对商业银行经营绩效的评价趋于一致。表 3-9 所示的方法是将银行业务指标比较和银行财务指标比较混合的一种综合指标比较法,也是实践中常常采用的一种方法。另外,银行家们为了进一步分析各个指标之间的联系,还会采用图表法、杜邦分析法、RAROC 风险调整资本收益率法、EVA 经济因素分析法来分析和评价银行的财务状况、盈利能力、管理水平和风险状况。

3.2.1 实务界常用的综合指标比较法

目前中国商业银行正处于快速发展阶段,世界范围内银行间的兼并购行为不断发生。金融界有一个共识,在经济全球化的大趋势下,银行只有做大才能做强,才能有竞争力和确保利润增长。基于这个观点,银行业务规模比较、盈利能力和抗风险能力比较成为评价银行经营能力的主要指标。

表 3-9　中国四家上市银行 2003 年半年报主要指标

	深发展银行	浦发银行	民生银行	招商银行
总资产(千元)	175454831	342665400	329782387	435834298
股东权益(千元)	4330236	11101669	6641860	17140150
存款总额(千元)	116478600	283004375	237520360	348492136
贷款总额(千元)	88784603	230607990	170349028	264077792
净利润(千元)	270341	656835	638050	1108029
每股收益(元)	0.14	0.168	0.19	0.19
净资产收益率(%)	6.24	5.92	9.61	6.46
逾期贷款(千元)	704679	785647	1625408	1122355
资本充足率	8.62	8.30	7.11	10.56
不良贷款比例(%)	11.01	3.16	1.74	4.51
利息回收率(%)	89.94	99.85	94.54	94.24
计提呆账比例(五级)(%)	1,2,25,50,100	1,2,35,70,100	1,2,25,50,100	1,2,35,65,100

数据来源：摘自《银行公司治理与控制》，经济科学出版社 2003 年版。

上表中的比较分为三个方面：(1)规模指标：资产规模、负债规模、股东权益规模。资产规模越大，银行的投资实力越强，表现为银行可向企业提供贷款数额越大，利息收入会越多。股东权益规模越大，银行竞争力和抵御不可预测的风险的能力越强。负债规模越大，银行可以获取更高的社会信誉，从市场上获得资金成本越低，银行的流动性越好。了解银行实力最简单的方法就是掌握该银行在同一个地区、同一个国家和世界上的排名。这些数据也是信用评级公司评定银行信用等级的重要参数。(2)盈利指标：净利润、每股收益、净资产收益率。净利润越多，代表银行的实际盈利能力越强、管理效率越高。(3)风险指标：逾期贷款、不良贷款比率、利息回收率。逾期贷款越小，代表银行风险控制能力越强，专业管理能力越强。

3.2.2　比率法

比率法是最简单的，也是银行家常用的一种方法。通过若干个财务比率的比较，达到对银行业绩进行评价的目的。银行绩效比率指标包括：盈利能力、流动性、风险程度、清偿能力和安全性。比较方法包括：同业对比方法——将一家银行的比率指标与同行业的平均水平进行横向对比，发现自己的优势和不足。趋势对比方法——与本银行的历史数据进行纵向对比，了解本银行银行的业务发展变化和趋势。

1. 比率指标

(1)盈利比率指标。反映银行盈利能力和管理效率。

反映资产获利能力：

净资产收益率＝净利润/股东权益

资产收益率＝净利润/总资产

反映经营管理效率：

银行净利差率＝(利息收入－利息支出)/盈利资产

非利息收入率＝(非利息收入－非利息支出)/总资产

银行利润率＝净利润/总收入

(2)市场风险指标。反映市场利率波动，对银行预期利差收入的影响。

利率敏感性缺口＝利率敏感性资产－利率敏感性负债

利率敏感性比率＝利率敏感性资产/利率敏感性负债

(3)信用风险指标。反映银行无法按时收回贷款或投资本息的数量。按贷款五级分类管理方法的规定，不良贷款包括次级类、可疑类和损失类贷款。

贷款损失率＝贷款净损失/贷款总额

不良贷款率＝不良贷款/贷款总额

贷款损失准备金来自于银行历年税前提取利润的累积。此指标代表银行抵御贷款风险的能力。

贷款损失准备率＝贷款损失准备金/贷款净损失

(4)流动性指标。反映银行流动性供给与银行流动性需求之间的关系。

现金资产比率＝现金资产/总资产

现金资产比率高反映银行流动性供给充足。

贷款资产比率＝贷款总额/总资产

贷款资产比率高反映银行流动性供给不足。

易变负债比率＝易变负债/总负债

易变负债包括各种短期借款、通知存款等银行最不稳定的存款。

(5)清偿能力指标。清偿能力指标反映银行运用资本清偿债务的能力。反映银行债权人利益被保护的程度。

银行净值＝资产－负债

资本充足率＝银行资本金/银行风险资产

资本资产增长率＝资产增长/核心资本增长

资本资产增长率动态反映银行清偿力的变化情况。<1 时，反映银行抗风险能力在增强；>1 时，反映银行抗风险能力在减弱。

2. 比率分析方法

比率分析方法是指将银行若干财务指标进行纵向趋势对比和横向同业对比

得出对某项指标评价的方法。横向同业对比：将本银行的比率指标与同行业的平均水平进行横向对比，发现本银行的优势和不足。纵向趋势对比：是将本银行当期的比率指标与本银行的历史数据进行纵向对比，了解银行的业务变化和趋势。

例如：用指标比率法分析 2006 年 6 月 30 日中国民生银行盈利状况。净资产收益率反映了股东权益的收益水平，是企业盈利能力的核心指标，也是整个财务指标体系的核心指标。对净资产收益率指标纵向和横向比较评价上市公司业绩，可以直观地了解其净资产运用能力（见图 3-1）。

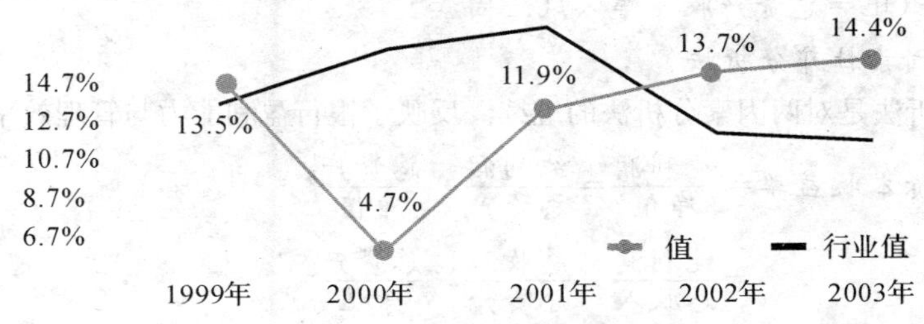

图 3-1　净资产收益率比较

营业利润率考核银行主营业务和非主营业务的盈利能力，综合反映银行稳定和持久性的收入和支出因素，揭示盈利能力是否具有稳定和持久的特点（见图 3-2）。

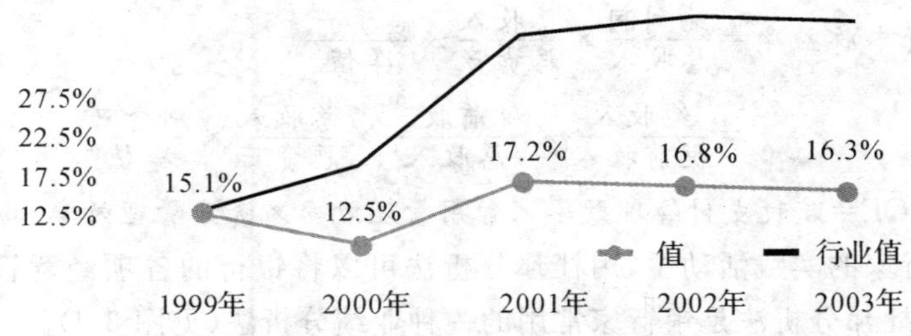

图 3-2　营业利润率比较

从图 3-2 中可见，净资产收益率好于同业水平，而且每年处于上升趋势，可以认为该银行的盈利能力在不断增加。对营业利润率不如同业水平，且每年处于下降趋势，提示管理者需要找出造成管理效率低下的原因。

3.2.3　杜邦分析法

杜邦分析法是为了弥补比率分析法的缺陷而产生的一种综合评价方法。它将各种财务指标联系在一起，揭示银行在运作过程中收益率、管理能力和风险因素之间的联系。

1. 两因素杜邦分析法

此分析法揭示了银行盈利性和风险两个因素之间的制约关系。资本收益率也被称为净值收益率。从以下的公式可见，银行较高的资本收益率可能会通过较低的总资产收益率和较高的权益乘数获得。

$$资本收益率=\frac{纯利润}{净值}=\frac{纯利润}{总资产}\times\frac{总资产}{净值}$$

$$ROE=ROA\times EM$$　　其中：EM为权益乘数

$$ROE=总资产收益率\times风险因素$$

2. 三因素杜邦分析法

此分析法是对两因素分析法的继续。反映了银行盈利能力与管理效率的关系。

$$资本收益率=\frac{纯利润}{净值}=\frac{纯利润}{总资产}\times\frac{总资产}{净值}$$
$$=\frac{纯利润}{总收入}\times\frac{总收入}{总资产}\times\frac{总资产}{净值}$$

$$ROE=银行资金运用和费用管理能力\times资产管理效率\times风险因素$$

3. 四因素杜邦分析法

此分析法反映出银行的管理效率不仅与银行的风险、管理效率有关，也受赋税支出的影响。

$$资本收益率=\frac{纯利润}{总收入}\times\frac{总收入}{总资产}\times\frac{总资产}{净值}$$
$$=\frac{纯收入}{税前收入}\times\frac{税前收入}{总收入}\times\frac{总收入}{总资产}\times\frac{总资产}{净值}$$

$$ROE=赋税支付管理效率\times费用管理效率\times资产管理效率\times风险因素$$

在银行家的实践活动中，用杜邦分析法可以将银行的各项经营管理活动结合在一起，杜邦分析法是银行家常用的一种业绩分析法(见图 3-3)。

3.2.4 图表法

图表法分为雷达图分析法和沃尔比重分析法，由于方法简单、形象而被广泛采用。商业银行的绩效与银行机构所处地域的经济环境有着极为密切的联系。经营模式和管理能力相同的银行，由于所处地域不同，业绩会出现很大差异，比如同为中国工商银行，华东、华南地区机构的盈利能力远远大于西北、东北地区。处于不同的经济周期，同一家银行的业绩也会有较大的差异。因此，管理者和公众更倾向于对一组银行的财务数据进行比较性分析(称为：同业对比)，银行家们也习惯于将目前的业绩指标与历史上的某一个时点进行比较(如与年初、与去年

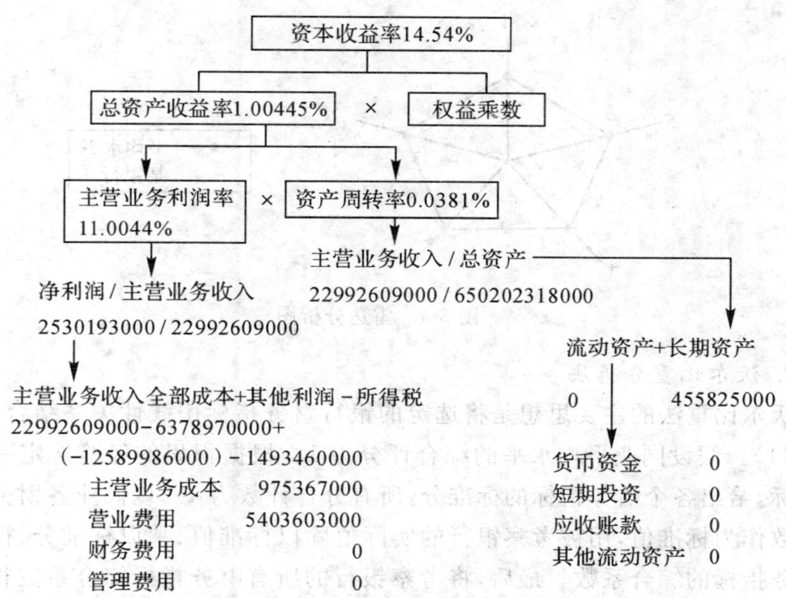

图 3-3 中国民生银行 2006 年 6 月 30 日财务指标杜邦分析

同期)，以获取更公正、客观的评价。雷达法和沃尔比重法可以满足这种要求。

1. 雷达图分析法

雷达图分析法是在比率分析法的基础上进行的。将比率法中的比率通过坐标直观、形象地表现出来，反映银行的经营状况。雷达法在比较分析银行不同时期的业绩状况，或者与同业平均水平比较反映银行的业绩状况时，更具有直观的表现力。

假设比较一家银行在资产收益率、利息回收率、不良贷款率、存款总额、资本充足率与同业平均水平的差异。比较的方法是，先设若干个坐标，每个坐标代表一个比较指标，设同业平均水平为单位 1，在坐标系中标出被考察银行的坐标值，并联结成雷达状(见表 3-10、图 3-4)。

表 3-10 用雷达法对某银行的业绩进行评价

项目	资产收益率 (1)	利息回收率 (2)	不良贷款率 (3)	存款总额 (4)	资本充足率 (5)
同业平均水平	22%	90%	1.5%	150 亿元	8.5%
某银行	20%	81%	1.8%	120 亿元	7.25%

从图 3-4 中可见，该银行与同业平均水平相比，在利息回收率、不良贷款率方面明显低于同业平均水平，银行下一步的工作是在这两个方面改进管理。

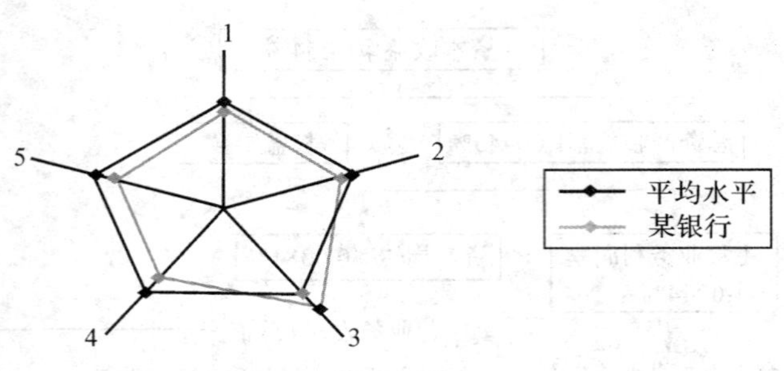

图 3-4　雷达分析图

2. 沃尔比重分析法

沃尔比重法的主要思想是将选定的银行财务指标用线性关系结合起来(见表 3-11)。假设同业平均水平的综合评分为 1。根据积累的经验选定一系列财务指标,给出各个财务指标的标准分,所有分合计数为 1。以同业各财务指标的平均数作为标准值,用被考察银行的实际值除以标准值、乘以标准分,得到该单一财务指标的综合系数。最后,将考察银行的所有财务指标综合系数相加。当大于 1 时,认为该银行的综合业绩好于同业;当小于 1 时,认为该银行综合业绩较差,需要改进。

表 3-11　用沃尔比重法对某银行综合评价计分

指标	标准分	标准值	实际值	关系比率	综合系数
	①	②	③	④=③/②	⑤=①×④
利润率	0.10	16%	15%	0.9375	0.094
总资产利润率	0.10	10%	12%	1.2000	0.120
人均利润额	0.15	14 万	15 万	1.0714	0.161
中间业务收入增长率	0.05	9%	10%	1.1111	0.056
收息率	0.10	90%	85%	0.9444	0.094
人均存款增长率	0.10	40000 万	39000 万	0.9750	0.146
日均存款额	0.151	2%	10%	0.8333	0.083
优良贷款率	0.15	85%	78%	0.9176	0.138
存贷款比率	0.10	75%	65%	0.8667	0.087
合计	1.00				0.979

表中:关系比率=实际值/标准值;综合系数=标准评分×关系比例。

雷达法给出了银行单个财务指标的评价,而沃尔比重法给出的是对银行的综合能力的评价。将两种方法结合起来,对认识银行的状况和改进管理工作更具说服力和指导意义。

3.2.5 RAROC 风险调整资本收益率评价法

由美国银行家信托公司创立的风险调整资本收益率法(risk-adjusted return on capital)技术的主要思想是,将风险带给银行的未来可预计损失量化为当期的成本,直接对当期的盈利进行调整。

银行的成本通常由经营成本和风险成本构成。经营成本包括:资产负债表中反映的应付利息、应付工资、应付税金等正常经营活动中银行需支付的费用。风险成本指银行开展业务时可能造成的未来资金损失和已经造成的资金损失。例如,统计数据显示,中国商业银行发放的贷款,借款人违约率为2%~4%,银行根据贷款总额按这个比率计算出“贷款呆账准备金”,从利润中提出存放在特定的会计科目中,用来覆盖未来可能出现的资金损失。这个数字会根据银行贷款规模变化而变化。另外,对于已经认定(由银行财务部门认定无法收回的贷款)的贷款资金损失,要从利润中提取同等数额的资金覆盖损失。

RAROC 在形式上一般可以表示为:

$$\text{RAROC}=\frac{\text{经风险调整的收益}}{\text{经济资本}}=\frac{\text{收入}-\text{成本和费用}-\text{预期损失}}{\text{经济资本}} \tag{3-6}$$

从上式可以看出,所谓“风险调整的收益”就是利用预期损失来对分子中的收益加以风险调整。在实际应用中一般将分母中的“资本”取为“经济资本(economic capital)”,它们是与“监管资本(regulatory capital)”相对应的概念,所谓“监管资本”是按照外部监管机构规定商业银行所需要持有的资本,典型的就是巴塞尔资本协议所规定的资本要求。监管资本在计算时使用了相对固定的风险权重,因此在计算方法上比较简单,但无法反映银行所承受的真实风险大小;而“经济资本”是银行根据其内部模型度量的风险大小来确定所需资本,此时的资本要求更能反映银行所承受的真实风险大小,更具有风险敏感性。因此,在RAROC 模型中大多使用了这一资本概念。风险因素调整法的优点在于把银行的风险管理概念纳入收益率计算,引导银行家在经营管理过程中,更加重视对风险的防范,以增加银行的抗御风险能力。

3.2.6 EVA 经济增加值评价法

经济增加值 EVA(Economic Value Added)这个术语是由蒂尔·古尔迪曼(Till Guldimann)在20世纪80年代创立的。其理论基础是:在银行任何一项投资行为中,股东必须获得一定的收益,以补偿投资风险。或者讲,股东的银行投资(权益资本)至少应该获得资本市场同等投资风险下的收益水平,否则认为银行管理者经营亏损。银行作为企业,收益率要高于市场上总体平均的期望值。可以用以下公式表示:

$$EVA=(r-k)K=rK-kK$$

经济增加值=(资本收益率－资本成本率)×投入的边际资本 〈3-7〉

式中:r 为银行所有者权益的资本收益率;K 为边际资本;k 为用资本资产定价模型计算出的本行业同等风险下的市场平均资本收益率。

上式表达的管理理念是,如果股东增加投资资本 K,是否能给银行带来高于市场平均资本收益率 k 的更多的收益率($r-k$),而不是简单度量 r 的大小。如果银行回报给股东的收益率不能大于市场的平均收益率(当 $r-k\leqslant 0$ 时),认为银行不能给股东带来更多的利润(增加银行价值),银行亏损,即对银行管理人员的经营业绩评价为差。

银行价值与资本扩张的关系如图 3-5 所示。银行的经济增加值 EVA 被理解为边际收益的概念。当银行边际资本不能给银行带来更多的收益时,即 EVA <0 时,银行继续扩张只会破坏银行的价值,表现为银行价值减少。

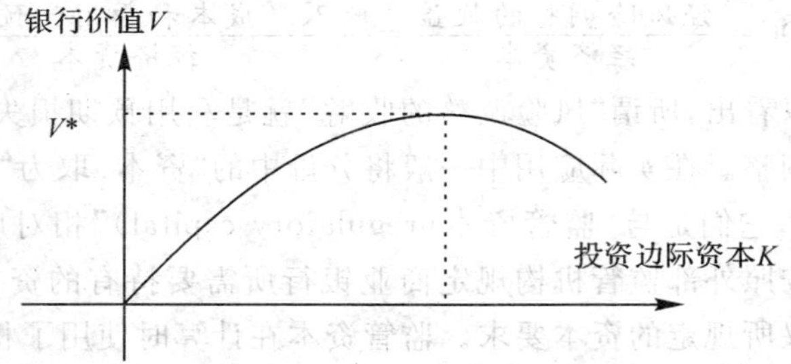

图 3-5 银行价值与资本扩张的关系

3.3 商业银行绩效外部评价

用哪些指标评价一家银行的经营状况及其信誉和抗风险能力,随着经济发展和金融市场环境变化,观点会有所不同。但是作为一个银行家,至少需要掌握两个方面的指标:一是股东或上级管理机构下达的经营管理指标,如利润、不良资产比率、存款增长率和存贷比是比较常见的银行内部年度指标。二是政府监管或公众关心的指标,如资本充足率、利润规模、负债规模、资产规模、不良贷款规模及比率。这些数据都可以从银行的财务报表中获得。另外,一个银行的绩效必须接受公众的评价，这样的评价由中立的专业评级机构完成，并定期公布。

2005 年，国际著名评级机构之一的"标准普尔"公布对中国 12 家银行过去一年的评级结果，其中中国银行以 BB+级居首，广东发展银行以 CCCpi 级居于最末。相对于标准普尔从最高评级 AAA 开始的十大类评级，中国主要的 12 家银行的排名并不靠前。具体评级情况如下：

中国银行 BB+

中国建设银行 BB+

中国工商银行 BB+

中国交通银行 BB

中国农业银行 BBpi

中国招商银行 BBpi

上海浦东发展银行 BBpi

中国民生银行 Bpi

深圳发展银行 Bpi

华夏银行 Bpi

中国光大银行 Bpi

广东发展银行 CCCpi

标准普尔表示，评级涵盖了不同的比较基准，包括市场地位、资产质量、融资与资金流动性、资本率、盈利和政府支持。需要特别提到的是，尽管获评银行均拥有财务状况、市场地位和政府支持的相对优势，但是，不同银行在不同的比较内容中所处位置却有明显差异。

【本章小结】

本章介绍了银行的主要财务报表——资产负债表、损益表、现金流量表和其他报表。银行通过财务报表向大家展示了银行家通过利用资本、人力、信用和网络技术生产金融服务产品、销售产品的效果。其中：(1)资产负债表是最主要的银行财务报表，通过三部分(股东权益、负债和资产)详细列举了银行的资本数量和结构，负债的规模、负债资金结构和负债服务产品，资产的规模、投资渠道、投资结构和资产质量，是了解银行、评价银行业绩的主要数据来源。(2)损益表由收入和支出两部分组成。列举了银行收入的结构、费用开支状况。(3)如果要更加深入地了解银行的管理状况和业务开展情况，还需要通过其他的报表，如现金流量表、股东权益变动表和表外项目报表等。

【课后练习】

查阅金融网站，参照表3-9的格式，挑选中国四家商业银行，列举业绩评价指标，并对四家银行的业绩作出评价。

【网站指引】

你可以通过下面的网站获得在中国内地上市的银行的财务报表：

http://finance.sina.com.cn/新浪网财经版

http://finance.yrzjw.com/中国金融资源总库

了解更多的国内外银行的其他信息可以登录下列网站：

http://www.cfn.com.cn/中国信息网

http://data.icxo.com/世界数据报告网站

第二部分

商业银行基础业务

第二部分我们以商业银行的传统业务资本金管理、资金来源管理和资金运用管理为研究对象，以行长和业务主管的视角，讲解各项业务的管理原理和操作技能，帮助大家深入了解商业银行业务。

商业银行的经营与管理活动，是围绕资本金、负债及资产这三项业务内容依次展开的。如何有效地扩大资本金、负债和资产规模，协调好三者之间的关系，以实现股东制定的银行经营目标；如何满足监管当局的管理要求，确保银行的运行安全等问题是对银行家管理能力的考验。之后的几个章节我们按照资本金管理、负债业务管理、资产业务管理、资产负债协调管理的顺序展开。

第 4 章

银行资本金管理(一):资本金标准及衡量

引言

增加银行的资本金数量,不仅是政府监管当局对商业银行的要求,也是商业银行树立公众信誉和形象的需要,是银行开展存款、贷款业务的基础,是商业银行抵御各种金融风险能力的象征。因此,近年来商业银行高层管理者在如何扩大资本金规模,通过什么渠道扩大资本金规模,盈利后如何尽量说服股东留存利润,用于扩大资本金规模等方面花费了很大的精力。本章重点讨论为了维护国家金融体系稳定运行,政府金融法律法规对商业银行资本金的结构和数量的要求。

学习目标

1. 了解商业银行资本金的作用
2. 掌握《巴塞尔协议》中银行资本衡量和定义
3. 掌握《巴塞尔新资本协议》风险管理思想
4. 了解资本充足率管理对现代商业银行经营行为的影响

重点问题

1. 银行核心资本组成成分
2. 表内风险资产和表外风险资产计算

4.1 银行资本金的功能

商业银行资本金的最主要的功能是防范风险。表 3-1 反映了商业银行资产负债表基本结构。银行资产负债表由资产、负债及所有者权益两大部分组成;资产资金总额=负债及所有者权益资金总额。其中,“所有者权益”项目就是本章要讨论的银行资本金项目。银行资本金也常常被简称为银行资本。

4.1.1 什么是银行资本金

银行资本金,也被称为银行资本。什么是资本?马克思在《资本论》中将资本解释为:“资本是可以带来剩余价值的价值。”这种解释侧重于讨论资本的数量。为了便于理解,现代经济学家对资本给出了一个更通俗的解释:“资本是能产生未来收入流的资产(财富)。资产并非都是资本,资产是不是资本的界限在于它是否可以产生未来的现金收入流。可用的经济资源称为资本,资本是投入生产的各种资源,比如机器、土地、办公工具货币等等。”这个解释侧重于讨论资本的存在形态。形象地讲,你自己拥有电脑和书籍,可以借给别人使用,或者你经过交易把自己的资产(电脑和书籍)有偿转让和让渡时,你拥有的资产就变成了资本。

商业银行资本金在银行资产负债表当中的表现形式是:资产额减去负债额所得的净值。它所反映的经济学的意义在于,这部分净值是银行所有者(股东)提供的资金,代表了股东对银行的所有权(利润分配权、经营决策权),也称为所有者权益。商业银行作为微观经济实体,资本金的数量代表着企业的经营实力、抵御外来风险的能力和市场竞争能力。近年来,中国商业银行高级管理层在经营管理过程中面对着诸多的问题,其中最受关注的是如何满足监管当局对资本金管理的要求,如何解决商业银行资本金数量和筹集渠道问题。

4.1.2 银行资本金形态特征

商业银行是特殊的企业,资本金是货币形式,不接受实物、技术入股。银行资本金形态特征表现为三点:一是银行资金的流动性要求较高。中国监管当局要求,银行流动性资本金占总资本金的比例不小于 70%。二是资本金数量占资产总额的比例很低。一般在 10%~20%。三是结构复杂。各国政府对银行资本金的定义差异较大。大体上可以归结为由所有者权益、债务性资本和各类准备金组成。

4.1.3 资本金在银行经营管理中的作用

资本金在商业银行经营管理活动中发挥着多种作用。比如在开业初期，银行有"注册资本金"，注册资本金是设立银行、启动银行经营活动的基础资金。而在日常经营过程中，银行资本金为产品开发、业务拓展等活动提供资金支持和保障。但是，银行资本金最主要的作用，也是政府监管当局关注银行资本金数量主要原因是：当银行出现资金损失或出现流动性风险时，资本金起着"减震器"的作用，银行通过资本金吸收财务损失或缓解流动性风险，从而化解银行风险、维护银行的社会形象，保证银行安全运营。我们将商业银行资本金的基本功能归纳如下：

1. 财务杠杆作用

银行是典型的高负债企业，资本金对银行经营具有财务杠杆作用。由于财务杠杆作用的存在，使银行能够用较少的股东资本金，推动数倍于资本金数量的银行资产运作。政府的金融政策赋予银行用极小的资本金数量推动银行各项业务开展的特权，如果让银行家自己确定资本金需要量，通常的结果是财务杠杆会发挥最大的作用，银行会在资本金有限的情况下，尽可能地吸收大量存款，发放贷款，创造出最大的利润。

2. 弥补银行资金损失作用

资本金是商业银行抵御风险的最后防线。商业银行作为经营货币信用产品的特殊企业，日常经营会遇到诸多的风险，如信用风险、市场风险、操作风险，这些风险都可能造成银行资金的损失。严重时可能会导致银行无法偿还存款人的存款，进而引发银行社会信誉危机，导致银行倒闭，造成社会混乱。历史经验证明，资本金充裕的商业银行在抵御风险方面表现卓越。一是资本金的性质决定了它是保护商业银行免受资金短缺危机而引发银行倒闭的最后一道防线。二是银行通过资本金规模向社会展示实力，充裕的资本金有助于银行建立公众信心，助推银行业务发展。英国《银行家》杂志每年在世界范围内对全球银行进行排名，排名结果对公众极具影响力。排名的主要指标之一是按银行持有的"一级资本金"数量排名(见本章4.3)。三是清算时，银行较多的资本金能够减少政府采取补救措施中所要投入的资金数量，降低政府损失。由图4-1可见，A银行资本金数量能够覆盖银行损失资产，A银行抵御风险能力较B银行更强。

3. 政府监管作用

为了保证国家金融体系的安全运行，政府金融法规对商业银行资本充足率和资本金结构进行严格的规定。商业银行必须达到这个标准，没有达到标准的商业银行会受到监管当局的经济处罚或限制业务发展的处罚。"相关链接4-1"

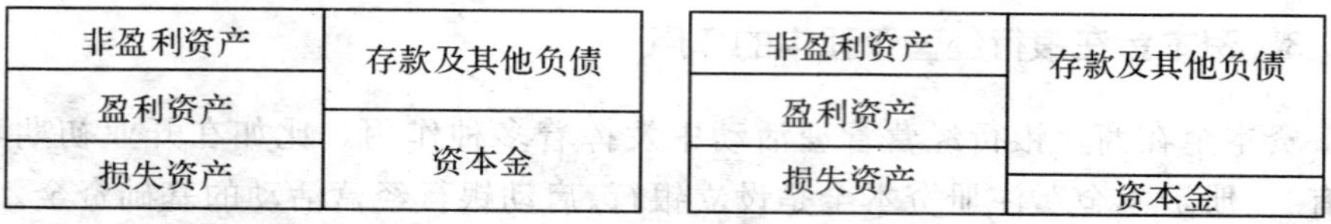

资产	负债及资本
非盈利资产	存款及其他负债
盈利资产	资本金
损失资产	

A银行

资产	负债及资本
非盈利资产	存款及其他负债
盈利资产	
损失资产	资本金

B银行

图 4-1 银行资本金与抵御风险能力的关系

给出了中国人民银行对中国境内商业银行资本金数量的要求，以及对未达到要求的商业银行的处罚办法。

【相关链接 4-1】

商业银行法(节选)

第三十八条 根据资本充足率的状况，银监会将商业银行分为三类：

(一)资本充足的商业银行：资本充足率不低于百分之八，核心资本充足率不低于百分之四；

(二)资本不足的商业银行：资本充足率不足百分之八，或核心资本充足率不足百分之四；

(三)资本严重不足的商业银行：资本充足率不足百分之四，或核心资本充足率不足百分之二。

第四十条 对资本不足的商业银行，银监会可以采取下列纠正措施：

(一)下发监管意见书。监管意见书的内容包括：对商业银行资本充足率现状的描述、将采取的纠正措施、各项措施的详细实施计划；

(二)要求商业银行在接到银监会监管意见书的两个月内，制定切实可行的资本补充计划；

(三)要求商业银行限制资产增长速度；

(四)要求商业银行降低风险资产的规模；

(五)要求商业银行限制固定资产购置；

(六)要求商业银行限制分配红利和其他收入；

(七)严格审批或限制商业银行增设新机构、开办新业务。

除前款所列的纠正措施外，根据商业银行风险程度及资本补充计划的实施情况，银监会有权要求商业银行停办除低风险业务以外的其他一切业务、停止审批商业银行增设机构和开办新业务。

西方经济发达国家对商业银行资本金的管理已经有几十年的历史。中国政府对银行业资本金的管理办法最早出现在2003年中国人民银行颁布的《商业银行法》中对商业银行开业最低注册资金的要求。2004年中国银行业监督委员会引入国际通用的巴塞尔协议对商业银行资本金标准和要求,颁布了中国银行业监督管理委员会令(2004年第2号)《商业银行资本充足率管理办法》。对商业银行的资本与资产的比率(资本充足率)有了明确的监管规定。

有一个问题常常引起大家的困惑:为什么存款人将盈余的资金存入银行被称为"存款"或"负债资金",而股东将入股的资金存入银行就被称为"银行的资本金"。要搞清楚这个问题,主要要区别两种资金与银行经营活动的关系。(1)存款人将盈余资金存入银行,存款人与银行之间完成一笔交易,交易合同约定:存款人可以随时提取存款本金,如果存款人按约定的期限提取存款本金,银行必须向存款人支付存款利息。(2)股东将资金投入银行,股东必须承担的义务包括:不可提取投入的资金本金;如果银行盈利,银行将利润分配给股东;如果亏损,股东必须共同承担亏损损失。股东享有的权利包括:对银行管理层的选举权,银行发展的决策权和利润的分配权。由此可见,存款人以存款的形式存入银行的资金是短期资金,不承担经营风险。而股东以投资形式投入的资金是银行可长期使用的,承担银行的经营风险。

4.2 银行资本金标准:资本组成

银行以什么形式获得的资金可以被认定为是银行资本金呢?在过去较长的时期内,银行资本金的标准是由各国政府金融监管部门定义的。随着金融国际化进程的推进,巴塞尔委员会颁布的巴塞尔协议——《关于国际银行统一的资本衡量和资本标准》的思想逐步被世界上大多数国家认可,成为各国政府定义国际银行资本金的统一标准。协议规定:国际银行的资本金由一级资本(核心资本)和二级资本(附属资本)构成。一级资本由股本、资本盈余、法定公积和未分配利润构成;二级资本由债务性资本构成,具体细节可由各国政府自行定义。

4.2.1 股　本

股本,也被称为实收资本,或永久性股东权益,是股东根据合同或者协议投入银行的那部分资金,是银行可以永久性使用的资金,是银行最稳定的资金来源。银行募集资本金可以采取私募方式,也可以采取公募方式。例如,2006年至2007年先后有中国建设银行、中国工商银行、中国银行、兴业银行和中信银行在国内、香港上市以公募的形式募集资本金。银行股本可以再细分为普通股和非累积优先股两类。

普通股。普通股股票是一种权利证书，标明股票持有人对企业的所有权和某些可行使的权利。这些权利包括：享有分配和处置银行税后利润的权利；享有修改银行公司章程、任免银行董事的权利；享有决定银行经营方针的权利。普通股股票持有人在享受特殊权利的同时，也要承担较大的风险。这些风险包括：①投资收益不确定性。股息收益要视银行经营状况、银行董事会的决议而定。②投资资金损失的可能性。银行亏损时，股东共同承担企业的损失。③求偿权风险。银行清算时，股东对银行资产的分配权排在债券持有人、优先股持有人之后。

优先股。优先股是一种定向发售的、性质介于普通股和债券之间的股票。优先股持有人享有的权利和义务要在股权买卖协议上载明，如：①优先股持有人按照固定利率取得股息。②投资的资金没有固定的偿还期。③优先股持有人不拥有对银行经营管理的表决权。④在银行清算时，优先股持有人对银行资产的分配权优于普通股持有人，但排在存款人和债券持有人之后。

非累积性优先股（也称为永久性非累积性优先股）有别于优先股，是指“在获得股息方面也不确定”的那一类优先股，在获得股息的权利上与普通股票股息的特性相同，因此也被列入银行“所有者权益”项目中。

4.2.2 资本盈余、法定公积和未分配利润

资本盈余，也称为资本公积或资本溢价，是指银行发行股票时，股票市场价高出股票票面价格的差额部分。

法定公积，也称为盈余公积，是指银行根据政府相关法律法规规定，每年从利润中提取的部分。是税前提取还是税后提取，要根据政府法律法规的规定执行。我国政府在《金融保险企业财务制度》中对相关的事项作了具体规定。

未分配利润，也称为留存收益，是指银行历年来累计的、税后未分配给股东的利润。银行未分配利润的数额取决于银行的盈利能力、国家税收政策和股东股息分配方案。银行盈利能力越强，“所有者权益”项目中未分配利润的占比会越高。银行家们偏爱留存更多的利润，原因之一，留存利润可以增加资本金总量，为银行继续扩大资产和负债规模提供条件；原因之二，如果未来几年出现银行收入下降的情况，银行可以用“未分配利润”贴补股息分配，避免由于分红下降，股东对银行管理者不满的情况出现。未分配利润属于所有者权益的一部分，所有权归属股东。

4.2.3 各类准备金

根据金融法规的规定,为了应对随时可能出现的资金损失,银行必须按照资产规模提取一定比例的利润计入指定科目作为"损失准备金"。银行损失准备金包括:贷款损失准备金、投资损失准备金等(见表4-1)。损失准备金数额越大,银行抗御风险的能力就越强。

表4-1 某银行资产负债表准备金部分 单位:元

项目	金额
中长期贷款	147820000000
逾期贷款	5191463000
减:贷款呆账准备金	4991491000
长期投资合计	59637579000
减:长期投资减值准备金	131657000

根据银行家的经验,任何一家银行都会有一定数量的贷款资金会因为借款人无法按时归还贷款本息而遭受损失。监管当局在《商业银行法》中对"贷款呆账准备金"提取方法作出了规定,银行根据上年年末贷款余额计提"贷款呆账准备金",如果银行贷款资金最终出现损失,可用贷款呆账准备金冲销。

4.2.4 债务性资本金

债务性资本金,是指银行以负债形式筹集到的资本金。典型的债务性资本金形式是银行资本票据和银行资本债券。通常资本票据是指银行发行的期限相对较短、面额不等的债务凭证。资本债券是指银行发行的期限较长、面额固定、面值较大的债务凭证。与股本资本金不同的是,在债务性资本金的债权和债务关系中,银行与债权人的关系是借贷关系,银行发行的票据和债券有明确的发行期限,募集的资金不能被银行永久使用。债务性资本金的特点是:①银行必须按约定向票据和债券持有人支付利息,到期还本。支付利息在税前列支,可以降低银行筹资成本。②面临破产清算时,银行首先偿还存款人和借款债权人的资金,其次偿还债券和票据债权人的资金,最后归还优先股和普通股债权人的资金。

什么形式的票据和债券资金可以被定义成为银行的资本金?巴塞尔协议对此没有作出明确的规定,将决定权赋予了各国金融监管当局。

4.3 银行资本金衡量:资本充足率和巴塞尔协议

商业银行资本金是否充裕,对一家银行来讲代表着这家银行的抗风险能力,对整个国家来讲关系到是否可以保持金融体系安全稳定运行。国家金融监管当局监管商业银行的重要内容之一就是监管商业银行的资本数量是否达到监管当局的要求。

4.3.1 资本充足率

经过上面的讨论我们知道，银行资本金越充裕，抵御风险的能力越强，这是监管当局希望银行家做到的。但是，资本金相对银行总资产的占比越大，资本的财务杠杆作用越小，资本金收益率会下降，这是银行家们不愿意做的。为了解决这个矛盾，巴塞尔委员会提出了“资本充足率”概念，用于衡量国际银行持有资本金的数量是否达到要求。

资本充足率是指银行资本金总额与银行资产总额的比率。这个比率由巴塞尔委员会规定为8%(在本章4.3.2中详细解释)。金融管理当局规定的8%的指标是一家银行能够正常对外营业并足以维持公众信誉的最低限度。优秀的商业银行还应该制定资本充足率的内部管理方法，合理调整资本金结构，提高资本金数量，以符合银行总体经营目标的需求。银行资本充足率管理包括数量管理和结构管理两部分内容。

1. 资本金数量管理

开业时，金融监管当局规定了银行注册资本金的最低数额，如：全国性银行最低注册资本金不得小于1亿元，地方性商业银行的最低注册资金不得少于5000万元。银行正常营业后，由于银行开业的时间长短不同，业务发展速度不同、资产和负债规模不同，因此监管当局很难对所有银行资本金的数量作统一的规定。目前，世界各国均采用《巴塞尔协议》提出的最低资本充足率8%的标准来监管商业银行资本金数量。国际上规模大、信誉好的银行其资本充足率远远超出了这个指标。

1999年国内四家上市银行的资本充足率为：深圳发展银行，8.62%；浦东发展银行，5.92%；民生银行，9.61%；招商银行，6.46%。

2. 资本金结构管理

银行资本金结构是指银行资本金中一级资本金、二级资本金在总资本金中所占的比例关系。监管当局非常关注银行股权资本(核心资本)与债务资本(附属资本)的比率关系。银行一级资本是银行可以永久性使用的、最基础的资金，是真正意义上的银行自有资本金。银行应该尽可能扩大一级资本金的占比。

由于筹集资金的渠道不同、难易程度不同和筹资成本不同，银行在选择增加资本金筹资策略时，是选择扩大一级资本数量，还是扩大二级资本数量，需要遵循降低成本、降低银行风险的原则。

4.3.2 巴塞尔委员会和巴塞尔协议

1974 年,联邦德国的赫尔斯塔银行和美国的富兰克林国民银行相继倒闭。这两家著名国际性银行的倒闭使金融监管机构在震惊之余开始全面审视监管当局如何对拥有广泛国际业务的银行进行监管的问题。

1. 巴塞尔委员会和巴塞尔协议

1974 年 9 月,由国际清算银行发起,美国、英国、法国、联邦德国、意大利、日本、荷兰、加拿大、比利时、瑞典(简称"十国集团")以及瑞士、卢森堡等两个国家的中央银行官员在瑞士巴塞尔举行会议,讨论跨国银行的国际监督与管理问题。

1975 年 2 月,会议在国际清算银行内成立了常设监督机构"巴塞尔银行监管国际委员会",简称巴塞尔委员会。委员会的一项重要任务是堵塞国际银行监管中的漏洞。近年来,委员会把主要精力投入在资本充足性的研究之上,致力于强化国际银行系统的稳定性,消除因各国对资本充足率要求不同而产生的不平等竞争。自 1975 年以来,巴塞尔委员会就银行监管的国际合作问题先后发布了一系列文件。1988 年 7 月委员会就如何衡量和确定国际银行资本的内容和监督标准,公布了著名的《关于统一国际银行资本衡量和资本标准的协议》,就是通常所讲的《巴塞尔协议》。此后,委员会又多次发布资本协议的补充及修正协议,不断对该体系加以完善,逐步将操作风险和市场风险等纳入资本衡量系统。自 1998 年以来,这一协议已为几乎所有拥有国际性银行的其他国家所采用。

2. 巴塞尔协议的主要内容

巴塞尔协议包括三个部分内容:银行资本的定义、资产风险权重的规定和标准化比例的目标。

(1)银行资本的定义。协议规定银行资本包括核心资本(一级资本)和附属资本(二级资本)两大部分,并对核心资本的构成成分作出了明确的规定。协议未对附属资本构成成分给出明确的规定,可由各国的银行业监管当局作出具体规定。中国监管当局对附属资本构成的规定见"相关链接 4-2"。

【相关链接 4-2】

中国银行业监督管理委员会公布的《商业银行资本充足率管理办法》(附件 1:资本定义)

一、核心资本

实收资本:投资者按照章程或合同、协议的约定,实际投入商业银行的资本。

资本公积:包括资本溢价、接受的非现金资产捐赠准备和现金捐赠、股权投资准备、外币资本折算差额、关联交易差价和其他资本公积。

盈余公积:包括法定盈余公积、任意盈余公积以及法定公益金。

未分配利润:商业银行以前年度实现的未分配利润或未弥补亏损。

少数股权:在合并报表时,包括在核心资本中的非全资子公司中的少数股权,是指子公司经营成果和净资产中不以任何直接或间接方式归属于母银行的部分。

二、附属资本

重估储备:商业银行经国家有关部门批准,对固定资产进行重估时,固定资产公允价值与账面价值之间的正差额为重估储备。若银监会认为,重估作价是审慎的,这类重估储备可以列入附属资本,但计入附属资本的部分不超过重估储备的 70%。

一般准备:一般准备是根据全部贷款余额一定比例计提的,用于弥补尚未识别的可能性损失的准备。

优先股:商业银行发行的、给予投资者在收益分配、剩余资产分配等方面优先权利的股票。

可转换债券:商业银行依照法定程序发行的、在一定期限内依据约定条件可以转换成商业银行普通股的债券。计入附属资本的可转换债券必须符合以下条件:①债券持有人对银行的索偿权位于存款人及其他普通债权人之后,并不以银行的资产为抵押或质押;②债券不可由持有者主动回售;未经银监会事先同意,发行人不准赎回。

长期次级债务:是指原始期限最少在五年以上的次级债务。经银监会认可,商业银行发行的普通的、无担保的、不以银行资产为抵押或质押的长期次级债务工具可列入附属资本,在距到期日前最后五年,其可计入附属资本的数量每年累计折扣 20%。如一笔十年期的次级债券,第六年计入附属资本的数量为 100%,第七年为 80%,第八年为 60%,第九年为 40%,第十年为 20%。

(2)资产风险权重的规定。巴塞尔协议提出了“风险资产”的概念。银行风险资产是指经过风险系数加权后的银行资产。按照是否被记入银行资产负债表，银行资产项目分为表内资产项目和表外资产项目（或有资产）。由于银行开展表内资产业务和表外资产业务时所承担的风险不同，在计算表内风险资产和表外风险资产时，巴塞尔协议给出了不同的计算方法。

①表内风险资产的计算。巴塞尔协议认为银行表内资产中各资产项目所承担的风险不同，不同资产项目对银行资本金的消耗也是有差异的，这种差异可用风险权重加以区别。典型的资产项目是，①现金资产。现金资产是银行存放在金库中，用于满足银行存款人提取存款的需要，是不会有资金损失的风险。因此，协议将现金资产对应的风险权重定义为0%。②银行向企业借款人发放贷款。经营状况、经济环境变化等因素都可能造成借款人企业无法按时归还银行贷款资金，因此，协议将银行贷款对应的风险权重定义为100%。选择不同的风险权重，运用公式〈4-1〉可以计算出银行的风险资产总额。

$$\text{表内风险资产额} = \sum(\text{表内资产数额} \times \text{风险权重}) \qquad \langle 4\text{-}1\rangle$$

巴塞尔协议公布了对不同风险资产权重的规定。各国政府金融监管当局对权重的定义可以进行调整。“相关链接4-3”给出了中国监管当局公布的“不同风险资产权重”的规定。

【例4-1】 根据下表给出的某银行资产项目和“相关链接4-3”中央行规定的银行风险资产权重，计算该银行的风险资产总额。

表4-2 某银行表内资产列表 单位：万元

一、表内资产项目	金额	风险权重(%)	信用系数	风险资产额
现金	5000	0		0
政府国库券	20000			0
存放商业银行存款(大于四个月)	5000	20		1000
个人住房抵押贷款	5000	50		2500
企业担保贷款	65000	100		65000
小计	100000			

解：上表“金额”栏中给出了银行表内资产项目及其数额。“相关链接4-3”查出各个资产项目的“风险权重”，根据公式〈4-1〉计算得：

表内风险资产额＝(5000×0%)＋(20000×0%)＋(5000×20%)
＋(5000×50%)＋(6500×100%)
＝1000＋2500＋65000＝68500(万元)

答：该银行的风险资产额为68500万元。

【相关链接 4-3】

《商业银行资本充足率管理办法》中表内资产风险权重表

项目	权重
a. 现金类资产	
aa. 库存现金	0%
ab. 黄金	0%
ac. 存放人民银行款项	0%
b. 对中央政府和中央银行的债权	
ba. 对我国中央政府的债权	0%
bb. 对中国人民银行的债权	0%
bc. 对评级为 AA-及以上国家和地区政府和中央银行的债权	0%
bd. 对评级为 AA-以下国家和地区政府和中央银行的债权	100%
c. 对公用企业的债权(不包括下属的商业性公司)	
ca. 对评级为 AA-及以上国家和地区政府投资的公用企业的债权	50%
cb. 对评级为 AA-以下国家和地区政府投资的公用企业的债权	100%
cc. 对我国中央政府投资的公用企业的债权	50%
cd. 对其他公用企业的债权	100%
d. 对我国金融机构的债权	
da. 对我国政策性银行的债权	0%
db. 对我国中央政府投资的金融资产管理公司的债权	
dba. 金融资产管理公司为收购国有银行不良贷款而定向发行的债券	0%
dbb. 对金融资产管理公司的其他债权	100%
dc. 对我国商业银行的债权	
dca. 原始期限四个月以内(含四个月)	0%
dcb. 原始期限四个月以上	20%
e. 对在其他国家或地区注册金融机构的债权	
ea. 对评级为 AA-及以上国家或地区注册的商业银行或证券公司的债权	20%
eb. 对评级为 AA-以下国家或地区注册的商业银行或证券公司的债权	100%
ec. 对多边开发银行的债权	0%
ed. 对其他金融机构的债权	100%
f. 对企业和个人的债权	
fa. 对个人住房抵押贷款	50%
fb. 对企业和个人的其他债权	100%
g. 其他资产	100%

②表外风险资产额计算。银行表外资产项目包括银行根据申请人要求提供的银行担保、银行承诺和备用信用证等。这些业务发生时,银行并没有马上承担协议中的义务,也未承担资金风险,因此这些业务项目被记载在银行会计报表的"表外项目报告表"中,被称为银行的或有资产。在未来某个时刻,申请人要求银行履行担保等义务时,这些项目就被转记入银行资产负债表,这时表外项目转换为表内项目,银行开始承担资金风险(详细内容参见第十三章"表外业务")。巴塞尔协议公布了表外风险资产额计算公式(公式〈4-2〉),用信用转换系数将表外资产数额转换为同类别表内资产数额,再选择表内同类别资产的风险权重计算出表外风险资产额。"信用转换系数"与"表外项目"对应关系见"相关链接4-4"。

$$表外风险资产额 = \sum(表外资产额 \times 信用转换系数 \times 表内相同资产风险权重) \quad 〈4-2〉$$

【相关链接 4-4】

《商业银行资本充足率管理办法》(附件 3)

表外项目的信用转换系数及表外项目的定义。

一、表外项目的信用转换系数

项　目	信用转换系数
1. 等同于贷款的授信业务	100%
2. 与某些交易相关的或有负债	50%
3. 与贸易相关的短期或有负债	20%
4. 承诺	
原始期限不足1年的承诺	0%
原始期限超过1年但可随时无条件撤销的承诺	0%
其他承诺	50%
5. 信用风险仍在银行的资产销售与购买协议	100%

说明:1. 等同于贷款的授信业务,包括一般负债担保、远期票据承兑和具有承兑性质的背书。2. 与某些交易相关的或有负债,包括投标保函、履约保函、预付保函、预留金保函等。3. 与贸易相关的短期或有负债,主要指有优先索偿权的装运货物作抵押的跟单信用证。4. 承诺中原始期限不足1年或可随时无条件撤销的承诺,包括商业银行的授信意向。5. 信用风险仍在银行的资产销售与购买协议,包括资产回购协议和有追索权的资产销售。

【例 4-2】 根据数据表给出银行表外资产项目和数额,查阅"相关链接 4-4"的对应信用转换系数。(1)计算银行表外风险资产额。(2)计算银行风险资产总额。

表 4-3 某银行表外资产列表 单位:万元

二、表外项目	金额	转换系数(%)	风险权重(%)	表外风险资产额
支持政府项目保函	10000	50	50	2500
企业不可撤销贷款承诺	20000	50	100	10000
小计	30000			12500

解:上表中"保函":对应本章相关"链接 4-4"中的项目"2",信用转换系数为50%。此项"支持政府贷款"对应于表内资产的"向政府提供贷款"项目,风险权重为50%。上表中"承诺":对应相关"链接 4-4"中的项目"4",信用转换系数为50%。此项承诺对应表内资产的"一般企业贷款"项目,风险权重为100%。

表外风险资产额=10000×50%×50%+20000×50%×100%
=12500(万元)

银行风险资产总额=表内风险资产额+表外风险资产额
=68500+12500
=81000(万元)

(3)标准化比例的目标。巴塞尔协议明确规定国际银行资本金与银行风险资产总额的比率必须达到国际统一标准:8%和4%。规定如下:

核心资本(一级资本)与银行风险资产的比率不得低于4%。

总资本(一级资本与二级资本之和)与银行风险资产的比率不得低于8%。

其中:核心资本充足率=核心资本/风险资产总额

银行资本充足率=资本总额/风险资产总额

=(核心资本+附属资本)/风险资产总额 〈4-3〉

政府金融监管当局通过监管银行资本充足率,达到督促银行提高抗风险能力、保证国家金融体系稳定运行的目的。西方国家银行管理实践证明这种管理方法是有效的。成功的案例是美国银行在实施资本充足率管理后,银行安全性大大增加,没有出现过上世纪80年代大型银行倒闭的事件,其间银行还成功化解了财务公司危机对银行业的影响。

3. 银行监管实施巴塞尔协议的意义

一是统一了银行核心资本的定义。把附属资本的定义全赋予各国金融监管当局。二是将资本的衡量与风险资产联系在一起。在一定程度上约束了商业银行不断扩大资产规模的冲动,有利于国家建立一个稳健发展的金融体系。

4.3.2 《巴塞尔新资本协议》

 巴塞尔委员会在1999年首次公布《巴塞尔新资本协议草案》,后来经过三次修订于2006年底开始正式实施。新协议的主要贡献在于从监管的角度，明确地提出了金融监管当局督促商业银行提高风险管理能力的三大措施，也被称为《巴塞尔新资本协议》的三大支柱。

1. 第一大支柱：最低资本要求确定

《巴塞尔新资本协议》在肯定了巴塞尔协议资本充足率计算方法的基础上，对资本充足率的计算公式作了修正。在信用风险的基础上，增加了市场风险和操作风险项目。新协议所要表达的风险管理思想是：银行经营活动风险不仅来源于贷款中借款人"信用"问题带给银行的资金风险，银行家还必须关注在银行提供金融服务时由于"操作"问题带给银行的风险，以及迅速变化的市场环境可能带给银行的风险。新协议把现代商业银行经营活动中面对的诸多的风险归纳为"信用风险、操作风险和市场风险"三大类。但是如何计量操作风险和市场风险数额，新协议中并没有作出明确的说明，提倡商业银行根据自己的技术和经验完善计量方法。

2. 第二大支柱：对资本充足率的监管

商业银行经营目标是"利润最大化"，股东希望尽可能大地发挥银行资本金杠杆作用，提高资本收益率。为了强制银行提高资本充足率，以提高银行抵御风险的能力，保证国家金融体系稳定运行，《巴塞尔新资本协议》强调了各国监管当局在检查和监督银行资本充足率管理中的作用。要求金融监管当局要严格评估和及时干预银行的风险管理，制定金融政策约束银行经营行为，并针对银行资本充足率的情况作出奖励或处罚。

3. 第三大支柱：市场纪律和市场约束

《巴塞尔新资本协议》重点强调了通过规范商业银行信息披露制度，完善市场风险揭示体系。协议要求商业银行必须及时向社会公布关键信息，这些信息包括银行资本结构、风险资产及其计量标准、内部风险评级体系和风险资产计量方法、风险管理战略和制度、资本充足率等等。要求银行定期公布经营信息，通过公开市场监督银行的经营管理行为，向投资者揭示银行风险，约束银行家的经营行为。

【本章小结】

本章重点讨论了商业银行资本金作用，即财务杠杆作用、抵御风险的作用和政府监管的作用。讨论了银行资本金定义，巴塞尔协议对银行核心资本金的规定，我国金融监管当局法规对银行核心资本金、附属资本金的规定。讨论了银行表内、表外风险资产额的计算方法，以及核心资本充足率和银行资本充足率的计算方法。讨论了巴塞尔新资本协议,重点强调了银行风险管理方法,包括把市场风险、操作风险纳入银行资本充足率计算公式,金融监管当局对资本充足率监管,及银行信息披露制度三个方面。

【课后练习】

一、概念题

资本公积　盈余资本　核心资本　附属资本　一级资本　二级资本　资本充足率　核心资本充足率　《巴塞尔协议》《巴塞尔新资本协议》三大支柱

二、计算题

1. 根据表 3-1 计算银行的股本、盈余、债务性资本和各类准备金数额,并计算银行的资本充足率。

2. 计算下表中各银行的"资本/资产"比率。在这些银行的资产收益率、产权资本收益率和"资本/资产"比率之间有什么关系?你会向这些银行的管理层提出什么建议?

银行名称	净税后收入/总资产(ROA)	净税后收入/总产权资本(ROE)
甲	0.0149	0.1250
乙	0.0070	0.1250
丙	0.0082	0.1005
丁	0.0037	0.1005

【网站指引】

你可以通过以下网站了解更多的关于资本讨论的最新数据和信息:
http://www.fimr.org/中国华尔街网站

第5章

银行资本金管理(二):资本金筹资策略

引 言

实际上,银行在资本金管理方面并没有太大的自由度,可以做的事情就是在巴塞尔协议和金融监管当局的政策框架内,通过分析不同资本金来源的成本、增资扩股对股东权益的影响,通过调整资本金结构,尽可能地提高资本充足率,尽可能以最小的资本金数额支撑最大的资产规模。本章重点讨论银行如何分析不同资本金来源的成本,不同资本金筹资渠道对股东权益的影响,不同资本金筹资渠道对现有资产、负债业务的影响。

学习目标

1. 掌握商业银行筹资渠道的种类
2. 掌握在巴塞尔协议框架下,银行资本金筹资策略的主要思想
3. 掌握分子对策、分母对策的基本原理

重点问题

1. 不同筹资方法成本计算
2. 资产业务增长与资本金增长之间的关系
3. 在资本金数量不变情况下,调整资产结构实现利润增长的方法

5.1 银行资本金管理原则

巴塞尔协议根据资本金抵御风险的能力将银行资本金分为核心资本金和附属资本金，银行家从银行经营管理角度对资本金进行分类。

5.1.1 银行资本金分类

按银行资本金的建立及积累过程分类。银行在最初成立时需要投入资本金、在日后的经营中需要不断积累资本金。按照积累过程，资本金分为：申请开业时，银行必须达到监管当局规定的最低资本金要求的注册资本；在经营过程中，通过各种渠道不断增加的补充资本。

按银行筹集资本金的渠道分类。银行可以通过减少内部股东利润分配、增加未分配利润的方式补充资本金，这种筹资方式获得的资本金被称为内源资本。银行也可以通过对外发行股票、票据、债券等形式募集资金，补充银行的资本金，这种筹资方式获得的资本金被称为外源资本。

按《巴塞尔协议》标准分类。《关于统一的国际银行资本衡量和资本标准的协议》中规定，商业银行的资本金分为“核心资本”(一级资本)和“附属资本”(二级资本)两个层次。核心资本是所有权者益，真正代表银行的实力。附属资本是指除核心资本以外的其他资本金，是对核心资本的补充，总数不能超过核心资本金数量，即必须小于总资本金数量的50%。

【例5-1】 表5-1给出了中国某银行的资产负债表，分析表中的数据，我们可以计算该银行不同类别资本金数额。

表5-1 某银行2004年资产负债表 单位：万元

资产	期初数	期末数	负债及所有者权益	期初数	期末数
现金	2300	1643	活期存款	4700	4214
存放中央银行款项	96	66	储蓄存款	937	914
存放同业	425	278	定期存款	11946	11366
证券投资	3002	2803	其他短期债务	2550	3029
			长期债券	1173	1035
贷款总值	15412	15887	债务合计	21306	20558
减：损失准备金	332	511	所有者权益		
			普通股	212	212
承兑	141		非累积优先股	1	1

续表

资产	期初数	期末数	负债及所有者权益	期初数	期末数
房产、设备总值	363	365	资本公积	601	603
			未分配利润	466	331
其他资产	1179	1104	所有者权益总计	1280	1147
资产总计	22586	21705	负债权益总计	22586	21705

(1)注册资本和补充资本

注册资本只能在银行营业执照上看到，资产负债表中不反映这个数据。

(2)内源资本和外源资本

银行内源资本金数额＝未分配利润＋贷款损失准备金

＝331＋511

＝842(万元)

银行外源资本金数额＝普通股＋非累积优先股＋资本公积＋长期债券

＝212＋1＋603＋1035

＝1851(万元)

内源资本金占比＝842/2693＝31.266％

(3)核心资本和附属资本

银行核心资本金数额＝普通股＋非累积优先股＋资本公积＋未分配利润

＝212＋1＋603＋331

＝1147(万元)

银行附属资本金数额＝长期债券＋贷款损失准备金

＝1035＋511

＝1546(万元)

核心资本金占比＝1147/2693＝43％

附属资本金的数额大于总资本金总额的50％，该银行应该增加核心资本数量。

5.1.2 决定银行持有资本金数量的因素

虽然银行资本金数量标志着银行抵御风险能力，是保证业务正常开展的基本条件。但是，资本金补充的手段是利润留存或者增发普通股，是以消耗利润和股东收益为代价的，与商业银行“追求利润最大化”的经营目标相矛盾。因此，银行家在决策资本金数量时，要坚持适度持有资本金数量的原则。那么银行持有多少数量的资本金才是适度呢？

1. 影响银行家决策的外部因素

法律法规因素。为了保证世界金融体系的稳定运行,促使商业银行等金融机构加强风险控制和管理能力,各国一般都以法律的形式规定商业银行资本金与资产比率和计算方法。商业银行必须达到国家法律法规的要求。

宏观经济环境因素。国家宏观经济状况平稳,经济繁荣,银行不良资产比率保持相对较低的水平。银行可以持有相对较少的资本金数量。

市场信心因素。银行股东背景不同、业务规模不同,社会信誉不同,造成银行在金融市场筹措资金的能力存在差异。对银行持有资本金数量的要求也不同。

银行信用等级不同、资产质量不同,需要的资本金数量不同。例如:国有商业银行以国家信誉为背景,信用等级高于股份制商业银行。2004 年数据显示,我国国有商业银行的资产不良率高于 15%左右,股份制商业银行资产质量较低的在 1%～2%,较高的在 11%左右。对于国有银行和股份制银行,同样是不良资产达到 10%以上,市场的反应完全不同:大众普遍的认识是国有银行是国家信用,不良率再高也没有关系;股份制银行不良资产达到 10%以上的话,银行的危险就很大了,公众会“弃之而去”。也就是说,股份制银行必须持有更高比率的资本充足率,才能树立市场信心。

2. 影响银行家决策的内部因素

银行资产负债结构因素。银行资本金抵御风险的主要作用是保持足够的清偿能力,因此,当银行资产质量较好时,可以少持有一些资本金。银行资本金抵御风险的另一个作用是保证银行满足存款人提取存款的需求,如果一家银行资产结构中流动性资产占比较高,银行就可以少持有一些资本金;银行负债结构中,流动性负债占比较低,银行可以少持有一些资本金。

业务发展计划。银行持有资本金数量除了满足监管当局的要求外,还需要支持银行未来资产业务发展计划。如果不能满足发展计划,银行必须通过多种渠道筹集资金增加所需要的资本金。

资本金成本。以股本、优先股、债券等不同的方式筹集到同样数量的资本金,银行支付的筹资费用不同,筹资费用对股东收益的影响也不同(参阅 5.2.3“外源资本筹资策略”)。银行家会尽量选择低成本的筹集方法获得所需要的资本金。

调整资产结构。银行可以不筹集新的资本金,通过调整资产结构的方式,支持资产业务的增长。

如何保持银行资产规模扩张能力,并达到监管当局资本金要求,是资本金管理的核心问题。原则是:银行家的资本金管理工作围绕《巴塞尔协议》资本充足率计算公式展开。在成本最低、股东利益最大化的原则下,通过分析公式〈5-1〉的分子或分母,合理选择筹资渠道,完成对银行资本金规模和结构的科学管理。

$$资本充足率=\frac{核心资本+附属资本}{风险资产总额}\times 100\% \quad 〈5\text{-}1〉$$

5.1.3 资产增长率与资本金增长率的关系

美国经济学家戴维·贝勒1978年提出的"银行资产增长模型"揭示了银行资产增长率与内源资本增长率、银行分红计划和银行资本充足率之间的关系。揭示了商业银行在日常经营管理活动中,利润、监管要求与资产业务发展之间相互制约、相互依赖的关系。

贝勒模型的核心思想是,以巴塞尔协议资本充足率公式为基础,银行的资产增长率必须等于或小于银行资本金增长率。即商业银行要实现资产规模扩张,必须得到资本金的支持。

$$模型一:SG_1=\Delta TA/TA=\Delta EC/EC=\frac{EC_1-EC}{TA_1-TA} \quad 〈5\text{-}2〉$$

式中:SG 为资产增长率;TA 为期初银行总资产;EC 为期初银行资本金;TA_1 为期末银行总资产;EC_1 为期末银行资本金。

【例5-2】 依据表5-1给出的数据,计算银行的期末资产增长率和资本增长率。

解:银行在考核期内:

资本增长率=资本增加数量/期初资本数量

=[(1147−1280)+(1035−1173)+(511−332)]/(1280+1173+332)

=−92/2785=−3.3%

资产增长率=资产增加数量/期初资产数量

=(21705−22586)/22586=−3.9%

结论:该银行年度资产增长率大于资本增长率。

【例5-3】 以贝勒模型理论为依据,假设某银行年度计划要实现资产增长率10%。问:该银行本年度资本增长率要达到多少?

答:根据贝勒模型,该银行的资本增长率必须达到10%。

5.2 银行资本金管理对策之一:分子对策

分子对策是商业银行以《巴塞尔协议》资本充足率计算公式为基础提出的银行资本金管理策略。这里的“分子”是指公式〈5-1〉中的分子,等于核心资本和附属资本之和。分子策略的基本原则是:总体上要尽可能地增加银行资本金总量,从而达到提高商业银行资本充足率的目标。在具体操作中,要区别研究不同银行资本金来源对股东权益的影响和对银行经营利润的影响,选择最优策略实现资本金有效增加。

按照来源渠道,银行资本金又可分为内源资本和外源资本两部分。银行筹集资本金的步骤是:先考虑留存收益(内源资本)增加资本金数量,当内源资本不能满足银行需求时,再通过外源资本补充。

公式〈5-1〉中,分子=银行资本金

=留存收益+股本+债务性资本

=内源资本+外源资本

5.2.1 内源资本筹资策略

内源资本是指商业银行资本金中“未分配利润”部分。内源资本筹资策略的原则是:在不影响公开市场股价的前提下,尽可能增加利润留存,补充银行资本金。但是,银行过度提高留存收益率会影响到股东年度股本收益率,导致市场对银行不满,股价下跌。因此,银行必须谨慎制定留存收益方案。

1. 内源资本筹资策略的特点

通过增加内源资本扩大银行资本金的优点是:相对于发行股票、债券,银行无需支付筹资费用;不会稀释股东股权,不会削弱股东权益。缺点是:通过内源资本补充资本金,必然减少红利分配数额,造成股价下跌,导致银行实际资本总量的损失;银行盈利能力是有限的,银行通过增加内源资本支持银行资本金增长的手段有局限性;未分配利润是银行纳税后净收入的一部分,需要全部纳税,纳税成本较高。

2. 内源资本金管理方法:贝勒资产增长模型

(1)简单模型。以银行资本金增加量完全来自于内部留存收益为前提,由模型一推导出模型二。揭示了银行资产业务增长与银行盈利和红利分配方案之间的关系,也揭示了银行发展计划与股东利益之间的矛盾。

模型二:资产增长率=股本收益率×利润留存率 〈5-3〉

公式推导：资产增长率＝资本增长率

＝内源资本增长率

＝留存收益/股本

＝(留存收益/A)×(A/股本)

＝(留存收益/税后净收益)×(税后净收益/股本)

＝留存收益率×股本收益率

分析模型二可见，银行的盈利能力决定着银行的资本增长率，进一步决定着银行资产的增长率。即银行资产业务扩张能力与银行的盈利能力成正比。在盈利能力一定的情况下，银行资产的高速增长是以牺牲股东的权益为代价的。

【例 5-4】 以贝勒银行资产增长模型为依据。①假设年初，股份制银行 A 制定的业务发展计划是本年度实现资产增长率 10%。请你提交一份 A 银行本年年末的红利分配方案(留存收益方案)。②假设银行预测明年的股本收益率为 5%，该银行的资产增长速度最高可达到多少？

方案	计划资产增长率(%)	股本收益率(%)	利润留存率(%)
1	10	50	20
2	10	20	50
3	10	10	100

解：①题目中未给出 A 银行年度收益预测，因此我们提出如下设计方案：

假设银行实现股本收益率：50%

留存收益率＝10%/50%＝20%

假设银行实现股本收益率：20%

留存收益率＝10%/20%＝50%

假设银行实现股本收益率：10%

留存收益率＝10%/10%＝100%

可见要保持同样的业务增长速度，盈利能力越差，留存利润越多，股东可分配利润就越少。

②银行资产的增长率最高可以达到 5%。利润全部用于资本金，股东分红为 0。

(2)一般模型。假设银行资本增长完全来自于内源资本的留存收益

模型三：$SG_1=\dfrac{(1-DR)\times ROA}{EC_1/TA_1-(1-DR)\times ROA}$ 〈5-4〉

式中：ROA 为资产收益率；DR 为红利支付率；EC/TA 为资本充足率。

公式推导：资产增长率＝内源资本增长率

$$SG_1=\frac{EC_1-EC_0}{EC_1-\Delta EC}$$
$$=\frac{\Delta EC}{EC_1-\Delta EC}$$
$$=\frac{\text{留存收益}}{\text{期末资本数量}-\text{留存收益}} \quad \langle\text{式 1}\rangle$$

留存收益＝收益留存率×净收益
＝(1－红利支付率)×净收益
＝(1－红利支付率)×资产收益率×总资产
$=(1-DR)\times ROA\times TA_1$ 〈式 2〉

将〈式 2〉代入〈式 1〉中，得：

$$SG_1=\frac{(1-DR)\times ROA\times TA_1}{EC_1-\Delta EC}=\frac{(1-DR)\times ROA\times TA_1}{EC_1-(1-DR)\times ROA\times TA_1}$$
$$=\frac{(1-DR)\times ROA}{EC_1/TA_1-(1-DR)\times ROA}$$

银行资产增长率与银行的资本充足率、红利支付率和资产收益率相关。即银行的资产增长率受到资本充足率、红利分派方案和盈利能力的制约。

【例 5-5】 某银行的资本金是 5000 万元，目标资本金对资产的比率 8%，红利支付率 35%，资产收益率 1.2%，计算银行的资产增长率？

解：SG＝1.2%(1－35%)/[8%－1.2%(1－35%)]
＝0.012×0.65/(0.08－0.012×0.65)
＝0.0078/(0.08－0.0078)
＝0.0078/0.0722
＝10.8%

答：银行的资产增长率为 10.8%。

5.2.2 外源资本筹资策略

银行外源资本是指银行通过发行普通股、优先股、债券或出售银行资产，从金融市场获得的资本金。外源资本策略是指银行以减少市场股价波动，维护股东收益最大化为目标，通过在金融市场上筹集资金增加资本金的一系列筹资安排和收益分配安排。在巴塞尔协议框架下，外源资本可分为“核心资本”部分和“附属资本”部分。这里我们从两个方面讨论银行外源资本筹资策略。

核心资本筹资策略。对核心资本充足率不足 4%的商业银行，一般通过发行普通股来增加资本金。普通股具有没有固定期限、没有固定股息、可以用来弥补银行损失三大特性，是商业银行资本金的重要来源和组成部分。但是，过多地发行普通股，会稀释原有股东的权益，均摊利润，造成股市对企业未来预期看淡，公开市场上股价的下跌。因此，商业银行对增发新股要非常谨慎。

附属资本筹资策略。通过发行银行债券补充附属资本。银行债券的特点是：债券期限较长，一般在7年以上，债券偿付权排在存款人之后。发行债券的优点在于不会影响股东对银行的控制权（不会稀释股东权益），债券利息免税。

不同筹资策略安排有不同的效果，下面通过例5-6比较说明。

【例5-6】 某家商业银行目前的总资产10亿元，资本总额6000万元，其中普通股800万股，每股面值4元。当年银行实现收入1亿元，经营费用支出8000万元。此银行正在制定增资扩股计划，拟增发200万股资本，使资本充足率达到8%。（备注：银行的所得税为35%）

有三种方案可以实现银行计划目标。

(1)增发普通股：以每股10元发行200万股。

(2)增发优先股：以每股20元，年息8%，出售100万股。

(3)发行资本票据：以票面年息10%，发行2000万元银行资本债券。

解：此银行拟增发200万股，按股价10元计算，拟筹资本金2000万元。可以通过三种方式实现2000万元的筹资计划（见表5-2）。

表5-2 银行外源资本筹资方案 单位：万元

预计收入或支出项目	筹资方案		
	1. 增发普通股	2. 增发优先股	3. 发行资本债券
	增发200万股普通股	优先股100万股，20元/股，年息8%	债券2000万元，票面年息10%
普通股股权	800+200=1000万股	800万股	800万股
优先股	100万股	债券	2000万元
年经营收入	10000	10000	10000
营业费用支出	8000	8000	8000
当年实现净收入	2000	2000	2000
税前可支付利息	—	—	10%×2000=200
税前净收入	2000	2000	1800
缴纳所得税	2000×35%=700	2000×35%=700	1800×35%=630
税后净收入	2000−7000=1300	1300	1170
普通股分红前支付股息	—	100×20×8%=160	
普通股股东年总收益	1300	1140	1170
普通股每股收益	1300/1000=1.3元	1140/800=1.43元	1170/800=1.46元

从上面的例子可以得到结论:(1)增发普通股,影响(稀释)普通股股东股权,损害股东利益。但是,资金可以被长期使用,无归还期限,是最稳定的筹资策略。(2)增发优先股。不会影响普通股股东股权。但是,要支付固定利息,是利息纳税,会影响到股东收益。(3)发行资本债券。不影响普通股股权,利息成本在税前开支,股东收益最高。但是,固定偿还期到后,需要偿还本息,资金稳定性差。(这种方案是股东最愿意采纳的方案,是对经营者不利的方案)

5.2.3 外源资本增长与资产增长关系模型

这是一个近似公式,在模型三分子中增加外源资本金增加数量得到模型四。

$$\text{模型四}:SG_1=\frac{(1-DR)\times ROA+\Delta EK/TA_1}{EC_1/TA_1-(1-DR)\times ROA} \tag{5-5}$$

$$\text{公式推导}:SG_1=\frac{EC_1-EC_0}{EC_0}=\frac{EC_0+\Delta EC-EC_0}{EC_0}=\frac{\Delta EC}{EC_1-\Delta EC}$$

$$\mathrm{SG}_1=\frac{\text{留存收益}+\text{外源资本增加量}}{\text{期末资本数量}-\text{留存收益}}$$

$$\begin{aligned}\text{留存收益}&=(1-\text{红利支付率})\times\text{净收益}\\&=(1-\text{红利支付率})\times\text{资产收益率}\times\text{总资产}\\&=(1-DR)\times ROA\times TA_1\end{aligned}$$

$$SG_1=\frac{(1-DR)\times ROA\times TA_1+\Delta EK}{EC_1-(1-DR)\times ROA\times TA_1}=\frac{(1-DR)\times ROA+\Delta EK/TA_1}{EC_1/TA_1-(1-DR)\times ROA}$$

银行资产增长率与资本充足率、银行红利分配方案、银行盈利能力和银行外源资本的筹资能力有关。外源资本筹资能力越强,银行资产业务发展能力越强。

【例 5-7】 某银行当年总资产为 56 亿元,要维持 40%的红利支付率,8%的资本充足率,0.99%的资产收益率(ROA)。如果要实现 SG1=12%的资产增长率,请问需要多少外源资本?

解:将上述参数代入模型四:

$$12\%=[(1-40\%)\times 0.99\%+\Delta EK/56]/[8\%-(1-40\%)\times 0.99\%]$$

$$\begin{aligned}0.12&=(0.6\times 0.0099+\Delta EK/56)/(0.08-0.6\times 0.0099)\\&=(0.00594+\Delta EK/56)/0.07406\end{aligned}$$

$$\Delta EK=(0.12\times 0.07406-0.00594)\times 56=0.165(\text{亿元})$$

答:必须增加 0.165 亿元的外源资本,才能满足 8%的资本充足率。

5.3 银行资本金管理对策之二:分母对策

分母对策的主要思想是指在巴塞尔协议资本充足率计算公式基础上,银行通过调整资产结构来降低风险资产数额(资产规模)以达到增加资本充足率的目的。即尽量降低风险权重高的资产在总资产中的占比;加强表外业务管理,尽量选择信用转换系数较低的表外资产。

5.3.1 降低风险资产数量(规模)

资产质量较差的银行常常通过出售风险权重高、资产质量差的贷款,达到降低银行风险资产的目的。有投资者购买此类资产吗?2006 年开始在中国初露头角的“银行不良资产证券化业务”就是采用资产证券化的方式,将银行资产证券化后在资本市场上出售,以达到转移银行贷款风险的目的。

中国四大国有银行在 2002 年相继成立了四家资产管理公司,通过将银行坏账贷款出售给四家资产管理公司,实现“不良资产剥离”。在资本金不变的情况下,不良资产剥离后的四大国有银行的资本充足率大幅度提升。中国建设银行、中国银行的资本充足率达到 7%以上。之后,国家财政又注资 40 亿美元,补充资本金,两家银行的资本充足率大大提高。抗风险能力显著提高。

5.3.2 控制现金数量

通过缩小现金数量,银行可以增加盈利资产占比。银行库存现金主要用于满足客户提取存款的需要。过多的库存现金会降低银行资产中盈利资产的占比。因此,银行会出台一系列的控制库存现金的办法,降低现金库存数,提高盈利资产的占比。比如,atm 网络占用银行较多的现金,按每台 20 万元计算,在一个中等城市,100 台 ATM 的现金需要量是:20×100=2000(万元)。大银行的 ATM 的摆放数量远远大于这个数字,因此占用的资金数量会更大。有效地管理现金,会大大节省资金占用,达到扩大盈利资产规模的目的。

5.3.3 调整资产结构

通过调整资产结构,银行可以在资产总额、资本金总额不变的情况下,提高资本充足率;或者提高银行资产的盈利能力。

【例 5-8】 通过分析第 4 章表 4-2 中的数据，我们来观察银行是如何通过调整资产结构达到增加资本充足率的目的。在第 4 章中我们已经计算出，表 4-3 的银行风险资产数额为 68500 万元，资本充足率为 7.4%，未达到监管当局 8% 的要求。

该银行的风险资产结构为：存放商业银行存款　5000 万元
个人住房抵押贷款　5000 万元
企业担保贷款　65000 万元

银行专家对该银行的资产结构进行调整，回收 2 亿元的企业担保贷款，将可用资金投放个人住房抵押贷款。

该银行的风险资产结构为：存放商业银行存款　5000 万元
个人住房抵押贷款　25000 万元
企业担保贷款　45000 万元

(1)表内风险资产额＝(5000×0%)＋(20000×0%)＋(5000×20%)
＋(25000×50%)＋(45000×100%)
＝1000＋12500＋45000
＝58500(万元)

银行风险资产总额＝表内风险资产额＋表外风险资产额

银行资本充足率＝6000/71000＝8.45%

资本充足率高出要求的 0.45 百分点，还可以增发新的贷款。可见，通过调整资产结构，可以达到银行资产增长、利润增长的目的。调整银行表外资产结构的方法与此相同。

(2)银行的资本充足率目标定位为 8%，那么，可以增加多少贷款？

$6000/(71000+x)=8\%$

$x=6000/8\%-71000=4000$(万元)

如果发放风险权重为 100% 的企业贷款，还可以多发放 4000 万元。如果发放风险权重为 50% 的个人住房抵押贷款，还可以多发放 8000 万元。这样，银行通过结构调整，不仅满足了银行监管当局的资本管理的要求，也提高了银行的盈利能力。

【本章小结】

本章重点讨论了银行家筹集资金的渠道。主要渠道包括留存银行的利润、银行增发普通股、银行发行资本票据和债券。增发新股会稀释股东股权，损失股东权益，但银行家喜欢这种筹资方式，因为股本资金银行可以无限期使用，也没有股息的压力。发行银行债券可以保护股东的权益，但是银行家不喜欢这种方式，因为债券是有还本期限的，同时较高的利息也是一个不小的经营压力。留存收益是银行最好的资本金，但是受到银行盈利能力的限制，从而会限制银行的资产业务发展速度，因此银行家不会把留存收益作为主要的筹资手段。

分子策略和分母策略从财务指标方面分析了银行资产业务增长率与银行利润分红策略、银行盈利能力(资产收益率)、资本充足率和银行外源资本筹资能力的关系，帮助我们初步了解银行各类业务之间的依赖和制约关系。

【课后练习】

一、概念题

内源资本　外源资本　分子策略　分母策略

二、填空题

1. 国际银行界一般把银行资本分为产权(权益)资本和________。

2. 商业银行通过发行股票所获得的股票实际销售价格超出股票面值的差额部分，称为________。

三、选择题

3. 商业银行资本金的作用有　(　　)

A. 赖以生存的基本条件　B. 监管当局监管银行的主要手段

C. 树立银行形象的基础　D. 对存款者利益的保障

4. 商业银行的内源资本包括　(　　)

A. 普通股　B. 优先股　C. 留存收益　D. 银行债券

四、论述题

5. 银行如何确定资本的需要量?

6. 列举三种银行资产增长模型，逐个说明每个模型揭示的银行资产业务与各财务指标之间的关系。

7. 本章重点讨论了银行筹资策略中的分子策略和分母策略。根据两种策略的特性，请分析在银行家的实践活动中，哪些情况下使用分子策略，哪些情况下使用分母策略。

8. 查找资料，了解近一段时间工商银行、中国银行、招商银行和民生银行分别采取何种资本筹资策略? 请逐个列举，并加以分析比较。

五、计算题

9. 假设一家银行预计明年资产与资本状况如下：

总资产：500 亿元	股本：34 亿元
资产收益率：1.07%	红利分配比率：40%

问题：(1)此银行明年可以实现的资产增长率的上限是多少？

(2)如果这家银行计划明年资产增长率达到 12%，问：在其他条件不变的情况下，需要资产收益率达到多少才能支持银行实现这个计划？

(3)假设银行的资本充足率是 8%，预期资产收益率达到 1.02%，要支持 12%的资产增长率，银行红利支付率是多少？

【网站指引】

如果你想了解最前沿的关于银行资本金管理的观点和话题，可以登录以下网站：

http://bank.cnfol.com/中金在线

http://www.chinavalue.net/价值中国网

第 6 章

银行资金来源管理(一)：存款和借入款

引 言

从第 3 章的学习中我们可知，资产负债表的平衡公式是“银行资产总额等于银行负债及所有者权益总额”，反映银行的“负债及所有者权益”的数量决定了资产数量，即银行的资金来源决定了银行的资金运用，银行负债业务是资产业务的基础。因此，银行资金来源管理的目标是筹集足够的资金，满足银行资产业务需要。本章将详细讨论银行资金来源种类，存款、借入款管理策略。

学习目标

1. 了解商业银行负债业务的作用
2. 掌握银行存款账户种类和特点
3. 掌握银行借入款特点和筹资渠道
4. 掌握商业银行存款营销策略

重点问题

1. 存款与借入款的区别
2. 存款在银行经营管理中的作用

6.1 银行资金来源分类

银行的资金来源(也称银行负债)是指为了维持银行正常经营活动,股东投入的资金和银行从金融市场借入资金的总和。在资产负债表中被列入"负债和所有者权益"项目。其中,负债是银行作为借款人与资金出借人之间签订借贷协议,以借款形式筹集到的资金,银行必须履行到期还本付息的责任。所者者权益是银行股东投入银行的资金,银行可以永久性使用。

习惯上人们所指的银行负债业务就是指银行资金来源业务。从会计学角度讨论,银行负债业务是指银行过去的交易事项所形成的现实的义务,履行这些义务会导致经济利益流出。从经济学角度讨论,银行负债业务是指银行以信用的方式、以公众为对象、以偿付本利为条件,所进行的筹集资金的活动。商业银行作为资金的需求者,在负债业务中与资金提供者间形成债权债务关系。

6.1.1 资金来源分类

按照来源划分,银行资金来源可以分为银行自有资本金和对他人负债的资金。为了获得银行支付结算服务,或者为了获得银行存款利息收益,机构或个人会在银行开立"存款账户",并存入资金,这部分资金称为"存款"。除"存款"项目外,对他人负债其余部分为银行的"借入款",是银行主动从金融市场(如同业拆借市场、货币市场)借入的、单笔金额较大的资金(见图 6-1)。

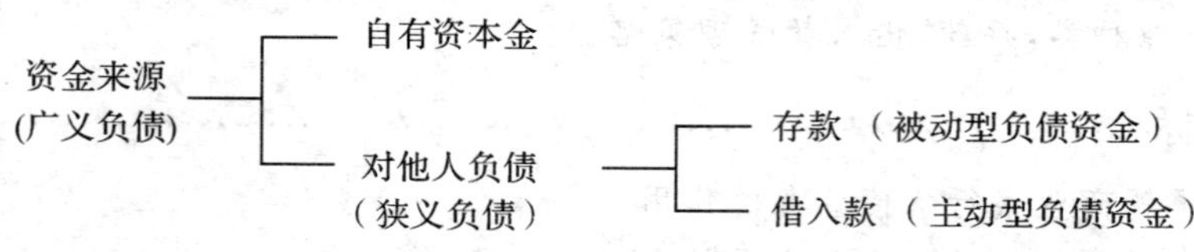

图 6-1 资金来源构成图

按照银行提供的服务和银行借入款种类,负债可进一步细分如图 6-2 所示。

存款。作为公众存款,银行对这部分资金的管理方式是一个机构或一个个人对应一个客户账户,用账号识别。一个银行科目会关联到若干个,甚至可能是上百万个客户账号。银行负有对账户资金的管理义务和对账户信息保密的责任。《中华人民共和国商业银行法》明确规定,每个账户资金所有权归属账户名对应的自然人或法人(通常简称为存款人),只有在存款人授权下银行才能转移或动用账户中的资金。另外,银行要向存款人提供相应的金融服务。

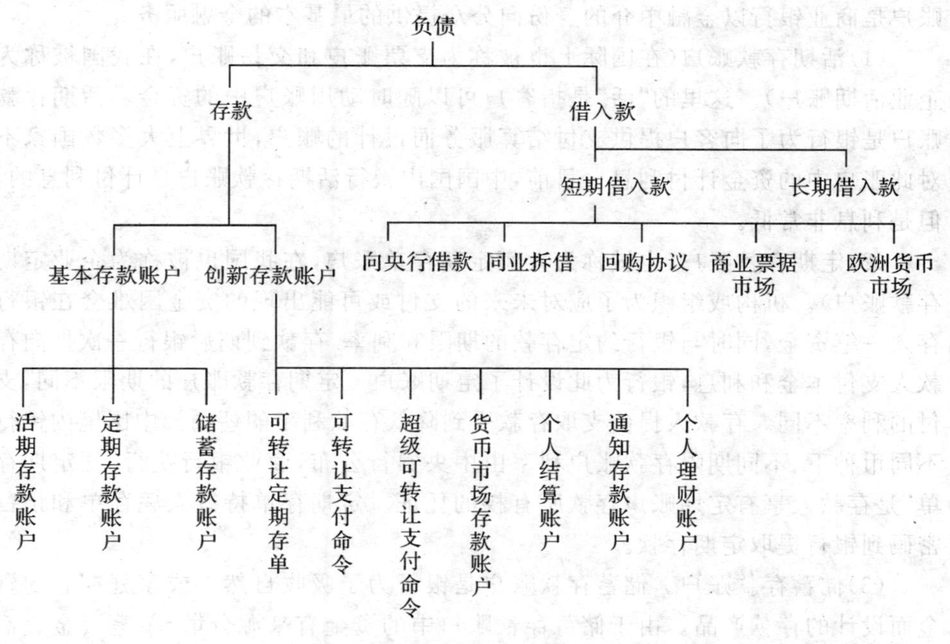

图 6-2 负债构成图

借入款。是直接记入银行科目的,借入款资金的所有权归属银行,银行可以按照自己的意愿转移和动用资金。银行无需向资金提供者提供金融服务。

6.1.2 资金来源之一:存款和存款账户

银行通过向存款人提供以存款账户为基础的金融服务,吸引客户办理业务,吸引客户资金留存,扩大银行负债规模。

对照表 3-1 中“负债及股东权益”各子项目,其中流动负债是指期限小于或等于一年的负债项目。长期负债是指期限大于一年的负债项目。短期存款和长期存款是指机构存款人的存款,短期储蓄存款和长期储蓄存款是指个人或家庭的存款。不同存款人存入的账户,被称为某某存款账户,如企业存款账户、个人储蓄账户等。存款账户可以约定不同的存款期限,有不同档次的存款利率。目前,中国人民银行不定期公布存款利率,由各商业银行执行。

银行向存款人提供多种存款账户,一种账户就被称为银行的一种存款产品。不同种类存款账户向客户提供不同的支付结算服务和其他金融服务(如图6-2)。

1. 银行基本存款账户

活期存款账户和定期存款账户是最基本的银行存款账户。活期账户和定期账户是商业银行以金融中介的身份向公众提供的最基本的金融服务。

(1)活期存款账户(在国际上也被称为支票账户和交易账户,在我国被称为企业活期账户)。这里的"活"是指客户可以随时动用账户中的资金。活期存款账户是银行为了向客户提供支付结算服务而设计的账户,世界上大多数国家不对此账户中的资金计付利息。目前,中国国内银行活期存款账户是计付利息的,但是利息非常低。

(2)定期存款账户(也被称为大额定期存单账户,在我国也被称为企业定期存款账户)。机构或组织为了应对未来的支付或可能出现的资金困难会在银行存入一笔资金,同时与银行约定存款的期限和利率,存款到期后银行一次性向存款人支付本金和利息,银行为此设计了定期账户。定期存款账户的期限不同,支付的利率不同。存款人提前支取存款受到降低存款利率的惩罚。中国境内银行不同币种下、不同期限存款账户利率由中央银行公布,商业银行执行。"定期存单"是存款人享有定期账户存款所有权的凭证。定期存单持有人凭存单和预留密码到银行提取定期存款。

(3)储蓄存款账户。储蓄存款账户是银行为了吸收自然人或家庭拥有的资金而设计的存款产品。由于储蓄存款账户中的资金有来源分散、单笔资金金额小、波动小,因此被视为是银行最稳定的资金来源,也是现代商业银行竞争的焦点。储蓄存款账户又可以分为活期储蓄账户和定期储蓄账户。活期储蓄账户是为了满足个人消费支付需求而设计的银行账户,不允许签发支票。

2. 银行创新存款账户

存款账户创新要素包括:结算方式创新、存款利率创新和金融服务创新。在西方金融发达国家利率市场化背景下,银行围绕利率展开的存款账户创新活动一直没有间断过。而在2007年之前的中国,银行监管当局采取严格的利率管制,银行利率可浮动空间非常小。因此,创新主要围绕"金融服务内容"和"结算方式"展开,存款账户投资盈利性质没有变化。

(1)国内商业银行存款账户创新产品

• 可转让定期存单。这是一种金融服务的创新产品。可转让定期存单在延续了一般定期存单的有较高利率特性的基础上,允许存单持有人出让存单。改善了定期存单的流动性。

• 个人结算账户。这是一种支付结算方式的创新产品。储蓄账户不允许签发支票,个体小经营者在进货时有签发支票的需求,银行为了满足这部分客户的需求设计了个人结算账户,允许个人在银行开立个人结算账户。在这个账户下,银行可以向个人提供与企业活期账户(交易账户)同等的结算服务。

• 通知存款账户。分1天通知存款和7天通知存款。1天通知存款必须提前1天通知约定支取存款;7天通知存款必须提前7天通知约定支取存款。最低起存金额为5万元,最低支取金额为5万元,存款人需一次性存入,可以一次或分次支取。

• 货币市场存款账户。2004年后,中国国内金融市场中基金公司相继成立,这些基金公司推出股票型、债券型和混合型等等基金产品,向投资人提供的投资收益率远远高于银行存款利率。为了获得高于银行存款利率的收益率,存款人将大量的资金转入基金公司,银行存款数量和银行服务收入开始下降。为了争夺客户,银行推出了这种货币市场存款账户产品。此产品的主要特点是:①账户起存金额为5万元。②账户资金收益率高出相同期限定期存款的0.5%～1%,银行定时公布收益率。③存款人有权提前3天通知银行终止存款协议。④银行对账户中的资金不保本保息。由于此银行不对账户中的资金保本保息,因此货币市场存款账户不受利率法规的管制。截至2006年,几乎所有的商业银行都在销售这种产品。

(2)美国银行有代表性的银行存款账户创新产品

美国政府规定只有活期存款才能使用支票,但不能给付利息,这就限制了银行吸收存款的竞争。为了规避美国政府的这一规定,联邦银行和州银行开展了一系列的创新活动,创新出各种介于活期存款和定期存款之间新的存款形式。

• 可转让支付命令存款账户。可转让支付命令存款账户是一种由存款人使用的、可以自由转让流通的提款工具,是一种银行给付利息的活期存款账户。美国马塞诸塞州的互助储蓄银行于1972年9月开办这种可转让支付命令存款,1980年底已为美国全国的金融机构所普遍经营。主要特点是:①存款对象以个人和非盈利机构为限。②存款年利率为5%。③存户提款使用银行规定的支付命令,这种支付命令具有和支票相同的效力,可以自由转让流通。由于可以使用可转让的支付命令作为支付工具,又给付一定的利息。因此这种存款很受储户欢迎。

【相关链接】

存款账户与货币度量

美联储度量货币的狭义方法是M1,包括流通现钞、活期存款(无利息的支票账户存款)以及旅行支票。这些资产流动性极好,很明显就是货币,因为它们都可以直接用来作为支付交易的媒介。美国直到20世纪70年代中期,只有商业银行被允许给其客户开设支票账户,但不允许向该账户里的存款支付利息。

随后，随着金融创新和放松管制，其他种类的银行像储蓄和贷款机构、互惠存款银行、信用团体等都陆续被允许给其客户开设支票账户。另外，银行机构也被允许给其客户开设各种其他种类的需对余额支付利息的活期存款账户，如NOW(negotiated order of withdrawal)账户和ATS(automatic transfer from savings)账户等。

美联储的M2货币总量是在M1的基础上再加上包括货币市场存款账户、货币市场共同基金(非机构)及其他流动性较强的资产，如小额定期存款(10万美元以下)、储蓄存款、隔夜回购协议和隔夜存于欧洲非美国银行的美金等。

美联储的M3货币总量是在M2的基础上再加上一些流动性不强的资产，如大额定期存款(10万美元或以上)、货币市场共同基金(机构)、中长期回购协议及中长期存于欧洲非美国银行的美金(Eurodollars)等。

• 超级可转让支付命令存款账户。超级可转让支付命令存款账户是由可转让支付命令存款发展而来的，于1983年1月5日起开办的一种新型存款。这种存款利率不受限制，但银行必须缴存相当于该项存款的12%作为准备金。所以，它的利率比货币市场利率低1.5%～2%。其主要特点为：①起存金额为2500美元，如果余额在2500美元以下，利率改按5.25%～5.5%计息。②无最高利率限制。银行每星期调整利率一次，每次计算复利，月底存入存款账户。③法令规定银行必须要求存户在提款前若干天通知，但由于竞争激烈，银行多不实施这项规定。④存户每月开出支付命令无限制，但银行会对承付的支票加收一定的费用。存款对象仅限于个人和非盈利机构。

• 货币市场存款账户。货币市场存款账户是一种利率创新类产品。这种存款形式在提款时需事先通知银行，且使用支票提款每月不得超过一定次数。其主要特点是：①开户时的存款最低金额为2500美元。②存款没有最短的期限规定，但银行要求客户提取存款应在7天前通知银行。③政府法令没有存款最高利率的限制，利率每星期调整一次，利息以复利计算。④存户使用该账户进行收付，每月不得超过6次，其中使用支票付款的不得超过3次。⑤存户对象不限，个人、非盈利基金会和工商企业、机构都可以开户。⑥银行不需向联邦储备银行交纳准备金。

6.1.3 资金来源之二：短期借入款

商业银行在公开市场(如证券市场、债券市场和拆借市场)向机构借入的资金款项被称为商业银行借入款。借入款的特点是单笔交易金额较大、利率较高、波动性较强。随着银行业务重点从资产转向负债(在第15章"银行资产负债业务管理”中讨论),短期借入款在银行负债中的占比越来越大。融资渠道可以分为如下几类。

1. 同业拆借

同业拆借是指商业银行通过同业拆借市场借入短期资金的融资行为。银行借入的资金款项主要用于满足支付清算、临时资金周转的需要。商业银行按规定要向中央银行缴纳存款准备金,包括法定存款准备金和超额存款准备金。由于多数国家的存款准备金不计付利息,所以,银行会将超额存款准备金部分在同业市场上出借以获得拆借利息收入。

1984年,中国人民银行单独行使职权,商业银行开始缴纳存款准备金。1998年以前,法定存款准备金和超额存款准备金账户分设管理。1998年以后,法定存款准备金和超额存款准备金合并账户管理。中央银行存款准备金考核法人单位,中央银行对商业银行的存款准备金支付较高的利息。中国也建立了由中央银行管理的银行业同业拆借市场,各会员行参与市场交易,资金不足时拆入资金获得短期资金支持,资金盈余时拆出资金获得利息收入。

2. 向央行借款

商业银行向央行借款有再贴现和再贷款两种形式。向央行借款是商业银行扩大信用,保证支付能力的最后手段。借入款只能用于调剂头寸、补充储备和资产应急调配,不得发放贷款和从事其他套利活动。

(1)再贴现。再贴现是指商业银行把从企业那里以贴现方式买入的票据,再转向央行贴现,获得资金融通的融资行为。在票据业务发展较快的国家中,商业银行多以这种形式获得资金支持。政府中央银行也将再贴现作为实施货币政策的有效工具。中央银行通过提高贴现利率,提高银行的借款成本,表明政府实施紧缩的货币政策;通过降低贴现利率,增加银行借款的动力,表明政府实施宽松的货币政策。

(2)再贷款。再贷款是指商业银行以政府债券等信用等级较高的证券作为抵押担保,向央行贷款获得资金融通的融资行为。央行提供的再贷款以短期为主,主要用于解决商业银行调剂头寸、补充储备等需要。商业银行以政府债券或商业票据为抵押物,向中央银行贷款的借款方式多出现在商业票据发展较为迟缓的国家。我国银行业向央行借款以再贷款为主。

3. 回购协议

回购协议是指商业银行出售其持有的证券或贷款,并且同时签订“协议”约定在规定的时间、按协议的价格重新买回证券或贷款的资金交易行为。因为银行必须在一定时期后买回出售的证券或贷款,因此回购协议实质上是银行以持有的证券或贷款作为抵押，进行资金融通的融资行为。对于债券或贷款出售方，筹集到的资金可以不用缴纳法定存款保证金，提高了资金的使用效率。对资金出售方，实际上是发放了以高信用证券或高质量贷款作抵押担保的贷款，投资风险较低。目前，中国金融市场的情况是证券回购协议主要用于商业银行向央行的借款，贷款回购协议在商业银行之间交易。

4. 票据市场借款

票据市场借款是指银行直接发行商业票据进行资金融通的融资行为。目前我国监管当局不允许商业银行开展此项业务。在美国，银行是通过其控股公司发行商业票据的。大众认为此类票据受到银行潜在的担保，风险较小。另外，商业票据不受利率条例的管制，利率没有上限约束，因此有很强的市场竞争力。

5. 欧洲货币市场借款

欧洲货币市场借款是指银行在欧洲货币市场借入欧洲美元或其他国家货币的融资行为。欧洲货币市场(Euro-Money Market)，又称离岸金融市场或境外金融市场(Off-Shore Financial Market)。它起源于20世纪50年代末期，首先在欧洲的伦敦出现，被称为欧洲美元市场。后来逐渐发展到其他国家的货币，如欧洲德国马克、欧洲瑞士法郎等，统称为欧洲货币市场。其特征是一切借贷都以美元计算和表示，因交易的市场在美国境外的欧洲伦敦，故称欧洲美元。欧洲货币市场产生于欧洲，现已扩展到亚洲、北美洲、拉丁美洲。实际上是一个世界性的境外货币市场。欧洲货币市场不是外汇市场，借贷活动使用的是同一种货币。

6.1.4 资金来源之三：长期借款

银行长期借款主要有发行资本性金融债券、一般性金融债券和国际金融债券等几种形式。银行发行长期金融债券筹集资金的优点是：①融资效率较高。金融债券利率一般高于银行同期定期存款利率，有银行信誉作担保，信用等级与银行定期存款相同，因此金融债券对公众投资者有很强的吸引力。可以在短时间内募集到所需要的资金。②资金相对稳定。债券未到期投资者不得要求兑现，对银行管理者来讲债券的流动性更容易管理，资金的稳定性好于存款。③对债券投资者来讲，金融债券流动性好于存款。银行债券评级较高，可在二级市场上交易，可以避免提前兑付造成的收益损失。

银行发行债券也有局限性：①成本较高。发行债券必须经过监管当局的审批。公开发行时，要做销售策划、投放广告等等，成本较高。②不确定因素较多。市场资金供求关系、投资者偏好、地区经济环境都会影响到银行是否可以按计划筹集到资金。③债券期限长，银行和投资人面临一定风险。银行面临利率风险，而客户面临银行的经营性风险和银行倒闭时银行债券持有人求偿权在存款人之后的风险。商业银行发行的长期债券是否可以作为"附属资本"？巴塞尔协议认为，长期债券的归属问题由银行所在国监管当局作具体规定。我国《中国商业银行银行资本充足率管理办法》中规定，长期次级债和可转换债券可作为商业银行的"附属资本"。其中："长期次级债是指固定期限不低于5年(包括5年)，除非银行倒闭或者清算，不用于银行日常经营损失，且此债务的受偿权排在存款和其他负债之后的银行长期债券。长期次级债计入银行资本的条件是，不得由第三方担保，而且不得超出银行资本的50%。"(参见"相关链接4-2")

6.2 银行负债结构与银行业务规模的关系

商业银行负债结构是指商业银行各资金来源项目在负债资金总额中的占比关系。金融市场状况、业务规模决定着商业银行负债结构，负债结构反过来又决定着商业银行的盈利能力，甚至抗风险能力。在商业银行资金来源项目中，核心存款是商业银行最基础、最稳定的资金来源。

6.2.1 美国商业银行负债结构

美国商业银行负债由有息负债、无息负债组成。有息负债由境内机构存款、境外机构存款；交易账户存款、大(小)额定期存款；一般存款、回购协议等类型存款组成(见表6-1)。由表6-1可知，美国商业银行负债结构多样化特征：①有息存款占比远远大于无息存款占比。②银行国内和国外分支机构共同筹资，筹资渠道多样化，降低了银行融资风险。③可以利用大额定期存单和回购协议等金融工具进行融资。筹资金融工具多样。④没有发行金融债券。

表6-1 1993—1998年美国商业银行负债结构构成(占比)

表内项目	1993年	1994年	1995年	1996年	1997年	1998年
有息负债	73.92	71.86	71.87	71.62	71.37	71.35
存款	60.26	57.34	56.28	55.87	55.01	54.67
境外机构	8.32	9.39	10.27	10.01	10.02	10.15
国内机构	51.94	47.96	46.01	45.86	44.99	44.53
交易账户	8.24	7.80	6.63	4.75	3.62	3.12
储蓄账户	20.91	19.60	17.47	18.71	19.13	19.92
大额定期存款	5.81	5.23	5.77	6.42	7.08	7.34
小额定期存款	16.98	15.33	16.14	15.97	15.17	14.16

续表

表内项目	1993 年	1994 年	1995 年	1996 年	1997 年	1998 年
购买联邦基金和回购协议总额	7.47	7.60	7.20	7.18	8.33	7.99
其他有息负债	6.19	6.92	7.88	8.57	8.22	8.69
无息负债	18.23	20.26	20.12	20.11	20.21	20.15
活期存款	13.86	13.49	12.68	12.68	12.16	11.00

6.2.2 中国商业银行负债结构

与表 6-1 所示的美国商业银行相比较，我国商业银行负债结构相对简单，负债筹资渠道单一。存款是商业银行主要的，也是唯一的资金来源，如表 6-2 所示。2000 年，中国银行存款在总负债规模中的占比高达 91.30%，这个比率可以解释 2000 年至目前在国商业银行存款市场上竞争白热化的原因。

表 6-2　中国商业银行负债结构　　单位：亿元

项目	1998 年	1999 年	2000 年
对非金融机构负债	86627.8	100340.3	113231.2
其中：活期存款	26485.7	32356.2	38468.8
定期存款	8301.9	9476.8	11261.1
储蓄存款	50205.7	55805.1	59754.4
其他存款	1634.5	2702.2	3746.9
对中央银行负债	12032.5	8053.1	8938.6
对非货币金融机构负债	1133.9	1640.9	1375.4
债券	500.5	482.4	478.4

表中没有看到大额定期存单项目，这是因为根据中国人民银行的规定，商业银行大额定期存单业务是指单笔存款金额大于 300 万美元的业务，存单发行量极少。大多数商业银行几乎没有到国际市场进行借款和融资的经验。国内商业银行负债结构“无差别化”，银行资金来源主要集中在活期存款和定期存款，个人活期储蓄存款和定期储蓄存款上面。2006 年 12 月以后，中国金融市场全面开放，商业银行的这种状况有所改观，但是在严格金融管制下，银行筹资渠道依然局限在少数几种手段上。

6.2.3 银行负债结构特征之一：核心存款占比

活期存款、储蓄存款、小额定期存款和可转让支付命令中的存款被称为商业银行的核心存款。核心存款对银行资金来源的重要性在于:①为银行提供了稳定的资金来源。②融资成本低于资金来源中其他项目的融资成本。③核心存款规模越大,意味着银行实力越强。

【例 6-1】 计算表 6-1 中 1998 年美国商业银行核心存款在负债资金中的占比。

交易账户占比+储蓄账户占比+小额定期存款占比+(无息)活期存款占比

=3.12+19.92+14.16+11.00

=48.20

结论:占比 48.20%。

【例 6-2】 计算表 6-2 中 2000 年中国商业银行核心存款在负债资金中的占比。

(活期存款+定期存款+储蓄存款)/总负债

=38468.8+11261.1+59745.4)/(113231.2+8938.6+1375.4+478.4)

=109484.3/124023.6

=88.3

结论:占比 88.3%。

造成美国银行与中国银行负债结构差异的原因是什么?银行负债资金结构取决于商业银行可以使用的负债资金筹资手段,或者是融资金融工具。2007 年以前的中国,实行的是严格的金融管制和银行分业经营模式,银行可采用的筹资工具第一是公众存款,其次是同业拆借市场借款和向央行借款。这些特点在资产负债表中非常明显。银行也开始逐渐尝试回购协议和大额定期存款,但是,交易量非常小。到欧洲货币市场借款行为仅限于几家大银行。商业银行发行债券筹资没有开禁。

6.2.4 银行负债结构特征之二:核心存款占比与银行业务规模成反比关系

如表 6-3 所示,由于信用等级不同,造成商业银行在金融市场筹资能力和筹资成本不同,从而导致商业银行负债资金结构中,核心存款占比与银行负债资金规模成反比关系。如表所示,前 10 名的商业银行存款在总负债资金中的占比为 31%。10 名以下到 100 名的银行,存款在总负债资金中的占比为 52%。排位 1000 名以外的商业银行,银行负债结构中存款占比上升到 77%。这是因为,存款波动性小、成本低的特点决定了规模小、融资能力差的商业银行为了满足流动性需要必须依赖于存款资金,而大规模的商业银行有非常好的社会信誉和社会形象,可以随时在拆借市场等金融市场以低成本融资,因此可以依赖借入款发展资产业务。

表 6-3 1985—1995 年美国商业银行核心存款结构

银行规模类别	核心存款占总资产的比例(%)				
	活期存款账户	其他可签发支票账户	储蓄	小额定期	总计
最大 10 家	11	3	12	5	31
排名 11—100	16	5	17	14	52
排名 101—1000	15	7	20	20	64
排名 1000 以外	13	11	31	31	77

6.2.5 银行负债数量、结构对银行贷款规模、结构的制约

银行负债数量，即银行的资金来源规模大小决定着银行资金运用(特指贷款)业务规模的大小。同时，银行的负债结构也决定着银行贷款结构。这一点可以从《商业银行法》的条款中得出。

《中华人民共和国商业银行法》第三十九条明确规定，商业银行贷款，应当遵守下列资产负债比例管理的规定:“(一)资本充足率不得低于百分之八;(二)贷款余额与存款余额的比例不得超过百分之七十五;(三)流动性资产余额与流动性负债余额的比例不得低于百分之二十五。(四)对同一借款人的贷款余额与商业银行资本余额的比例不得超过百分之十。”

6.2.6 负债资金结构与银行经营风险

资金来源(负债)是银行生存和发展的基础，负债资金的结构是否合理，关系到银行流动性，乃至银行的清偿能力和抗风险能力。

【相关链接】

负债结构不合理导致美国大陆伊利诺伊银行倒闭

20 世纪 70 年代末，大陆伊利诺伊银行是美国发展最快的几家银行之一。根据伊利诺伊州的规定，不允许伊利诺伊银行在芝加哥以外设立分行，这样伊利诺伊银行就无法在芝加哥以外的地区筹集到成本较低的零售存款。为了满足日益增长的客户贷款的需求，银行采取向芝加哥以外发行大额存单和大量拆借非存款负债凑集资金。到 1981 年，该银行非存款负债占银行总负债的比例为当时美国银行平均水平的两倍。1982 年，Penn Square 银行倒闭，大陆伊利诺伊银行向该行购买的 10 亿元石油和天然气贷款大部分出现违约。大众对大陆伊利诺伊的财务状况开始质疑。随着贷款的核销，存款人开始挤提存款。同时大陆伊利诺银行的定期存单被美国著名的大银行从存单交易平台中注销，使该银行的

筹资渠道进一步变窄，融资更加困难。

1984年，大规模的挤兑风潮出现，在两个月内提走了100亿美元存款。为了应付流动性风险，银行一方面出售资产，一方面向联储获得资金援助。5月，联邦存款保险公司宣布对该银行实施提供贷款等解救措施，但是这个措施并没有阻止存款的进一步流失，最后，联邦保险公司不得不宣布接手该银行，收为国有。至此这场危机才告平息。

6.3 存款及存款账户管理政策和规则

存款人在存款账户中存入资金，银行向存款人提供各类金融服务，满足存款人金融服务需求。商业银行在为客户提供金融服务方面开展了大量的工作，一是通过金融服务获得客户的信任，增加存款账户中存款数量，为贷款业务提供资金支持。二是通过金融服务收取客户服务手续费，获得中间业务收入。

从存款人在银行开立存款账户之时起，存款人就与商业银行签署了一个资金交易和金融服务契约。形式包括：一个存折、一张存单或一个银行卡，卡、折、单上记载的条款就是银行与客户签署的资金交易和金融服务的契约条款。存款人持有卡、折、单是客户对存款账户所有权的凭证，与开立账户时设置的密码（企业法人还可能留有印鉴）一起，构成存款人提取账户资金的条件。

在这种资金交易中，客户以现款、票据等方式将货币资金寄存于商业银行，有即期或定期同等金额的“付现请求权”，客户的这种权利受到法律保护。商业银行通过向客户销售存款账户获得存款，同时承诺向客户支付利息、并提供相关的金融服务，在交易中处于被动地位。激烈的市场竞争，使商业银行想出各种各样的方法去迎合存款人的需求和欲望，为了防止银行间的不正当竞争造成金融市场混乱，银行存款销售活动行为受到国家金融法规的管制。

6.3.1 存款账户管理政策

银行账户的种类受到金融监管当局的严格控制。各国政府对商业银行开立账户的种类、账户提供的金融服务都有严格的规定。银行账户主要分为两大类：交易账户（也称为结算账户）和非交易账户。国内商业银行存款账户管理必须遵守人民银行颁布的《人民币结算账户管理办法》、《储蓄管理条例》和《商业银行法》中的相关规定。

1. 交易账户

交易账中，也称结算账户，是指存款人为了获得银行支付结算服务而在银行开立的账户。国内通俗地称为活期账户或者活期结算账户。世界上大多数国家规定交易账户不计息。2006 年，国内银行活期账户为存款人提供支付结算服务，同时以 0.9%计付利息，活期账户利率调整与定期利率同步。国家金融法规对结算账户管理和银行提供的金融服务内容作了明确的规定。

【相关链接】

《人民币结算账户管理办法》中关于开立结算账户的规定

“本办法所称银行结算账户是指银行为存款人开立的办理资金收付结算的人民币活期存款账户。

第三条　银行结算账户按存款人分为单位银行结算账户和个人银行结算账户。

（一）存款人以单位名称开立的银行结算账户为单位银行结算账户。单位银行结算账户按用途分为基本存款账户、一般存款账户、专用存款账户、临时存款账户。个体工商户凭营业执照以字号或经营者姓名开立的银行结算账户纳入单位银行结算账户管理。

（二）存款人凭个人身份证件以自然人名称开立的银行结算账户为个人银行结算账户。

第四条　基本存款账户是存款人办理日常转账结算和现金收复的账户。存款人的工资、奖金等现金的支取，只能通过本账户办理。

第五条　”一般存款账户是存款人在基本存款账户以外的银行借款转存、与基本存款账户的存款人不在同一地点的附属非独立核算单位开立的账户。存款人可以通过本账户办理转账结算和现金缴存，但不能办理现金支取。

第八条　存款人只能在银行开立一个基本存款账户。

2. 非交易账户

非交易账户是相对于交易账户而言的一种银行存款账户，是指存款人以保值、增值为目的而在银行开立的存款账户，典型的是：定期存款账户、储蓄定期存款账户。为了获得更多的存款，银行在非交易账户服务方面做了很多的创新，非结算账户的种类繁多。

20 世纪 90 年代以来，金融业在世界范围内掀起创新浪潮，金融市场突破国界逐步形成世界市场一体化的格局，激烈的竞争也促使银行家更加以“客户化”的市场理念来管理企业、发展业务。为了满足存款人结算的需要，同时满足客户存款资金获得适当收益的愿望，金融工程师们创造出多种投资和结算相结合的金融工具。如:西方国家的可支付转账命令账户、货币存款市场账户、自助转账服务账户等等。中国商业银行的定活两便账户、通知存款账户等等。

【相关链接】

《储蓄管理条例》中关于开立储蓄账户的规定

第三条本条例所称储蓄是指个人将属于其所有的人民币或者外币存入储蓄机构,储蓄机构开具存折或者存单作为凭证,个人凭存折或者存单可以支取存款本金和利息,储蓄机构依照规定支付存款本金和利息的活动。任何单位和个人不得将公款以个人名义转为储蓄存款。

关于银行提供银行账户服务的"盈利性"和"社会性"问题一直是公众争论的焦点。银行家是股东利益的代表,银行作为企业向公众提供金融服务收取服务费也属情理之中。但是,2000 年以来,随着银行业务逐步渗透到中国经济活动各个环节,特别是融入百姓家庭生活的各个环节,政府和公众普遍认为银行在从社会获取巨额利润的同时,需要承担起"社会性"责任,特别是为中低收入者提供金融服务的责任。如何协调好股东利益最大化与为社会服务的矛盾是银行家特别是成功的银行家长期面对的问题。

【相关链接】

《商业银行法》中关于保护存款人利益的条款

第二十九条　商业银行办理个人储蓄存款业务,应当遵循存款自愿、取款自由、存款有息、为存款人保密的原则。对个人储蓄存款,商业银行有权拒绝任何单位或者个人查询、冻结、扣划,但法律另有规定的除外。

第三十条　对单位存款,商业银行有权拒绝任何单位或者个人查询,但法律、行政法规另有规定的除外;有权拒绝任何单位或者个人冻结、扣划,但法律另有规定的除外。

第三十二条　商业银行应当按照中国人民银行的规定,向中国人民银行交存存款准备金,留足备付金。

第三十三条　商业银行应当保证存款本金和利息的支付,不得拖延、拒绝支付存款本金和利息。

6.3.2　存款账户管理规则

一家成立 10 年以上的银行客户的数量会多达几千万个,客户中又分为机构客户、个人客户。同一个客户会开立不同的账户。商业银行如何管理好这个庞大的数据资源呢？没有计算机技术的支撑，从 1985 年至 2007 年 20 多年间商业银行的发展如此迅速，是难以想象的。下面我们讨论商业银行利用数据库管理客户账户的主要思想。

1. 账户识别

银行业监管法律规定，对存款人是自然人的存款账户，银行用公安部颁发的中华人民共和国公民身份证上的"身份证号"作为唯一的识别标识。对企业法人，银行通过中国人民银行核发的"企业结算代码证"上的代码作为对企业存款账户进行识别的唯一标识。一个存款人可能在银行开立多个账户，银行通过计算机数据库技术将同一标识码 N(同一身份证或同一企业结算代码)下的各种账户关联在一起，提供金融服务(见图 6-3)。

2. 管理信息系统

由于历史的原因，中国商业银行存款账户管理信息系统分为两个子系统，分别对应企业法人业务和自然人业务，也称为批发业务账户管理子系统和零售业务账户管理子系统(见图 6-4)。

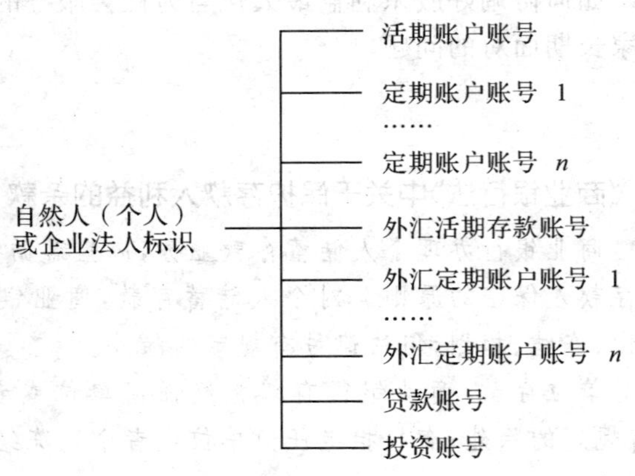

图 6-3 银行账户结构模型

(1)批发子系统。企业账户以活期交易结算账户为主，银行管理者注重通过种类齐全和服务优良的结算服务吸引企业。

(2)零售子系统。2000 年以来，随着个人和家庭财富不断积累，储蓄存款在银行存款资金中的占比逐年上升，银行通过向个人和家庭提供各种各样的金融服务，比如代理家庭缴纳各种固定费用(水费、电费、煤气费、电话费)，银行代理购买机票、火车票，刷卡消费服务等等，使得家庭生活越来越依赖于银行账户，居

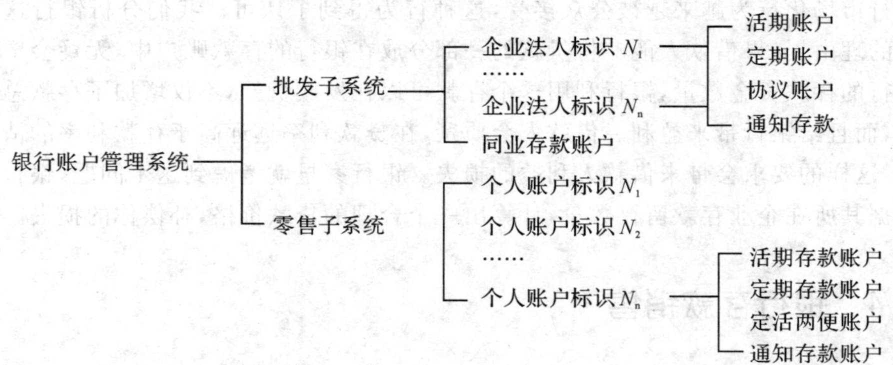

图 6-4 银行账户管理系统模型

民家庭的收入几乎全部存入银行，是银行最稳定的资金来源。零售业务账户管理子系统也演变得越来越完善和复杂。

6.3.3 存款账户资金的变化特性

1. 被动性

被动性的第一个表现是银行在获得存款时的被动地位。为什么存款人要将存款存入这家银行而不存入其他银行呢？商业银行存款决定权不在银行一边。为了争夺有限的存款，银行必须迎合存款人的需求，采取各种营销手段，在存款产品方面不断创新，以吸引客户将存款存入本银行。存款被动性的另一个表现是存款的波动性，是指银行存款是个人或机构收入减去支出后的结余，因此会受到经济周期、中央银行货币政策、消费支出、消费结构、市场利率、季节性因素、银行服务质量等多方面的影响。

2. 派生性

银行存款包括两个部分，存款人以现金形式存入的存款和派生存款。存款人以现金形式存入银行的存款是原始存款。银行向借款人发放贷款后，借款人提取贷款，并将贷款资金转入借款人在银行开立的存款账户用于支付结算需要贷款资金转换成的银行存款，这种存款被称为银行的派生存款。第一章中讨论的银行的信用创造功能就是这样实现的。

银行在向借款人发放贷款时提出资金留存要求。如果你是某企业的财务人员，代表企业到商业银行借款 1000 万元。在与银行人员交谈中可能会被问到这样的问题："如果获得 1000 万元的贷款，能留存多少？"银行向借款人提出这样的要求可以吗？这种行为曾经受到质疑。随着中国四大国有商业银行转制，商业银行市场化行为越来越被公众接受，这种行为得到了认可。我们分析银行这样做的理由：如果借款人能够将贷款的一部分放在银行的存款账户中，无疑会增加银行的存款资金数量，银行利用这个存款可以在发放贷款，不仅增加了存款总规模，而且给银行带来盈利。借款人会质疑，在贷款利率远远高于存款利率的情况下，这样的要求会带来借款人利益的损失。银行家早就考虑到这个问题，银行会根据其所在企业存款留存数量，计算出一个合理的贷款价格，补偿你的损失。

6.4 银行存款销售

银行向客户出售结算服务和存款账户要完成两个过程：存款人在银行开户，存款人作结算业务或存入定期存款。为此，现代银行专门成立了市场部门，下属的员工称为客户经理，第一步，开拓新客户，尽可能地增加银行的客户数量；第二步，想方设法提高客户存款账户中的余额。从总行到分行、支行，市场部门为了扩大银行的负债规模，还必须实施一系列的有计划、目标明确的营销。

6.4.1 整体营销

银行是特殊的以经营货币信用为对象的企业，银行的社会信誉和形象直接影响到客户需要金融服务时的选择。因此首先要在公众中树立良好的、可信赖的形象。银行家们主要采取措施是：

1. 硬件形象

规范统一的企业门店装修和标示。整洁、明亮的营业厅。先进的、现代化的服务设备。员工得体的着装。银行希望通过这些措施表现出它的实力和可信赖度。银行为了达到这个目标需要投入大量资金和成本。

2. 软件形象

银行通过专业化的优质服务，让客户感觉到这家银行是专业的，结算账目不会搞错，存款资金不会出现风险，理财投资能够最大的保值增值，银行可以为客户提供最先进的金融产品。更重要的是，要让客户感觉到银行尊重客户，可以根据客户的个性需求，提供个性化的服务。

3. 细分客户市场

面对巨大客户群体，银行要提供让客户满意的服务，必须区分客户群体，根据不同客户群体的喜好制定有针对性地服务方案。常见的客户区分方法如图6-5所示。

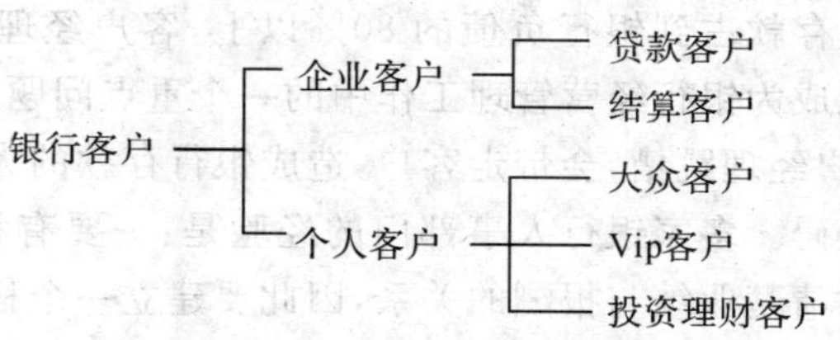

图 6-5　商业银行客户群体划分图

4．产品和服务创新

经济环境和金融市场运行状况不同，公众对银行产品的要求会发生变化。比如，2003 年以来，国内资本市场推出基金产品，由于投资风险比股票小，收益高于银行存款，公众开始不满足于银行几十年以来仅仅提供活期和定期存款服务，希望存款能有更高的回报。银行为了与基金公司竞争，推出“银行理财产品”——不保本、利率高于银行存款利息，以吸引客户资金。另外，根据现代人工作紧张的特点，银行推出了网上银行、手机银行和自助服务银行，使人们能在办公室、家中 24 小时得到银行的服务。创新能力强的银行能够更快的跟随客户的需求，推出新产品争取市场和客户，创新对金融工程师金融产品的设计能力是极大的考验。

5．促销计划

银行创新出的产品和服务只有被公众接受，才能发挥竞争作用。因此，在金融工程师们完成了金融新产品的设计和生产后，市场部人员就要制定周密的宣传促销计划，将产品推向市场，并被公众认可。因此，一个好的营销策划师、设计一套成功的营销计划是银行市场竞争力的关键。银行促销计划包括媒体宣传，投放软、硬广告，员工宣传活动，路演活动等多个方面。

6.4.2　个体营销

个体营销，也被称为关系营销。现代商业银行专门设立大客户服务部门，负责针对大客户的产品推销和服务工作。根据统计，银行 80％利润来自于 20％客户，这些客户对银行业务的贡献包括存款、汇兑结算、国际业务和贷款业务，这些客户有这样的特点：①是各家银行竞争的对象。②有特殊的金融服务需求。③对银行服务质量要求苛刻。④业务关系建立在特殊的社会关系和人际关系的基础上。商业银行为了稳定这部分客户，需要一些特殊关系的营销人员，需要制定特殊的政策为这些客户服务，为客户提供上门服务、专人服务等措施。

另外，稳定、高效、高素质的客户经理队伍关系到银行销售的稳定性。2000 年至 2006 年间,企业存款占到银行负债的 80%以上,客户经理的作用非常突出。管理好这支队伍也成为银行经营管理工作中的一个重点问题。客户经理掌握着客户资源,如果客户经理跳槽,会带走客户,造成银行存款的大幅度下降,给银行的业务发展带来阻碍。多家银行人事部门的经验是:一要有科学考核和激励体系。客户经理非常清楚业绩与报酬的关系,因此要建立一个科学的、有说服力的考核系统。二要建立优良的企业文化。员工间的合作精神、奉献精神是企业凝聚力的关键。三要营造良好的企业环境。人文环境、和谐的同事关系、休假制度、退休制度,使员工有归属感。这些因素的作用在一定程度上比奖金激励更为重要。

6.5 存款账户管理体系

不同的存款种类被称为银行不同的存款产品。开立银行存款账户的客户,只要不销户,就是这个银行永久性的客户。管理保存客户背景信息和金融交易信息,并向客户提供准确无误的账户管理金融服务是银行账户管理系统的基本职责。现代商业银行交易信息和客户资料信息都是通过计算机系统记录和完成的。下面模拟一笔由计算机操作完成的业务步骤,解释银行存款账户管理过程。

6.5.1 活期账户操作

1. 步骤一:开立人民币基本存款账户

活期账户可办理现金收付和转账支付结算。按照人民银行账户管理规定,一家单位只能选择一家银行申请开立一个基本存款账户。开立账户时须向银行交验下列证明文件之一:工商行政管理部门核发并已通过年检的《企业法人执照》或《营业执照》正本;中央或地方编制委员会、人事、民政等部门的批文;主管单位对附设机构同意开户的证明;军队军以上、武警总队财务部门的“开户许可证”和“开户证明书”;驻地有权部门对外地常设机构的批文。此外,若为企业法人,还需提交国家技术监督局颁发的《企业代码证》。

2. 步骤二:银行受理申请,企业开立存款账户时填写“开户申请表”

银行受理申请,将客户信息录入会计核算系统。同时分配给客户一个企业客户号,并建立与客户号相关联的客户信息系统、账本系统和交易信息系统。

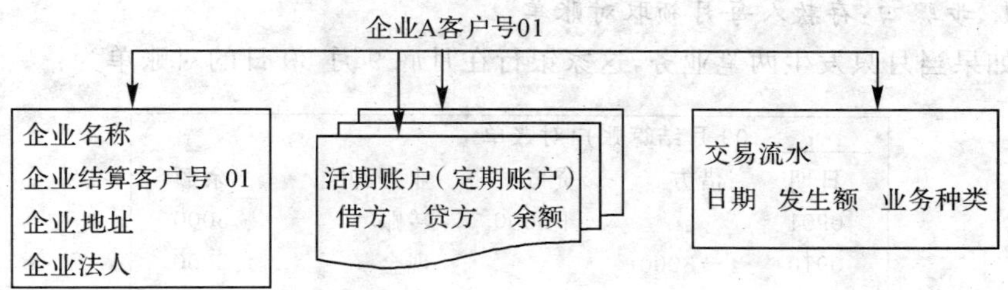

3. 步骤三：客户办理存款存入资金，或者办理支票结算业务

(1)存入现金。如：9月1日客户存入现金5000元。首先，存款人在柜台填写现金缴款单，缴银行柜台。接着，柜台操作员根据现金缴款单上填写的客户账号和金额录入信息。会计系统按如下方式处理。

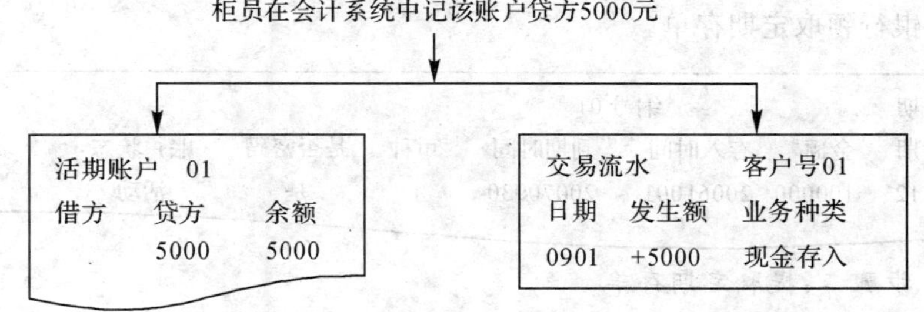

(2)支票结算业务。客户支票转账划出资金。9月10日，支票转账支出3000元。

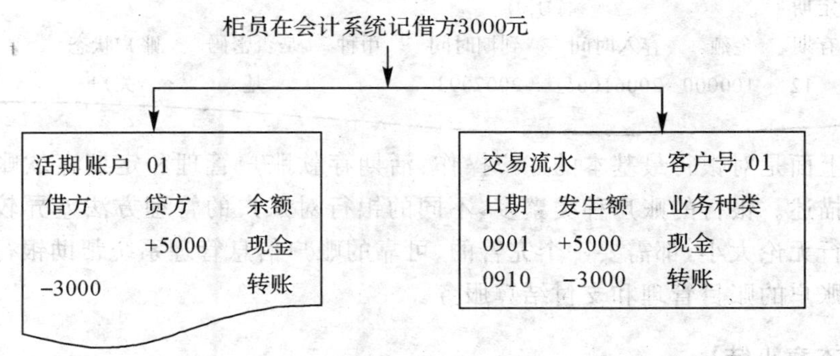

4. 步骤四:存款人每月领取对账单

如果当月只发生两笔业务,这家银行在月底 9 月 30 日的对账单为:

09 月结算账户对账单

日期	借方	贷方	业务种类	余额
0901		+5000	转账	5000
0910	−3000		现金	2000
0930				2000

6.5.2 定期账户操作

1. 步骤一:存入定期资金

客户填写定期存款凭证,银行员工根据书面申请书录入存款系统。完成后,客户向银行领取定期存单。

定期　　编号 01

存期	金额	存入时间	到期时间	币种	是否密码	账户状态
12	100000	20061001	20070930	r	是	活动

2. 步骤二:提取定期存单

客户将定期存单交给银行。银行柜面人员在客户定期记录中设置定期销户,支付本金和利息。

定期　　编号 01

存期	金额	存入时间	到期时间	币种	是否密码	账户状态
12	100000	20061001	20070930	r	是	关户

上面是对银行最基本的账户操作:活期存款账户管理和定期存款账户作了简单描述。银行的账户种类繁多,不同的银行对账户的管理方法差异较大。但是银行无论大小,都需要一个完善的、可靠的账户信息管理系统帮助银行来完成存款账户的账目管理和支付结算服务。

【本章小结】

本章重点讨论了银行负债的种类和负债结构,以及负债结构与银行规模、抗风险能力的关系。强调存款是银行基础负债,监管当局对存款和贷款关系的要求。另外,我们分析了现代商业银行围绕存款资金展开激烈竞争的原因,以及要在存款市场上获得竞争优势，银行必须采取的措施。讨论了银行对存款账户的创新，实质上是围绕利率、结算手段上的创新，利率方面的创新被认为是最有效地吸引客户的手段。最后简要地介绍了银行是如何管理存款账户，以及银行开户、销户、存款、取款、转账等业务的账户信息管理系统操作步骤。

【课后练习】

一、填空题

1. 在银行的各项负债中________是最重要的资金来源。

2. 商业银行向中央银行的借款有两种形式，一是再贴现，二是________。

二、选择题

3. 银行被动负债为主动负债，被称为负债理论创新的负债理论是 （ ）

A. 真实票据理论 B. 存款理论 C. 销售理论 D. 购买理论

4. 下列关于银行借入负债，正确的是 （ ）

A. 包括活期存款、定期存款和储蓄存款

B. 可以扩大银行经营规模

C. 可以解决银行短期资金不足的情况

D. 占到银行资金来源的一半以上

E. 包括同业拆借、向中央银行借款及国内市场借款等

三、拓展题

5. 中国与美国银行间为什么会有银行负债结构的差异？

6. 从存款资金在商业银行中的地位和存款资金来源的特性，分析中国商业银行建立客户经理制度的原因。

7. 核心存款占比与商业银行资金规模之间的内在关系是什么？为什么会有这种联系？

【网站指引】

要了解银行的基础存款产品，请登录以下网站：

http://www.cmbchina.com/招商银行网站

http://www.ecibic.com/中信银行网站

要了解银行创新的存款产品请登录以下网站：

http://www.amoney.com.cn

http://bank.eastmoney.com

第 7 章

银行资金来源管理(二):风险、资金成本和存款账户定价

引　言

在前一章的讨论中,我们谈到有相当一部分存款人是为了获得存款利息、投资收益才将空闲的资金存入银行的,也就是说银行给付的利率越高,就可以吸引更多的存款。那么,银行家如何确定存款利率呢?另外,一些客户是为了获得银行的结算服务,在银行开立存款账户的,银行通过收取支付结算手续费和账户管理服务费获得收入。那么银行又是如何确定账户管理服务费价格的?本章我们重点讨论这两个问题。

学习目标

1. 了解银行资金来源管理风险
2. 掌握银行单一负债资金成本和银行负债资金加权平均成本率计算方法
3. 掌握存款账户定价方法

重点问题

1. 银行资金成本的组成
2. 存款账户服务价格定价原则

7.1 银行资金来源管理活动面临的主要风险

银行业是一个高风险行业，经营活动面临着多种风险，我们将这些风险通称为银行的经营风险。为了能更好地认识各种风险，寻找规避风险的方法，人们根据银行业务分类，细分风险，如银行经营风险可以进一步细分为资产业务风险、负债业务风险、表外业务风险等等。本节讨论银行在资金来源管理活动中面临的风险，通常也被称为负债业务风险。负债业务风险包括市场风险中的流动性风险、利率风险，操作风险中的融资风险。

7.1.1 流动性风险

银行流动性是指银行满足存款者提取存款、支付结算需求的能力，或者是满足合格借款人贷款需求的能力。银行的流动性包含基本流动性和充足流动性两部分。

(1)基本流动性。基本流动性是指银行满足存款人提现、支付结算需求的能力。试想如果存款人到银行提取存款，而银行不能满足客户的需要，对银行的声誉将有多大的损失，严重时会引发挤兑，导致银行倒闭。因此，在银行日常的经营过程中，银行家们要采取各种措施避免类似的事情发生。银行不能满足存款人提取存款要求的情况被称为银行的流动性不足，主要原因是银行将过多的资金用于贷款或其他投资，留存现金过少；或者是银行在金融市场上的融资能力不足，当银行流动资金短缺时，没有新的资金补充。

目前，中国商业银行实施的"大额提款预约制度"，是防范流动性风险主要的措施之一。大额预约制度规定，当存款人提取现金的数额大于 10 万元时，必须提前一天通知开户银行进行取款预约。如果未预约，银行可以拒绝存款人取款要求。这样做的好处在于，银行可以在事先预测库存现金的需求量，准备足额的现金，以满足客户提款的需要。

(2)充足流动性。充足流动性是指银行在满足基本流动性的基础上，满足贷款申请人正当贷款要求的能力。中国经济高速发展，特别是长三角地区，企业的贷款需求不断增加，银行资金紧缺不能满足借款人资金需要的现象屡屡发生。一家银行只有持续地增加存款量，才能满足客户不断增加的贷款需求。

当然，公众对银行不能满足两个流动性的问题的看法是有本质区别的。不能满足提款需求的银行，是致命性的，公众会对银行的偿付能力提出质疑，从而有导致银行挤兑的可能性，银行应该极力避免。而对充足流动性问题，虽然会造成公众对银行资金实力的怀疑,但公众可以容忍。但是多次拒绝贷款客户的申请,会伤害客户的感情,从而导致客户离去,造成其他业务损失。因此,在客户信用等级达到银行贷款信用评级标准的情况下,应该尽力满足客户的要求。

7.1.2 利率风险

利率风险是指由于市场利率波动造成银行收益和市值波动的可能性。利率风险的大小取决于市场利率波动时,银行收益或市值随之变化的幅度。衡量银行利率风险的方法主要有:利率敏感性缺口法、持续期分析法和风险价值分析法(在第十四章中讨论)。如果银行的资产负债结构中,资产数量与负债数量、资产利率结构与负债利率结构完全对称,那么市场利率变化时,银行的资产、负债同方向变化,银行可以完全规避利率风险。这是理想化的情况。任何一家银行的资产负债结构在数量和利率结构上都会存在不对称性,银行规避利率风险的最好方法就是根据市场变化,不断调整资产负债结构,尽可能减少银行利润和净值的损失。

7.1.3 融资风险

融资风险是指银行为了筹集到更多的资金,会不断提高存款利率,从而加大存款账户销售的费用开支,造成资金来源成本上升。为了获得存贷差收益,银行又不得不将资金投放到利率较高、风险度也较高贷款项目上,从而导致银行承担更大的信用风险。另外,融资风险还指在旧的存款到期时,银行由于信用等级、融资能力等原因,不能及时补充足够的新的存款资金,造成银行流动性问题。

7.2 银行负债资金利率

7.2.1 负债资金的利率

商业银行是经营货币资金的企业,其盈利模式是:开展负债业务→借入资金,开展贷款业务→出借资金,通过存贷差价获得收益。利率是商业银行借入资金和出借资金的交易价格,银行总是以尽可能低的价格借入资金,以尽可能高的资金价格出借资金。银行向公众或机构借入资金的价格称为银行的存款利率或借入款利率,向企业或个人出借资金的价格称为贷款利率。另外,银行从不同金融市场融资借入资金的价格被专称为:拆借利率、贴现率、再贷款利率和回购协议利率。目前,由中国人民银行公布的"存款利率"仍然是各种利率的参考基准。

银行存款利率会在银行营业厅内和银行网站上公布，其他形式的资金利率在特定的资金市场公布。

7.2.2 利 息

存款利息或借入款利息是指银行按照约定的资金价格（利率）以货币形式支付给存款人或资金出借方的费用。一笔负债资金交易的成本称为利息。

利息＝交易本金数额×利率×期限

存款人提取存款时，银行才会提到“利息”的概念。习惯上银行在任何情况下与客户讨论资金价格时，只会用“利率”这个词。存款人在选择存款产品时会比较存款利率，确定到期后存款的收益。借款人在选择贷款产品时会比较贷款利率以确定到期时需要向银行支付的费用。银行在表达“利率”时采用三种约定俗成形式：年利率（%，百分之）、月利率（‰，千分之）和日利率（‱，万分之）。

7.2.3 利率的种类

根据存款期内利率（如定期存款利率）是否随市场利率变动而变动，银行存款利率可分为固定利率和浮动利率两种。

1. 固定存款利率

固定存款利率指在存款期限内，存款账户的利率固定不变。我国商业行定期存款账户采用固定利率。一年期定期存款年利率为 2.25%。客户存入 100 元，无论市场利率如何变化，到期后一定可以得利息 2.25 元（含税）。

2. 浮动存款利率

浮动存款利率指在存款期限内，存款账户的利率可以发生变化。如：活期存款账户，存款人存入存款时，银行公布的存款年利率为 0.72%，一旦央行公布调整活期存款利率，自公布之日起，此账户利息按照新公布的利率计算。

【相关链接】

曼哈顿大通银行指数定期存单

指数定期存款或被称为 IndexCD，是一种银行创新存款产品。曼哈顿大通银行宣布的指数定期存款账户的利率与标准普尔500种股票指数挂钩。是一种典型的市场指数定期存单。计算公式如下。

12 个月 IndexCD 的年收益率＝股票指数的变动比率×参与率

参与率由曼哈顿大通银行在出售存单时公布。股票指数是指特定的股票市场的股票指数。可以是纽约股票市场指数、香港股票市场恒生指数等。特定存单与特定指数挂钩。

7.2.4 谁决定银行存款利率

央行和市场是银行存款利率的决定者。在不同国家、不同金融制度下，央行和市场所扮演的角色各不相同。在严格金融管制下，银行的利率完全由政府金融监管当局制定，存款利率与存款期限成正比，期限越长，存款利率越高。各家商业银行采取统一的利率，利率大小与银行的信用等级无关。截至2006年年底，中国仍然采取这种银行资金定价方式。在开放的金融市场环境下，银行存款利率由银行自主决定，银行的管理费用、贷款资金的价格以及银行的信用级别决定了银行存款和借入款的利率。一般而言，银行的信用级别越高，提供的存款利率越低；银行的管理成本越低，提供的贷款利率越低。另外，在完全利率市场化的环境下，市场资金的供求关系也决定着银行的负债资金利率，央行通过控制拆借市场利率，引导市场资金定价。而银行通过拆借市场价格和自身的市场竞争力确定资金价格。

7.2.5 银行利率是国家宏观调控的工具

存款准备金率、利率和汇率被称为政府宏观调控的三个主要工具。

2006年的中国，在世界经济稳步增长、全球通货膨胀压力不断加大的形势下，各主要经济体纷纷收紧货币政策，新的一轮全球性加息周期逐步形成。美国、日本以及欧洲等中国主要贸易伙伴经济增长前景良好，有利于中国出口保持较快增长。在内部环境方面，国民经济呈现平稳快速的发展态势，固定资产投资增长过快、货币投放过多、国际收支不平衡、能源消耗过多、环境压力加大及潜在通胀压力上升可能，对经济带来风险。从未来趋势看，经济增长可望略有放缓，但总体上仍将保持平稳较快的发展势头，政府的态度是采取适当措施控制经济过热的趋势。2006年8月15日，金融监管当局上调存款准备金一个百分点，8月18日上调存贷款利率0.27个百分点，同时人民币汇率处于长期的上升过程中。

7.3 负债资金成本计算

银行在计量负债资金成本时，用到许多概念，如：利息、利率、资金成本、管理成本、资金成本率、可用资金成本率等。它们之间的关系如何？本节重点讨论计算银行负债资金成本的各种方法。银行描述银行负债资金成本的指标包括：①单项资金成本、成本率；②加权平均成本、成本率；③可用资金成本、成本率；

④边际成本、成本率。这些指标是银行贷款定价的基础。

7.3.1 利息成本和相关成本

银行负债资金成本是指银行在存款、借入款资金交易中所支付的费用。按照产生费用的种类，可以将负债资金成本分为利息成本和相关成本。

1. 利息成本

利息成本指商业银行按照借款合同约定的利率支付给资金出借人的费用。

2. 相关成本

相关成本指商业银行围绕负债业务开展各项活动时，所支出的除了利息支出外的其他全部费用的总和。相关成本的构成复杂。资金来源不同，银行经营环境、规模、经营策略不同，相关成本都会有所差别。比如：存款的相关成本表现为金融服务费用（银行设备购置、纸张费用、人工成本等）；而借入款的相关成本则表现为付给市场或中介机构的交易手续费等。

7.3.2 单项资金成本和成本率

单项资金成本是指银行筹集和管理特定种类资金所支付的一切费用总和，包括利息成本和相关成本。它反映出商业银行获得此类资金的代价。将筹集该项资金的总成本除以资金数额可得该项资金成本率，也称为资金费用率。

$$\text{单项负债资金成本率}=\frac{\text{单项资金成本}}{\text{单项负债资金数量}} \tag{7-1}$$

7.3.3 加权平均成本率

公式〈7-2〉所表示的银行负债资金加权平均成本率计算方法，也称历史数据加权平均成本分析法，是商业银行预测未来融资成本经常使用的一种方法。主要思想是通过对银行历史上负债资金成本的计算，为未来的融资活动提供资金价格定价标准。

$$\begin{aligned}\text{加权平均成本率} &= \sum \frac{\text{单项负债资金数量}}{\text{负债资金总量}} \times \text{单项资金成本率} \\ &= \sum \text{单项负债资金在总资金中的占比} \times \text{单项资金成本率} \\ &= \sum \text{单项负债资金在总资金中的占比} \times (\text{利率}+\text{相关成本率})\end{aligned} \tag{7-2}$$

分析银行负债资金的“加权平均成本率”，横向与规模相同、负债结构相同的其他银行进行比较；纵向与本银行历史数据进行比较，从而判断本银行筹资成本的合理性，为制订更合理的筹资计划提供依据。

【例 7-1】 根据表 7-1 给出的数据，计算该银行负债资金加权平均成本率。

解：60/124×(0+4.6)+18/124×(5.3+2.3)+12/124×(5.5+1.1)+7/124×(12.0+0.2)+27/124×(13.5+0.4)=7.681

答：银行负债资金的加权平均成本率为 7.68%。

表 7-1 银行负债资金成本和可用资金成本

负债项目	年平均余额（万元）	利率（%）	相关成本率（%）	资金成本率（%）	资金成本额（万元）
无息活期存款	60	0	4.6	→ 4.6	→ 2.76
生息活期存款	18	5.3	2.3	→ 7.6	→ 1.37
存折储蓄存款	12	5.5	1.1	→ 6.6	→ 0.79
定期储蓄存单	7	12.0	0.2	→ 12.2	→ 0.84
货币市场存单	27	13.5	0.4	→ 13.9	→ 3.75
合计	124			7.7	9.51
	A	B	C	D=B+C	E=D×A

用这种方法计算出来的数据具有一定的局限性。一方面，这个方法没有考虑到负债资金是不能全部用于投资产生收入的。更准确的计算方法应该是在公式〈7-1〉的负债资金总量中扣除非盈利资金部分，如库存现金、银行上缴的存款准备金。在银行实际操作中，常常要对这种分析方法作校正，这就是下面将要讲到的可用资金成本率测算方法。另一方面，当市场利率波动较大时，用这种方法计算出的是历史上的负债资金成本率，用来预测未来资金成本会有一定的误差。

7.3.4 可用资金成本率

银行负债资金根据资金来源不同可以分为存款和借入款两大类。按照国家金融监管当局的规定，各商业银行按其所持有的存款数量，按比率缴纳法定存款准备金。如：2000 年以后，美国取消了法定存款准备金的规定。而 2006 年 8 月 15 日，中国银行业存款准备金率上调至 8%。也就是讲，银行筹集到的资金中的 8%并不能用于贷款。另外，银行为了保证流动性，必须预留一部分现金，这样也减少了银行可用资金的数额。因此，银行可用负债资金数额小于筹集到的负债资金的总额。

可用负债资金数额=负债资金总额－缴纳存款准备金数额－预留现金数额 〈7-3〉

银行全部负债资金的费用支出是依靠可用负债资金投资获得收益来抵扣

的。因此，银行的可用资金成本率，才是银行出借资金的真正的成本率。

$$可用资金成本率=\frac{负债资金成本}{可用负债资金数额} \quad 〈7\text{-}4〉$$

1. 单项资金可用资金成本率

不同类别的资金，其可用资金的占比是不同的。由公式〈7-3〉可见，在资金数量相同时，由于"缴纳存款准备金数额"不同，造成银行"可用负债资金数额"不同。再比如，中国央行对所有账户存款公布统一的存款准备金率，但是，活期账户存款的流动性明显高于定期账户存款流动性的特点，要求银行家对活期账户存款要预留更多的现金。这样的结果是当资金数额相同时，对于活期账户存款，公式〈7-3〉中的"预留现金数额"大于定期账户存款，活期存款账户的"可用负债资金数额"小于定期存款账户的"可用负债资金数额"。可见，银行不同资金来源的负债资金项目由于可用于投资的资金占比不同，也会产生不同的可用资金成本率。

【例 7-2】 假设一家银行已经筹集了总额为4亿元的负债资金，它包括1亿元的支票账户存款、2亿元的定期和储蓄账户存款、从货币市场借入资金5000万元和5000万元的债务性资本金。(1)假定银行用于吸引支票账户存款的利率和非利息成本率为10%，吸收储蓄账户存款和货币市场借款的利率和非利息成本率为11%。资本金成本率为22%。(2)假定缴纳存款准备金和预留现金后，银行实际可投入生息的资产变化为支票账户存款减少15%，储蓄账户存款减少5%，货币市场借款减少2%。请计算：不同资金项目的可用资金成本率。

表 7-2 某银行筹集资金数据

项目	资金数量(亿元)	利率和非利息成本率(%)	非盈利资金占比(%)
可用资金总额	4		
支票账户	1	10	15
定期存款和储蓄存款	2	11	5
货币市场借款	0.5	11	2
资本金	0.5	22	0

解：$支票账户可用资金成本率=\frac{10\%}{1-15\%}=11.76\%$

$定期存款和储蓄存款可用资金成本率=\frac{11\%}{1-5\%}=11.57\%$

$基金账户可用资金成本率=\frac{11\%}{1-2\%}=11.22\%$

$资本金可用资金成本率=\frac{20\%}{1-0}=22.00\%$

银行全部负债资金的成本是靠可用资金支持的盈利资产所产生的收益来补偿的。可用资金成本率真实地反映了银行出借资金的成本率，也被称为“资金转移价格”，是银行家决定银行出借资金价格（如贷款利率）的参照标准。也可以说“可用资金成本率”是银行出借资金的保本价格，是银行发放贷款的保本贷款利率。银行发放贷款的利率必须高于这个水平，银行才能获得投资收益。

2. 可用资金加权平均成本率

可用资金加权平均成本率是指商业银行所有负债资金项目的可用资金的平均成本率。计算方法如下：

$$\begin{aligned}\text{可用资金加权平均成本率} &= \frac{\sum(\text{单项资金数额}\times\text{该项资金可用资金成本率})}{\text{负债资金总额}} \\ &= \sum\left(\frac{\text{单项资金数额}}{\text{负债资金总额}}\times\text{该资金可用资金成本率}\right) \\ &= \sum(\text{单项资金占比}\times\text{该项资金可用资金成本率})\end{aligned} \tag{7-5}$$

【例 7-3】 根据例 7-2 给出的数据，计算银行的可用资金加权平均成本率。

$$\begin{aligned}\text{解：可用资金加权平均成本率} &= \left(\frac{1}{4}\times 0.1176\right)+\left(\frac{2}{4}\times 0.1157\right) \\ &\quad +\left(\frac{0.5}{4}\times 0.1122\right)+\frac{0.5}{4}\times 22\% \\ &= 12.88\%\end{aligned}$$

答：银行税前收益率要大于 12.88%，低于这个数字，银行就要亏本。

7.3.5 资金边际成本和成本率

许多银行家认为，银行存款市场和借入款市场的利率波动频繁，用以历史数据计算出的银行资金成本率预测未来市场资金价格，要么过高要么过低。而采用资金市场边际成本计算银行筹资成本率更为准确。

1. 边际成本和边际成本率计算方法

边际成本率是指银行负债资金数量一定后，每增加一个单位的资金量，所对应增加的成本。

$$\begin{aligned}\text{边际成本} &= \text{总成本变化} \\ &= \text{新利率}\times\text{以新利率筹集的资金总额} \\ &\quad -\text{旧利率}\times\text{以旧利率筹集的资金总额}\end{aligned} \tag{7-6}$$

$$\text{边际成本率} = \frac{\text{总成本变化}}{\text{新增资金总额}} \tag{7-7}$$

【例 7-4】 假设一家银行可以以 7%的存款利率筹集到 2500 万元的新增存款。银行管理层预测，如果用 7.5%的存款利率可以筹集到 5000 万元的新增存款。请计算银行筹集资金的边际成本率。

解：银行存款利率从 7%提升到 7.5%

筹集到新增资金量＝5000－2500＝2500(万元)

边际成本＝5000×7.5%－2500×7%＝200(万元)

$$边际成本率＝\frac{200}{2500}＝8\%$$

银行筹集新资金的边际成本率为 8%，远远高于平均成本率 7.0%。这是因为银行不仅需要付 7.5%的利率，还要以 7.5%支付原来以 7.0%支付的筹集 2500 万元的利率。

2. 边际成本率与负债资金筹资决策

在利率市场化环境下，银行业监管当局并不设置存款资金价格的上限。银行完全可以根据市场资金的供求关系和银行资产投资收益情况来确定负债资金的价格，如图 7-1 所示。

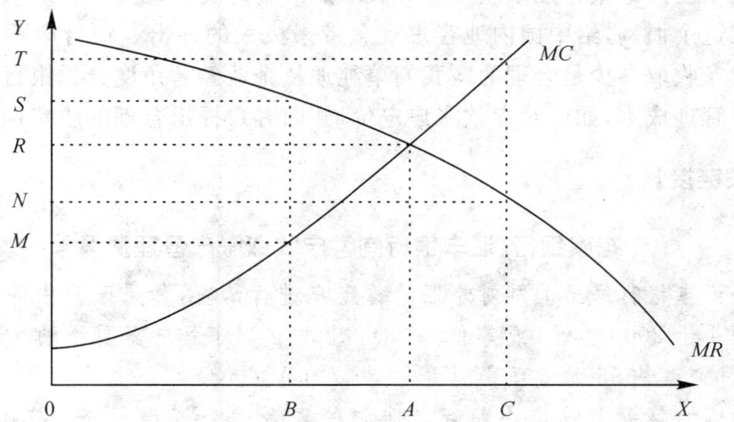

图 7-1 负债资金规模与资金边际成本的关系

Y 轴代表银行资金成本，*X* 轴代表银行的负债资金规模。*MC* 曲线为银行的资金边际成本曲线，表示随负债资金规模扩大银行边际成本增加。*MR* 曲线为银行的边际收益曲线，表示随负债资金规模扩大银行边际收益下降。

我们分析，银行家如何根据负债资金规模作出筹资的决策。当银行的负债资金规模为 *B* 时，银行筹资边际成本为 *OM*，边际成本 *OM* 小于边际收益 *OS*，差额为 *SM*，说明银行负债资金规模有继续增长的潜力，继续扩大资金规模有盈利的空间，银行家会作出继续筹资活动扩大负债资金规模的决定。当银行的负债资金规模为 C 时，银行的边际成本为 OT，边际成本 OT 大于边际收益 ON，差额为 TN，说明银行负债资金规模的增加，不会给银行带来盈利，银行家会作出停止筹资活动的决定。银行负债资金规模 A 是银行最佳持有量。

7.4 银行存款账户定价

从前面的讨论我们知道，银行为了出售存款账户，除了向存款人提供足够高的存款利率外，还必须为存款人提供各种金融服务以满足他们的金融需求。银行提供的金融服务包括异地存取款、支票转账结算等等，这些服务需要银行投入人力、设备和其他资源。为了弥补管理账户等金融服务费用开支，商业银行会针对不同的存款账户类别，详细地核算成本，向客户收取服务费，以弥补银行费用支出。但是迄今为止，中国没有一家银行公开地为账户定价、收取手续费，这是因为公众习惯地认为，银行为机构和个人管理银行账户是一种"社会责任"，2006 年以前的中国内地银行几乎全部放弃收取账户管理费。外资银行进入中国后并没有遵守这个惯例，给中国内地客户观念带来极大的冲击。银行应不应该存款账户收费？收取多少是合理的？我们单纯地从企业经营角度分析银行如何计算存款账户管理成本，如何对存款账户定价，并向客户提出合理的收费标准。

【相关链接】

花旗银行、汇丰银行向客户收取账户管理费

……汇丰银行每三个月对外汇储蓄账户进行清查，如果账户中的每日平均存款余额小于 2000 美元(或等值外币)，则每 3 个月用户需要缴纳 165 元人民币，即每月需缴纳 55 元管理费用。

……国内第一个收取小额存款账户管理费的外资银行——花旗银行，从 2004 年底将原先收取管理费的存款限额由 5000 美元提高到了 1 万美元，即当月日平均余额(或等值外币)低于 1 万美元(不含)的用户，需要缴纳管理费 50 元人民币。

7.4.1 存款账户定价原则

进入各家银行的营业大厅，或者在银行的网站上，你都会看到对不同账户服务的收费表。这是因为，银行向存款人出售存款账户后，除了支付存款利息外，还要支付其他金融服务费用。商业银行通过向存款账户收取账户服务费的方式弥补服务费用支出。银行存款账户的定价原则是：

银行从存款账户中获得收益≥银行管理存款账户的费用支出 〈7-8〉

7.4.2 存款账户定价方法之一:付息活期存款账户定价法

对于付息存款账户,银行不仅有结算服务成本,而且有支付账户利息的成本。一般对这样的账户,银行会向存款人提出存款账户最低余额的要求。银行这样做的目的是:试图通过存款账户中存款资金的投资收益弥补银行管理账户的费用支出。银行一般采用"收支相抵平均余额计算法"对账户进行定价。所谓收支相抵平均余额计算法,是指用账户余额投资所得的收入正好可以抵扣银行管理此账户所支付的费用成本。

【例 7-5】 银行对存款人提出最低存款账户余额要求。假设该银行活期存款账户的存款利率是5%,可用资金投资收益率(银行贷款利率)是12%。根据下面给出的银行付息活期存款账户成本列表,计算银行要求存款人在存款账户中的余额为多少时,银行才能不亏本。

账户服务成本	收支频繁账户	收支不频繁账户
每月办理结算人工成本(元)	4.00	4.00
每月纸张及其他成本(元)	7.50	2.50
每月服务成本总额(元)	11.50	6.50
账户资金可用率		
超额存款准备金比率(%)	7	3
法定存款准备金比率(%)	12	12

解:存款账户成本总额=服务成本+利息成本

=年度账户服务费用支出+存款利率×平均余额

账户资金投资收益=账户可用资金×投资资金收益率

=(平均余额－法定存款准备金－超额存款准备金)×可用资金收益率

=平均余额×(1－法定存款准备金率－超额存款准备金比率)×可用资金收益率

账户管理原则:投资收益≥成本总额

(1)对频繁账户

平均余额×(1－12%－7%)×12%≥11.5元/月×12个月＋5%×平均余额

平均余额≥2924元

(2)对不频繁账户

平均余额×(1－12%－3%)×12%≥6.5元/月×12＋5%×平均余额

平均余额≥1500元

7.4.3　存款账户定价方法之二:成本加利润定价法

银行向客户提供金融服务的目的是为了获得收入。在计算存款账户管理成本时,银行除了考虑管理费用外,会加入银行计划获得的利润部分。

单项存款账户产品的价格＝单项存款账户产品管理直接费用＋单项存款账户产品管理间接费用＋计划从单项存款产品中获取的利润　〈7-9〉

7.4.4　存款账户定价方法之三:高层目标定价法

一些国际银行在为客户提供高质量金融服务的同时,会向存款人提出较高的服务收费标准,或者提出一个较高的存款账户最低余额。如汇丰银行提出开立存款账户的条件是存款账户最低余额为100万元,否则将会收取高额的账户管理费。银行这样做的目的是将客户群体定位在较富裕的个人和家庭,将客户群体限定在一个小范围内。这种定价法的优点是可以吸引单个账户余额大、低流动性的资金;可以降低银行的服务成本,给银行带来较高的收益。当然这种方法会将大部分客户拒之门外,也可能引发公众对银行的非议。这种方法适用于发展成熟、信誉好、业务规模大、社会影响力大的商业银行。

7.4.5　通过控制存款产品成本降低存款账户费用

银行负债管理指导思想是负债规模最大化和负债成本最小化,从而实现银行利润最大化的经营目标。负债成本由利息成本、相关成本(主要是营业费用)构成,在利率由央行统一制定的市场环境中,银行无法改变利息成本,只有通过降低营业费用实现降低负债成本的目标。

降低营业费用。营业费用支出成本包括人员开支、经营场所费用和办公设备费用等。第3章的损益表章节中,民生银行的营业费用支出占银行总费用支出的32%。在实践中,银行家会制订非常详细的费用管理方案,如要求员工节约办公用品等,降低费用,为股东创造最大的利润。

规避管制，提高资金的使用率。为了保证国家金融体系稳定运行，监管当局要求银行缴纳足额的法定存款准备金、缴纳存款保险费和其他监管费用，这在一定程度上降低了银行资金利用率，增加了银行的费用支出。因此，银行家们尽可能规避管制，提高资金的利用率，降低费用成本，提高银行的盈利能力。

【本章小结】

本章主要讨论了银行负债管理面临的风险。银行负债资金成本由利息成本和相关成本构成。银行负债资金成本的计算方法，包括资金成本、可用资金成本率和边际成本率。边际成本率与筹集负债资金规模的关系。存款账户的定价原则，即存款账户定价与银行经营管理方针的关系。

【课后练习】

一、选择题

1. 某商业银行的全部负债为 400 亿，全部利息成本 20 亿，营业成本 5 亿元，法定存款准备金为 8 亿，超额准备金为 4 亿，则其可用资金成本率为（　　）

A. 6.44%　　B. 6.04%　　C. 5.35%　　D. 2.5%

2. 商业银行国内市场借款的主要方式有（　　）

A. 转贴现　　B. 向央行借款　　C. 同业拆借

D. 发行金融债券　　E. 证券回购协议

3. 下列关于银行核心存款的正确说法有（　　）

A. 包括活期存款、定期存款和储蓄存款

B. 可以迅速解决银行短期资金不足

C. 一般要占到银行资金来源的一半以上

D. 包括同业拆借、向中央银行借款及国内市场借款等

二、论述题

4. 根据存款定价法原理，分析花旗银行等国际商业银行对活期结算账户设定最低存款限额，如果账户存款余额低于设定的限额，银行要向存款人加收手续费的现象是否合理？

【网站指引】

通过下面的网站，你可以了解更多的相关内容：

http://www.cnki.net/中国期刊网

http://211.151.93.100/kns50/中国学术期刊网络出版总库

第8章

银行资金运用管理(一):贷款政策、程序和信用风险管理

引言

贷款始终是商业银行最重要的资产运用项目,贷款利息收入是商业银行最重要的主营收入。银行家在经营各项业务过程中面临着众多的风险,其中最主要的,也是会给银行带来最大破坏的是信用风险。如何发放一笔好的贷款,如何控制银行不良贷款数量,如何解决好围绕贷款业务出现的各种问题,是商业银行经营管理活动中银行家们最为关心的问题。本章重点讨论银行家们控制贷款风险所采取的手段,以及政府金融政策法规与银行贷款业务的关系等。

学习目标

1. 掌握贷款业务管理的基本原则
2. 掌握银行贷款政策
3. 掌握贷款发放程序
4. 掌握借款人信用评级方法

重点问题

1. 征信方法
2. 贷款担保种类
3. 风险管理方法

本章讨论表 3-1 资产负债表左侧银行“资产项目”中有关贷款部分的子项目，包括短期贷款和中长期贷款。银行资产项目管理通常也被称为银行的资金运用项目。

8.1 认识一家银行的贷款：结构、规模和不良贷款率

当你需要判断一家商业银行的经营状况时，主要观察银行的哪几种业务数据？一般我们需要掌握的基本数据包括：银行一级资本数量、负债规模、资产规模和不良贷款比率。其中资产规模、不良贷款率反映银行的盈利能力和面临的风险程度，是本章讨论的重点。每一家银行的经营者都在不断追求扩大资产规模、扩大贷款规模；同时几乎没有一家银行能确保不出现不良贷款。如何在贷款规模不断扩大的同时，将不良贷款率控制在一个较低的水平呢？这是银行家们始终面对的一个问题。

8.1.1 从资产负债表中了解银行贷款业务状况

商业银行资产主要由流动资产和长期资产两部分组成（见表 8-1），其中贷款子项目包括短期贷款和长期贷款。贷款项目在银行总资产中的占比可以通过商业银行资产负债报表中的数据得出（见表 3-1）。

表 8-1 商业银行资产项目结构

流动资产	长期资产
1. 现金资产	1. 长期贷款
2. 短期贷款	2. 长期投资
3. 短期投资	

另外，我们可以在表 3-1 中查到银行不良贷款数量（逾期贷款＝5191463000），计算出逾期贷款比率，从而得出该银行资产质量水平。银行的资产业务规模就是指银行资产总额，在表 3-1 中我们也可以获得。如果要进一步判断这家银行资产规模相对大小，只有通过与同业其他银行的资产规模比较，才能作出结论。

8.1.2 贷款的主要种类

商业银行根据贷款市场客户的需求，向借款人提供各种各样的贷款。从买车、买房的消费贷款，到个体小生意人的小额经营性贷款，直至大中企业的单笔

上亿元的工商企业贷款。为了突出贷款的特征，便于日常管理，习惯上商业银行将贷款分为五大类：

(1)房地产贷款。这种贷款可分为以不动产作为抵押的抵押贷款；用于购买土地、购买住宅或商业建筑等不动产的不动产贷款。

(2)农业贷款。银行面向农牧民发放的，用于支持农作物播种、收割或者牲畜饲养为目的的贷款。

(3)工商业贷款。银行发放给工商企业的，用于购买生产资料、付税和支付员工工资的贷款。

(4)个人消费贷款。银行直接发放给个人，或者通过零售商发放的，用于购买汽车、住宅、大宗消费品，支付医疗费用、教育费用等目的的贷款。

(5)其他贷款。未归入上述类别的贷款。

这样的分类与银行资产负债表的统计口径并不一致。在做报表统计时商业银行按照中国人民银行会计科目的有关规定将贷款归并在不同的会计科目中。

8.1.3 贷款结构

贷款结构是指一家银行不同贷款种类在贷款总额中的占比关系。人们通过分析贷款结构，可以了解银行贷款业务的特点，如贷款的主要投向、客户群体定位和该银行贷款市场的地区分布情况等。由于受到内部和外部因素的影响，不同银行的贷款结构差异非常大。

(1)贷款结构与当地经济结构的关系。商业银行所在地域的经济结构决定了商业银行贷款结构。比如，2004 年成都市个人消费意识超前，家庭购买汽车非常普遍，在成都市各家商业银行各项贷款中，个人贷款占比较大。而与此同时，浙江、上海房地产市场火爆，在浙江省和上海市各家商业银行贷款中，房地产贷款占比较大。当然，商业银行贷款业务并不仅仅局限于银行机构所在地，通常可以采取联合贷款的方式，联合外地银行共同向外地信誉好的企业发放贷款；或者通过从外地商业银行购入贷款等方式，使银行贷款分布地区不受限于银行机构的地域分布。

(2)贷款结构与贷款收益率结构的关系。贷款收益率结构是指不同贷款类别对应的不同收益率。银行家总是愿意发放收益率高的贷款。借助于银行会计成本核算软件系统，银行可以很快计算出不同类别贷款的收益率，从而决定银行重点发放哪类贷款。比如，美国联邦储备银行公布的数据表明，信用卡贷款、分期付款贷款和房地产贷款的总收益率(总收入/贷款总额)较高，而房地产和商业贷款的净收益率(总收入减去费用和贷款损失/贷款总额)较高。

(3)贷款结构与贷款规模的关系。银行贷款资金规模不同，银行发放贷款的实力不同，决定了银行贷款的结构不同。贷款规模较大的商业银行能够满足单笔高达数十亿元的贷款申请，贷款主要投放到大型的、发展处于成熟阶段的企业，因此贷款结构中大中型企业贷款占比大。而资金规模较小的银行，则把贷款投向单笔贷款金额较小的如个人贷款或小企业主贷款，因此中小规模商业银行贷款结构中个人贷款、中小企业贷款占比高于大型商业银行。

(4)贷款结构与人员结构的关系。商业银行信贷人员的经验和素质也在某种程度上决定了商业银行的贷款结构。比如，某家银行有一位在房地产方面有经验的贷款人员，这家银行可能就对房地产贷款操作非常有信心，贷款结构中房地产贷款占比会比当地没有房地产专家的银行更高一些。商业银行需要配备与当地经济结构相适应的贷款管理人员，以满足业务发展的需要。

8.1.4 贷款规模

贷款规模是指一家银行持有的各种贷款的总量。商业银行的盈利模式决定了银行的主要收入依赖于贷款利息收入，商业银行的利润与贷款规模成正比。在前面的章节中已经讨论过，银行家们总是希望尽量多地发放贷款，以增加银行的盈利能力。为了防止商业银行的这种冲动行为，银行监管当局出台了一系列金融法规约束银行家的行为。这种政策约束包括：

(1)负债总量对贷款总量的制约。银行的资金运用数量(资产总额)一定等于资金来源数量(负债和所有者权益总额)，银行贷款规模受到银行筹资能力的限制。

(2)存款总量对贷款总量的制约。《商业银行法》规定："贷款总额除以存款总额不得大于百分之七十五"，这就是银行家在管理过程中经常提到的"银行贷存比必须小于75%"。银行可以发放的贷款总量受到了存款总量的限制，这就是现代商业银行始终把扩大存款规模作为银行最重要的工作的主要原因。

(3)资本充足率对贷款总量的制约。银行监管当局主要关注银行风险抵御能力。在商业银行庞大的贷款规模中隐藏着巨大的信用风险，"银行的资本充足率必须达到百分之八"的要求，将银行资产规模和资产结构与银行资本金数量联系在一起。银行增加资本金会遇到重重阻碍，银行贷款规模的扩张速度也受到制约。

8.1.5 贷款风险和不良贷款率

1. 贷款风险

银行贷款管理中面临的各类风险我们称之为贷款风险。包括三类风险：①政策性风险。指政府政策发生重大变化，或重要措施出台，引起贷款市场波动，造成银行贷款本金和利息损失。②信用风险。指当借款人不能履行合约，不能按时归还贷款本息，造成银行资金损失的风险。③操作风险。指由于银行内部人为技术失误或意外事故，造成银行贷款本金和利息的损失。

2. 不良贷款率

不良贷款率是指银行不良贷款数量与贷款总量的比值。不良贷款率是衡量银行贷款风险的重要指标。其中，信用风险是商业银行贷款业务中最大的风险。为了防范信用风险，银行所建立的风险防范体系包括六个部分：①征信和信用评级体系。②贷款发放程序。③贷款权限管理、审批管理体系。④贷款担保管理体系。⑤贷款风险预警体系。⑥不良贷款处置管理体系。通过这个体系，确保与贷款相关的人员和机构严格执行监管当局的法律法规和贷款政策，防范经济环境变化、经济周期波动对银行投资收益的影响，防止职员由于个人因素导致贷款资金损失，以保证银行作为一个整体实现股东要求的经营管理目标。

8.2. 贷款管理机构的设置和职责

为了防范信用风险，银行将贷款受理和发放过程设计成多个操作环节，由多个岗位人员参与。一般银行贷款管理机构分为两类，一是信贷管理部。主要负责银行的贷款市场开拓，负责为借款人提供金融服务，由贷款客户经理组成。银行贷款客户经理(信贷调查员)与借款人直接接触，辅导借款人申请贷款，对单笔贷款资金安全性负责。二是风险管理部。风险管理部是贷款审批部门，负责审查贷款申请报告，对借款人信用评级，对整个银行贷款质量负责。风险管理部由行业趋势分析专家、财务专家和贷款经验丰富的人员组成(见图 8-1、8-2)。

商业银行贷款品种繁多，借款人的需求和信用状况千变万化，可以讲一家银行中没有贷款申请内容和操作过程是完全相同的贷款。为了尽可能降低业务管理成本、降低操作失误，监管当局和商业银行家们经过多年的摸索，总结出了保证贷款安全回收的有效管理方法。这些方法以中央银行贷款管理政策、商业银行贷款管理制度、操作细则等形式出现，指导银行管理人员和一般职员的日常工作，是银行贷款人员在日常的管理中必须遵守的工作原则。另外，银行贷款业务

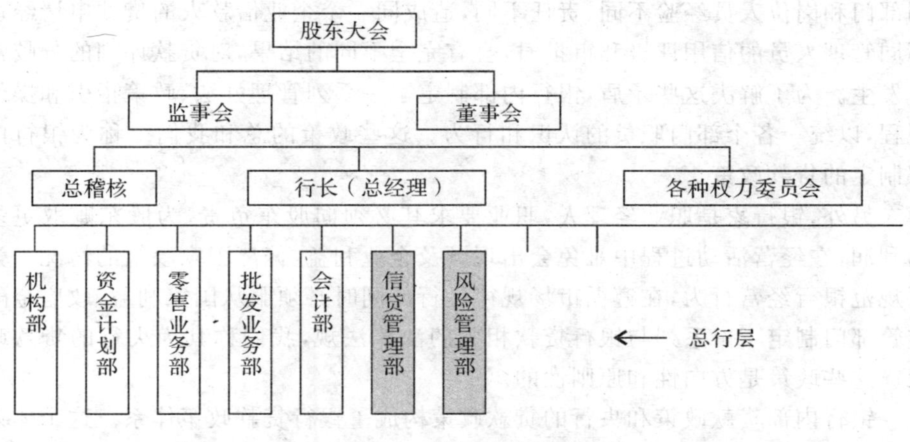

图 8-1　贷款管理部门

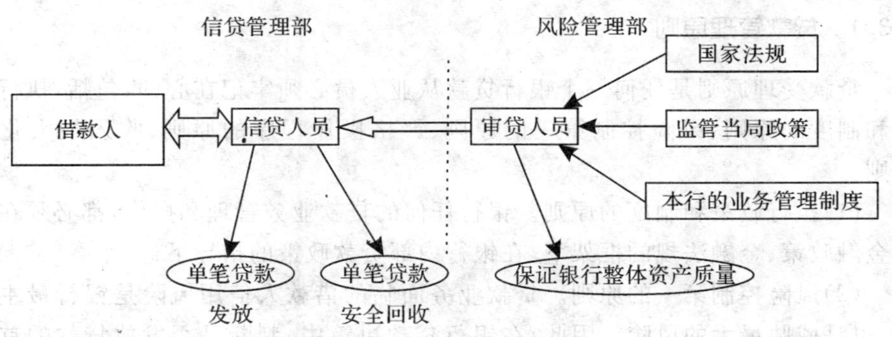

图 8-2　职责分工

对管理人员素质也有较高要求，除了要求他们具备专业知识和操作经验，对国家地区经济环境、金融环境有充分的了解外，还需掌握法律知识、财务知识，有非常强的工作原则性，严格执行贷款政策等等职业素质。

8.3　贷款管理原则和贷款政策

银行贷款不是由一名员工或一个管理部门独立完成的。比如，银行发放一笔贷款要经过下面几个步骤：一是信贷员接受客户申请，对企业借款人初步信用评级。二是贷款审批人员接受信贷员申请，再次评估企业信用。拒绝信用等级低的贷款申请。三是风险管理委员会委员作最后裁决。在这些环节中，由于不同部门和岗位人员经验不同、责任不同，造成同一个企业借款人的贷款申请经过不同管理人员的信用评级和审批时，会有完全不同的结果，对贷款评判的分歧常常发生。为了解决这些矛盾，银行内部制定了一系列管理办法、政策指引和操作规程，以统一各个部门职员的认识和行为。这些政策的总和我们统称为银行内部制定的贷款政策。

另外，银行家是职业经理人，职业要求其必须向股东负责，为股东赚取更多的利润，在经营活动过程中难免会出现顾及企业利益，偏离国家政策的情况。为了规范银行经营行为，在遵循市场规律运行的同时必须服从国家利益，政府金融监管部门制定了一系列与银行贷款相关的法律法规，我们称其为央行的贷款政策。这些政策是方向性和原则性的。

银行内部贷款政策和央行的贷款政策构成了银行贷款政策体系。这个体系通过一系列文件明确地告知商业银行贷款操作时必须遵循的贷款政策和原则。

8.3.1 贷款管理原则

贷款受理原则是任何一个银行贷款从业人员必须牢记在心的，包括：执行政策和制度的原则、风险控制第一的原则、严格操作程序的原则、收入最大化的原则。

(1)执行政策和制度的原则。银行任何的贷款业务管理和操作，都必须在国家金融政策、金融法规的框架下，在银行内部贷款政策的指导下进行。

(2)风险控制第一的原则。贷款业务面临的借款人信用风险是银行最主要的、也是威胁最大的风险。因此，在银行贷款决策中，判断是否发放贷款的首要标准，不是判断这笔贷款是否可以带来更多的收益，而是首先判断这笔贷款是否可以安全回收。只有在能安全回收的前提下，才判断是否可以获得更多的收益。各家银行为了控制风险，内部有严格的贷款约束。贷款约束是指银行业贷款机构为了控制风险，通过制定并执行管理制度及业务规定，约束机构行为人行为的全过程。

(3)严格操作程序的原则。贷款业务从申请到发放要经过多个环节，每个环节都有具体而详细的操作规定。每一个环节和规定都是银行家们根据经验设计出来的，目的是为了保证发放出去的每一笔贷款都能安全回收。

(4)收入最大化的原则。评判一个好的银行贷款管理人员的标准是，既能发放大量的贷款，又能保持很低的不良贷款率；既能发放信用级别高的贷款，又能保持较高的贷款收益率。银行贷款业务的最终目的是获得收益，管理和防范风险的目的也是为了提高收益。

8.3.2 贷款政策

对商业银行来讲，执行贷款政策是确保国家经济政策、中央银行货币政策得以执行，商业银行经营目标得以实现的重要保证。对贷款管理人员来讲，判断贷款是否发放时，首要的标准是是否符合贷款政策，其次才是借款人信用评级是否满足要求。

贷款政策包括如下几个方面：

(1)法律法规。政府和金融监管当局制定了《商业银行法》、《合同法》和《担保法》等相关法律，以及《贷款通则》、《储蓄管理条例》等相关法规。这些法律法规在金融监管当局相关的网站上可以查到。

(2)银行内部贷款政策。主要包括：①贷款审批权限管理制度。②担保管理制度。③贷款品种管理办法。④行业和地区贷款投向指引。⑤年度贷款发展政策。⑥各种单项贷款的管理和操作制度。

(3)规模和结构控制。《商业银行法》规定了商业银行贷款与资本金、与存款，以及与中长期贷款之间的关系，目的在于保证银行的流动性，防范风险，保证银行有抵御风险的能力。这些规定包括：

- 贷存比必须小于75%。
- 资本充足率必须大于8%。
- 流动性资产除以流动性负债必须大于25%。
- 对同一借款人的贷款余额与商业银行资本余额的比例不得超过10%。

(4)审批权限分级管理制度。审批权限分级管理制度是商业银行控制信用风险的重要手段。董事会是最高授权机构，在董事会授权下，各级机构(总分支行)逐级对贷款审批权限进行转授权，权限逐级下降。

(5)操作细则。为了规范管理人员的行为，针对每一项贷款银行会制定具体的操作细则，内容主要包括贷款发放程序和贷款资料管理方面。发放程序规定了一笔贷款从接受申请到最终发放过程的每一个操作环节，目的在于规范银行人员的行为，降低因为经验不足或其他个人因素造成贷款信用风险。贷款资料管理则规定了不同的贷款必须包括那些法律文书、档案保管人的责任、档案保管地点，以及存档、借阅和检查制度。

(6)定价准则。这是商业银行计划资金部门根据监管政策和金融市场行情，对贷款产品价格提出的指导性意见。每笔贷款具体定价时，贷款人员还会考虑资金成本、风险度、期限、管理费、目标收益率等多种因素。贷款人员在发放贷款时，必须遵循这个准则，不可以超范围以过高或过低的价格发放贷款。

(7)对贷款期限和品种规定。贷款期限是商业银行控制贷款风险的重要手段之一,对不同的贷款品种银行有不同最长期限的规定。另外,银行会根据机构所在地经济特点,银行的实力和业务特长规定本银行可以发放的贷款品种。政府根据国家经济发展战略也会限制或提倡一些贷款品种。并不是只要借款人有足够高的信用等级,就可以发放任何用途的贷款。

【相关链接】

2007年中国政府提倡和限制的商业银行贷款品种

2006年6月至2007年2月,中国沪深股市由1600点上升到3000点,机构和个人都疯狂进入股市。为此,中国银监局于2007年1月发出通知,严禁商业银行以任何方式向机构和个人发放进入股市的贷款。商业银行有监督贷款用途的职责。如果发现商业银行监督不力,将处罚商业银行。

同时,2005年至2007年,小企业、特别是高科技小企业的融资难问题一直困扰着国家政府。本应为小企业提供融资的风险投资机构的资金无法满足中国迅速发展的小企业的融资需要。为此,央行在2006年颁布了《中小企业指导意见》,大力提倡商业银行在小企业贷款上有所创新。

(8)担保政策。依照国家法律法规制定及行业经验,银行内部贷款管理政策会对担保作出明确规定,包括:①贷款人可接受的担保方式,如保证、抵押和质押。②办理保证担保的要求。③抵押物评估和登记方法。④抵押、质押比率管理规定等。

8.4 银行贷款的种类

贷款是资金出借方与资金融资方在金融市场上完成的资金买卖交易。贷款合同记载着交易的各个要素。合同要素包括:贷款的对象、用途、期限、利率、还款方式、担保方式等。习惯上,人们按照不同的要素对贷款进行分类,对贷款赋予了不同的称谓。

8.4.1 按照贷款对象分类

企业贷款是指商业银行面向工商企业发放的贷款。是银行传统的贷款项目,也是中国大多数商业银行最主要的贷款项目。贷款的单笔金额从几百万元到几亿元不等,是银行贷款中单笔金额最大的贷款品种。这些企业处于发展成熟阶段,经营状况稳定,银行承担较小的信用风险。但是,贷款单笔金额大,一个企业倒闭可能会严重影响到银行的资产质量。

农业贷款是指商业银行面向农牧民发放的贷款。这类贷款一般集中在中国农业银行和中国农业发展银行,其中大多数为政府政策性扶持贷款。这些贷款的特点是单笔金额较小,信用评级简单。

个人贷款是指商业银行面向自然人发放的贷款。是商业银行重点发展的贷款项目、也是发展最快的贷款项目,在贷款总额中的占比仅次于工商企业贷款。这些贷款的特点是贷款对象为自然人或家庭,单笔贷款金额较小,交易和管理成本大于企业贷款。

按照对象区分,还可以演绎出更多的贷款品种,如高科技企业贷款是面向高新技企业发放的特定种类的贷款,属于贷款产品的创新品种,在银行贷款总量中占比较小。其他类别的贷款这里不再赘述。

8.4.2 按照贷款用途分类

工商企业流动资金贷款是指工商企业为了满足经营活动中流动资金需求而申请的贷款。是商业银行最主要的贷款品种。特点是:期限较短,风险较低,

固定资产贷款是指借款人为了基础建设(如厂房)或购买生产设备而申请的贷款。特点是:期限较长,金额较大,风险较大。是商业银行控制的贷款项目。

学生助学贷款是指为了满足学生求学需求而发放的贷款。这类贷款有政策扶持因素,利息由地方政府财政补贴。2007 年的状况是,由于信用机制不健全,违约率较高,各商业银行控制这类贷款的发放规模。

创业贷款是指在企业成立初期银行提供的贷款。银行创业贷款与风险投资本质的区别在于,银行的投资收益仍然受限于贷款利息,而风险投资机构的收益来自于企业发展的资本利得。商业银行对这类贷款项目持非常谨慎的态度。

8.4.3 按利率分类

固定利率贷款是指在贷款期限内,贷款资金的计息利率不随市场利率或监管当局公布的利率调整而变动的贷款。这种方式在市场利率处于上升通道时,可以帮助借款人规避利率风险。因此,在利率处于上升通道时,固定利率贷款的利率高于同期限的浮动利率贷款的利率。

浮动利率贷款是指在贷款期限内,如果市场利率变动,贷款利率按照市场利率进行调整的贷款。中国现阶段商业银行贷款品种中,大部分贷款为浮动利率贷款。比如,中国人民银行规定,企业贷款利率在人民银行公布利率调整的次月

调整;个人住房按揭贷款利率在人民银行公布利率调整的次年调整。商业银行更愿意发放浮动利率贷款,因为在利率处于上升通道时,浮动利率贷款的风险管理技术较固定利率贷款简单。

8.4.4 按贷款期限分类

按照贷款期限划分,商业银行的贷款可分为短期贷款、中长期贷款和循环贷款。其中,短期贷款是指贷款期限小于等于1年的贷款。中期贷款是指贷款期限为1~5年的贷款。长期贷款是指贷款期限大于5年的贷款。循环贷款是指在一定的额度和限额内,借款人可以随时借款和还款,单笔借款期限不限的贷款。在贷款合同中贷款期限与归还利息的方式可以不一致,合同中的贷款期限特指借款人归还本金的期限,而归还利息的方式(期限)借贷双方要在合同中说明。比如,一笔2年期的贷款,借款人在2年贷款到期时归还本金,但是银行可以要求借款人每半年归还一次利息。

另外,循环贷款中,借贷双方约定的是借方归还本金最长期限和借方可以使用贷款本金的最高额度。具体见例8-1。

【例8-1】 某企业申请到一年期、授信100万元的循环贷款,签订贷款合同时间为1月3日。此企业可以在授信额度内,在一年期限内多次提取和归还贷款。

序号	日期	提取贷款	归还贷款	付利息	使用总贷款额度
1	1/10	95—1			95
2	4/20		56—1		39
3	5/10	30—2			69
4	6/21		39—1	3.0	30
5	6/30	30—3			60
6	7/15	40—4			100
7	9/6		30—2	0.6	70
8	11/1		30—3	0.5	40
9	12/1	50—5			90
10	12/25		40—4	1.0	50
11	12/31		50—5	0.2	0

本题中,借款人分5次使用贷款资金,5次归还贷款本息。但是借款人受到贷款额度100万元的限制和期限1年的限制。

8.4.5 按还款方式区分

银行按还款方式将贷款分为一次性还款贷款、分期还款贷款和按揭贷款。一次性还款贷款是指借款人在贷款到期时一次性归还本息,这种方式多用于短期贷款。分期还款贷款是指贷款人与借款人约定借款人分期归还利息,或者分期归还本息。在长期贷款中银行常常使用这种方式,原因是在银行易于跟踪借款人的状况。按揭贷款特指借款人在购买商品住房时,将购买的住房抵押给银行,并按月归还贷款本息的特殊贷款方式。

8.5 银行贷款发放程序

根据人民银行颁布的《贷款通则》第六章"贷款程序"中的有关规定,商业银行的贷款操作分为8个步骤,即借款人申请贷款、银行贷前调查、银行对借款人进行信用等级评估、银行内部贷款审批、银行与借款人签订《贷款合同》、贷款发放、贷后检查和贷款回收。各家银行基本沿用这种管理方式,在此基础上对操作细节作了更加详细的规定。下面我们分别对各个步骤进行讨论。

8.5.1 申请贷款

1. 借款人资格

借款人需要贷款时,可以向当地的开立基本账户的银行或其他银行机构提出申请。银行对借款人资格作了详细的规定:

(1)依法办理工商登记的法人。并办理了年检手续。

(2)有合法和稳定的收入来源。具备按期偿还贷款的能力。

(3)已经开立基本账户、或一般账户。

(4)按照中国人民银行的有关规定,应持有人民银行核准的贷款卡。

(5)借款人为自然人的必须满足以下条件:

具有合法身份证件,或境内长期居住证明的。

具有完全民事行为能力的。

信用良好,有稳定的收入或资产,具备按期偿还贷款本息能力。

(6)机关法人及其分支机构不得贷款。

2. 借款人须提交的材料

借款人申请贷款时还必须向贷款银行提交以下材料:

(1)借款人和保证人的基本情况的书面材料。

(2)财政部门或会计事务所审计过的年度财务报告。

(3)已经抵押物、质物的清单。

(4)有处分权人同意抵押、质押的有关证明文件。保证人同意保证的有关证明文件。

(5)项目建议书或可行性报告。

(6)贷款人认为需要提交的其他材料。

8.5.2 贷款前期调查

贷款前期调查也称为“贷前调查”，是银行信贷人员了解贷款申请人企业基本情况，对提供的资料进行核实的过程。信贷人员要根据调查过程写出详细的“贷款调查报告”(参见 9.1.4“企业信贷调查分析报告”)。报告内容必须真实、客观地反映借款人的情况，附有信贷人员对借款人企业信用评级的结论，对这笔贷款风险度测定的结论，并要对这笔贷款的合法性、安全性和盈利性作出评价。贷款调查报告是上级贷款审批部门审批贷款的重要依据。

如何解释贷款的合法性、安全性和盈利性？合法性是指这笔贷款是否符合贷款政策的规定。比如，2005 年我国政府有关政策规定，房地产公司自有资金必须占到总资产的 30%以上才能申请贷款。一家房地产公司向银行提交的报表中显示公司达到了这个指标，但是银行信贷人员必须核实这个数字是否真实。这是因为，为了达到贷款的目的，不排除有些企业的报表可能是编造的，信贷员要亲自看到经过审计的企业年报，从而确认数据的真实性。安全性和盈利性是指这笔贷款是否可以安全收回本息？贷前调查的主要任务就是收集对借款人进行信用等级评估所需要的所有资料，并归纳整理，从而对借款人的信用等级作出判断。

8.5.3 对借款人进行信用等级评估

对借款人进行信用等级评估是指贷款银行对借款人如约偿还贷款本息的可能性程度进行测定。《贷款通则》第六章第二十条规定：“应当根据借款人的领导者素质、经济实力、资金结构、履约情况、经营效益和发展前景等因素，评定借款人的信用等级。评级可由贷款人独立进行，内部掌握，也可由有权部门批准的评估机构进行。”

商业银行普遍采用的借款人信用等级评估的原则是“6C”原则和“5W”原则。

1."6C"信用评级原则

这个原则主要用于银行对借款人信用等级的评估。包括六个要素:①品德(Character)。银行通过公共征信体系或利用专业征信方法了解的借款人的历史信用记录和履行信用的状况。银行家们信奉"过去的事情一定会再次发生"这一规律,不与有不良信用记录的借款人打交道。②能力(Capacity)。这里的能力是指企业管理者的经营管理能力。如企业管理者的素质、企业家的专业能力、商务能力、市场预测能力等等,从而判断企业发展的潜力。③资本(Capital)。主要考察企业的资本数量、结构。因为企业资本代表着企业的清偿能力、企业的市场竞争力和实力。④担保(Collateral)。担保是在借款人无力偿款贷款本息时,银行贷款资金免于遭受损失的重要保证。因此,贷款银行一般都会要求借款人向贷款银行提供贷款担保。(见本章第八节担保管理)⑤经营状况(Condition Business)。贷款银行利用多项财务指标,对借款企业的财务指标进行分析,得出对借款企业在偿债能力、经营状况和盈利能力的评价。⑥发展前景(Continuity)。通过对企业产品技术含量、专利项目、市场份额、成本等方面的分析,预测企业未来发展趋势。

根据上面的"6C"原则,可以演化出如表 8-2 所示的中国工商银行企业信用等级评估计分表。

表 8-2　中国工商银行企业信用等级评估计分表

项目		标准	分值	标准	分值	标准	分值	标准	分值	标准	分值
领导素质	资历(管理人学历、经验)	优	2	中	1	差	0				
	业绩(历史情况、成就)	优	2	中	1	差	0				
	信誉(履约、信用历史)	优	2	中	1	差	0				
	能力(管理水平、专长)	优	2	中	1	差	0				
经济实力	净资产(最低额)(万元)	1000	8	500	6	100	4	0	2	<0	0
	固定资产净值+在建工程+长期投资(万元)	1000	7	500	5	100	3	0	1		
资金结构	资产负债率(最高值)(%)	50	8	60	6	75	4	90	2	>90	0
	流动比率(最低值)(%)	100	8	120	6	90	4	60	2	<60	0
	速动比率(最低值)(%)	60	8	50	6	30	4	10	2	<10	0
	债务股权比率(最高值)(%)	30	6	50	4	70	2	100	1	>100	0
经济效益	应收账款周转率(最高值)(天)	30	7	50	5	70	3	90	1	>90	0
	存货周转率(最高值)(天)	90	8	150	6	210	4	270	2	>270	0
	销售利润率(最高值)(%)	60	10	7	7	4	4	2	2	<2	0
	产权利润率(%)	30	10	14	7	8	4	1	2	<1	0

续表

项目		标准	分值	标准	分值	标准	分值	标准	分值	标准	分值
发展前景	主要产品寿命周期	长	4	中		短					
	新产品开发率(%)	>60	4	>40	3	>20	2	>0	1		
	产品销售预期(与上年相比)	增长	1	持平	0.5	下降	0				
	出口创汇预期(与去年相比)	增长	0.5	持平	0.2	下降	0				
	市场占有率(与去年相比)	增长	0.5	持平	0.2	下降	0				

数据来源:施兵超:《金融风险管理》,上海财经大学出版社 2004 年版。

这个原则在 2006 年以前曾被广泛使用。其特点是,注重财务指标分析,对企业信用等级的评估更加依赖于企业的历史和现状。随着中国经济高速发展,小企业、微小企业、高新企业和个人贷款市场需求持续增加,银行这种对借款人信用评级的模式受到质疑。银行中出现了更重视借款人综合素质、企业发展前景,或者单笔交易现金流量的信用评级方法。另外也出现了单独评定单笔贷款还款风险的评级方法。这些都被认为是银行贷款业务创新。

例如:2006 年 11 月,中国交通银行宣布,银行在对高新技术企业进行信用评估时不采取传统"6C"标准。企业可以凭借自己的知识产权向交通银行申请贷款,贷款的最高限额为 1000 万元。

2."5W"信用评级原则

这个评级原则主要用于在审查贷款时,审贷人员需要考虑的因素。内容包括上报的贷款是否符合金融政策、内部贷款政策、信贷人员是否履行调查职责等。①Who。贷款人是什么人。是否有贷款资格,是否符合国家政策规定,是否符合行内贷款政策规定的贷款人资格的要求。②Why。为什么贷款。借款人借款的动机、贷款资金的用途。企业贷款资金是否用于企业的日常经营管理当中,是否在国家规定的贷款用途的范围内。个人贷款是否为家庭的正常开支的需要。③What。抵押物是什么。担保品能否在借款企业无力偿还贷款时,保证银行贷款资金免受损失。④When。何时归还贷款。贷款期限应该与贷款资金投资项目在资金需求时间上保持一致。期限过短,借款人无力偿还贷款;期限过长,借款人可能会挪用贷款资金,同样会造成贷款不能按时归还贷款。⑤How。用什么来归还银行贷款。还款来源是借款企业按时归还银行贷款的重要保证。

8.5.4 贷款审批

为避免贷款操作风险,银行实施严格的"审贷分离、分级审批"制度。

审贷分离是指贷款审查人与直接贷款人分离。审查人员与办理贷款的信贷员形成相互制约关系，防止银行职员发放关系贷款、人情贷款。对特殊需要的贷款，审查人员可以直接参与或独立对借款企业进行调查，一般情况下严禁审查人员与借款企业直接接触，以保持贷款审批的独立性和客观性。

分级审批是指商业银行根据贷款的风险类别和单笔贷款金额不同，将贷款的审批权限分为两级或者三级，金额大的贷款由各个审批机构逐级完成。目的在于通过不同角度的观察和分析，判断贷款的风险，降低贷款违约率。

比如，按揭贷款审批授权与工商企业贷款审批授权的差别。一般批量住房按揭贷款是由银行贷款受理人员直接受理，直接审批发放的，即一级审批制度；对于二手住房按揭贷款，由于涉及贷款真实性、抵押落实情况等等问题，采取二级审批制度。对企业流动资金贷款，采取二级（支行、分行）审批制度；但是对于金额较大（5000 万以上）的贷款，实行三级（支行、分行、总行）审批制度。

8.5.5 审查贷款合同要素、签约

根据《贷款通则》规定，借款人与贷款人签订贷款借款合同时，必须包括的交易要素有：对象、用途、金额、利率、期限、还款方式。必须载明借、贷款双方的权利、义务，违约责任和双方需要约定的其他事项。

如果是保证贷款，保证人还要与贷款银行签订“保证合同”。合同要素包括：保证人与贷款银行协商的保证条款，加盖保证人的法人公章，由保证人的法人代表或授权代理人签字。

如果是抵押贷款、质押贷款，出质人与贷款银行签订“抵押合同”或“质押合同”。抵押物或质物需要登记的，要依法办理登记手续。

8.5.6 贷款发放

贷款银行必须按照合同的规定按期发放贷款。贷款合同是一个双重的约束，签署贷款合同后，无论发生什么情况，贷款银行必须按时、足额地发放贷款，否则属于违约。借款人未按合同规定的要求使用贷款，也属于违约。

8.5.7 贷后检查

贷后检查是指贷款发放后，贷款人需要对借款人执行贷款合同的情况和借款人的经营状况进行跟踪。贷后检查是商业银行确保贷款资金能够被正确使用，保证借款人到期正常归还贷款本息的重要措施。各家银行在贷款管理办法中对贷后检查工作进行了详细的规定。贷后检查工作主要由发放贷款的信贷员完成。

8.5.8 贷款回收

贷款回收是指借款人遵照借款合同约定按期足值归还贷款本息。一般银行在贷款到期前会提前与借款人联系,通知借款人按时归还贷款。如果借款人不能按规定的期限及时归还贷款,就会被记入银行的黑名单。一般银行的做法是:①短期贷款到期一周以前,中长期贷款到期一个月以前,向客户出具贷款到期通知单,或口头通知,请借款人做好还款资金的筹集工作。②对于逾期贷款,要发出"逾期贷款通知单",并加收罚息。一般有约定在"逾期通知单"送达后规定时间,银行可以处置抵押、质押物或向保证人追索。

8.5.9 贷款资料管理

资料管理没有列入《贷款通则》中贷款发放的8个步骤中,但也是贷款管理的一个重要环节。贷款资料管理是指贷款银行针对贷款逐笔建立资料档案,目的有两个:①完整的贷款资料是对借款人按时归还贷款本息的约束,也是当贷款违约时挽回贷款资金损失的法律依据。②积累信用基础资料信息,为建立准确的贷款信用评级和定价模型提供基础数据。贷款资料内容包括:企业报送的贷款申请资料、各种证明材料、贷款发放中形成的各种资料(申请书、借款合同、贷款调查报告、贷款审批意见)、贷款检查记录和贷款归还记录。

8.6 对银行有帮助的公共征信体系

征信是指征求他人或自身的信用或验证信用。通常,征信又被称为信用调查或资信调查,是指调查或验证他人的信用。

8.6.1 征信体系的作用

征信体系的核心是建立企业和个人信用信息基础数据库,收集、记录企业和个人的信用记录,帮助金融机构了解企业、个人的信用状况,以防范信用风险,保持国家金融体系稳定,促进金融发展。同时也为有良好信用记录的企业和个人创造更好的发展环境,使企业和个人更加重视保持自身良好的信用记录,为整个社会的诚信建设打下坚实的基础。

尽管存在抵押、担保、保险等多种防范贷款风险的手段,但银行信贷管理最基本的信条仍然是一个古老的原则:过去的事情将来还要发生。银行如果不了解企业、个人的信用状况,为了防范风险,就对扩大信用者采取非常慎重的态度。

一个好的、可信的社会征信体系既有利于企业和个人的发展，也有利于防止企业和个人过度负债，防范信贷欺诈，降低银行的不良贷款比率。

8.6.2 企业和个人信用信息基础数据库服务内容

企业和个人信用信息基础数据库是征信体系的基础。基本目标是为每一个有经济活动的企业和个人建立一套信用档案。中国的企业和个人信用数据库，首先从商业银行入手采集企业和个人的贷款、信用卡交易记录和结算账户开户信息，为商业银行的信贷决策提供查询服务。之后逐步扩大信息采集范围，并在法律、法规规定的范围内为社会提供服务。

【相关链接】

中国企业和个人信用信息基础数据库

中国企业信用信息基础数据库系统采用地市、省市和全国三级数据库体系。主要从商业银行等金融机构采集企业的基本信息、在金融机构的借款、担保等信贷信息，以及企业主要的财务指标，全国各商业银行与该数据库联网查询。截至2005年11月底，系统收录借款企业452万户，人民币贷款余额17.36万亿元，约占全国金融机构贷款余额的90%，基本涵盖了全部企业贷款。

中国个人信用信息基础数据库由人民银行组织各商业银行共同建立。数据库采用全国集中模式，各商业银行每月向数据库报送数据，数据库将数据整合后向商业银行提供实时的查询服务。

8.6.3 信用信息基础数据库与银行防范风险

几乎所有商业银行都把查询银行信贷登记咨询系统作为审查贷款必经环节。从企业和个人来看，具有良好的信用记录不仅有利于获得银行贷款，还可以获得比较优惠的贷款条件。企业、个人信用信息基础数据库提供的借款人信用记录，为商业银行实行贷款风险定价提供了条件。对于信用记录良好的借款人，可能可以享受比较低的下浮贷款利率；对于有不良记录的借款人，不仅申请贷款比较困难，而且还会面临比较高的上浮贷款利率。

【相关链接】

个人信用信息基础数据库在个人信贷风险防范中的重要作用

2005年，中国个人信用信息基础数据库试运行，各商业银行建立了依托该系统的个人信用风险审查制度，将查询申请人信用报告作为消费信贷审查的固定程序。通过查询个人信用数据库而被拒绝贷款的客户，约占申请客户的10%。

汽车贷款由于汽车价格下降等因素造成坏账率高，银行不敢发放汽车贷款。个人信用信息基础数据库建成后，记录了每一个人的每一笔贷款，借钱不还将影响到下一笔贷款，有效地促进借款人按时还款，也为中国汽车等消费信贷的发展创造条件。

学生助学贷款是我国普通高校资助政策体系。该项政策实施以来，由于部分借款学生毕业后银行找不着人，不良贷款率比较高。据人民银行某分行调查，截至2005年10月底，某省尚有未偿清助学贷款毕业生15075人，其中4282人未按规定还本付息，违约率为28.4%。这一状况极大地影响了银行发放助学贷款的积极性。个人信用信息基础数据库建成以后，收录了每一个助学贷款借款学生的基本信息和借还款信息，形成其信用记录，助学贷款的借款学生毕业后只要在商业银行开立了工资等结算账户，就会在个人信用信息基础数据库留下记录，就可以帮助贷款银行找到借款人，从而从制度上使商业银行解除了后顾之忧。

8.7 对银行有帮助的信用评级机构

借款人信用评级的核心是要充分揭示受评对象的信用风险。从受评对象目前现金流量和其他现金来源对债务的保障程度入手，充分考虑宏观经济环境、行业发展趋势、政策和监管措施等企业外部因素和基本经营、管理素质、财务状况等企业内部因素的影响，从而对受评对象未来偿付能力作出判断。

信用风险的产生源于金融市场中客观存在的信息不对称。投资者受时间、成本及专业能力所限，通常难以及时准确获得筹资方偿债能力方面的信息。信用交易在信息不对称情况下进行，就会使投资者暴露在不确定的信用风险中。一旦筹资方大面积发生偿债违约，就可能造成金融市场的债务链断裂，引发金融危机，令金融系统甚至整个经济系统遭受巨大破坏。因此，为了防范信用风险，金融市场需要能够充分揭示信用风险的信用信息广泛和自由地传播，以降低信息不对称程度。

西方经济发达国家有许多生存了百年以上的信用评级公司，他们以第三人中立的身份向金融市场提供值得信赖的企业信用等级评估报告。投资人通过这些信用信息了解融资人的信用状况和偿债能力。著名的公司有:标准普尔、穆迪、Fitch 等。

【相关链接】

大公信用评级公司对企业的信用评级

企业信用评级反映了企业对一般无担保债务的偿付能力,是对企业财务实力的评价。企业信用评级主要用于向投资者和贸易伙伴提供对企业综合信用水平的判断,而不是对企业偿付某一项债务能力的保证。企业信用级别定义:

AAA 级企业对其债务能够提供最好的安全保障。尽管某些债务保障因素可能会发生变化,但这些变化带来的影响不会损害对债务相当稳定的保障。

AA 级企业对其债务能够提供很好的安全保障。它们比 AAA 级企业的级别低,只是因为长期风险稍大。

A 级企业对其债务能够提供较好的保障。但长期来看有可能存在一些对其产生不利影响的因素。

BAA 级企业在正常条件下可以提供充足的债务保障。但在不利经营环境下,该企业对偿付债务的某些保障因素不可靠。

BA 级企业对其债务的安全保障不太可靠。它的发展面临较大的不确定性。

B 级企业目前尚有偿债能力,但长期来看它们偿还债务的能力不足,风险程度较高。

CAA 级企业对其债务的保障较差。它们存在现实的违约因素。

CA 级企业对其债务保障极差。这样的企业常常违约。

C 级企业是信用最低的一级。这种企业几乎不具备履行偿付责任能力,往往已经进入强制性债务重组,被监管机关接管或进入破产清算程序。

注:BAA 级及以上级别属“安全”,BA 级及以下级别属“脆弱”。

8.8 贷款担保管理

贷款担保是商业银行在借款人不能归还贷款本息时,保证贷款资金安全回收的主要措施。银行在发放贷款之前虽然对借款人品质、财务状况作了详细的调查和分析,但是,借款人资信状况并不是一成不变的。比如,企业法人品质会随董事会人员变更而发生变化;企业经营状况会伴随着国家政策、经济周期、市场环境而变化。为了防范未来借款人不利因素造成对归还贷款本息的影响，贷款银行必须对贷款采取保护性措施。担保就是银行采取保护性措施中重要、常见的措施。

8.8.1 借款人还款来源

还款来源是指借款人获得归还银行贷款本息的资金渠道。还款来源分为：

(1)第一还款来源。是指借款人以正常收入(经营收入或工资收入)作为归还银行贷款的资金来源。借款人如果能用第一还款来源还款，说明借款人财务状况良好，有足够的周转资金归还贷款，银行可以正常收回本息。银行正常贷款中，借款人用第一还款来源还款。

(2)第二还款来源。是指借款人用处置抵押品的收入归还贷款，或者由担保人代为归还贷款，如果借款人需要用第二还款来源归还贷款本息，银行就认为贷款出现了风险。第二还款来源是被迫形成的，会给银行工作带来很多麻烦。比如，用第二还款来源还款，银行或者需要处置抵押物，或需要与担保人交涉，这个过程往往需要法院介入。另外，抵押物的价格受到市场价格波动的影响，可能会出现抵押物处置时的价值已经不足以抵扣贷款本息；抵押物变现的难易程度受到市场交易完善情况影响，可能会由于抵押物无法变现造成贷款资金损失。银行处置抵押物不仅需要投入大量的人力和物力，而且归还贷款本息的时间会延长，造成银行账面出现不良贷款，恶化银行财务指标。

【例 8-2】 一家房地产公司分两期开发某一楼盘。一期多层已经封顶并已经预售 80%的住房。企业申请贷款 3000 万元，理由是，3000 万元用于第一期工程住房的配套设施建设。这样的企业能正常归还贷款吗？

分析：表面上看企业的要求是合理的。一般认为，第一期工程已经结束，如果投入 3000 万元配套设施后，房地产公司销售房屋收入可以用于归还银行的贷款，贷款期限短，风险性较小。但是，仔细分析企业的财务报表发现此房地产公司在本年前已经开始进行期房销售，房源已经基本售完。也就是讲第一期开发的楼盘的销售收入基本已经到位。这样我们可以得出另一个完全相反的结论：①房地产公司第一期的回收款可能用于第二期楼盘的开发。②此次贷款用途有可能是用于第一期的收尾资金，但是还款来源并不像借款企业讲到的那样可以由一期的销售款来归还。可能要等到二期销售完之后才能归还。目前由于房价偏高，因此未来的销售情况难以预计。③借款人不真实反映情况。

结论：此企业不能正常归还贷款，银行不能向其贷款。

(3)第三还款来源。是指借款人通过出售资产，或者再融资，筹集资金以归还银行贷款。借款人可能会出售自有资产如厂房、土地、家庭住房等不动产，作为还款来源。在特殊时期，银行为了改善财务报表状况也会帮助借款人筹资归还贷款，银行可能会与借款人共同协商，通过银行发放新的贷款归还上次贷款。

还款来源与贷款用途有着密不可分的关系。比如，银行发放的消费贷款，还款来源主要是家庭的正常工资收入。银行不会对一个没有稳定收入的个人和家庭发放消费贷款。另外，如果银行向企业发放用于购买新的生产线的贷款，那么归还贷款的资金一定来自于新生产线投入生产后产品的销售收入。还款能力较差的借款人往往隐瞒自己的贷款资金的真实用途。为了对借款人还款来源有一个准确的判断，银行必须对借款人生产产品、企业所处行业发展情况进行深入分析，以确保贷款发放后，资金用途准确，还款资金有保证。

8.8.2 贷款担保形式

根据贷款的保障形式，我们把贷款分为信用贷款、担保贷款和贴现三类。

(1)信用贷款。信用贷款是指借款人凭借自身的信誉，向银行申请的贷款，是一种无担保贷款。银行只对长期合作的、信用度非常高的机构和个人发放信用贷款。商业银行对信用贷款的数量严格控制，一般审批权限集中在总行。

(2)担保贷款。担保贷款包括保证贷款、抵押贷款和质押贷款。其中：①保证贷款是指第三人承诺在借款人不能偿还贷款时，按担保合同约定承担一般保证责任或者连带保证责任，银行据此发放的贷款。保证又可分为一般保证和连带责任保证。②抵押贷款是指借款人以自己或第三人的财产作为抵押物，向银行申请发放的贷款。③质押贷款是指借款人以自己或第三人的动产或权利作为质物，向银行申请发放的贷款。当借款人不能按时归还贷款时，银行有权出售抵押物、质物，并有优先受偿权。

(3)贴现。贴现是指贷款人以购买借款人未到期票据的方式发放的贷款，是以出票人的信誉作为保证的贷款。

贷款保证的设定是一项非常重要的工作，银行可以通过变卖财产的威胁对借款人的还贷产生压力，在贷款确实出现问题时，对贷款资金形成实实在在的保护，虽然这种保护要通过极大的努力才能实现。因此，如何设定和管理银行贷款担保被列入商业银行贷款政策中。内容包括：商业银行可以接受哪些抵押品，不可以接受哪些抵押品；每一类抵押品的抵押率是多少；抵押贷款的操作程序；对抵押物价值的评估方法；贷款保证人的资格要求，等等。

8.8.3 抵(质)押贷款中的几个概念

(1)抵押。抵押是指债务人或第三人不转移对财产的占有,将财产作为债权的担保。如借款人将土地、土地上的定着物、机器或交通工具等抵押给银行作为贷款担保。

(2)质押。质押分为动产质押和权利质押。动产质押是指债务人或第三人将其财产移交债权人占有,作为债权的担保(如金银、货物等)。权利质押是指以存单、债券、本票、支票、汇票、提货单等出质的,在约定的期限内将质物交付质权人,作为债权担保。

(3)抵押权。抵押权指法律规定的抵押权人可以行使的权利。这种权利包括对抵押物的直接处分权,这种权利不受他人干涉。

(4)抵押物。抵押物是指借款人提供的、经贷款人认可的、可用做贷款担保的财产。银行接受的抵押物必须是法律允许设定为抵押物的财产,否则抵押无效。

(5)抵押物价值评估。抵押物价值评估是指对抵押物的实际价值进行评估。银行对抵押进行价值评估的目的有两个:一是确定抵押物的即期价值;二是对未来可能处分时抵押物的价值的评估。

(6)抵押物的占管。占管是指占有和管理。对不动产和不可转移的权利,抵押物由抵押人占管,由债务人使用。银行接受不动产或不可转移的权利作为抵押物时,要经过政府认可的部门登记,将抵押权设定为银行,否则抵押无效。例如:当企业将厂房及土地抵押给银行时,银行是厂房和土地的抵押权人,但不占管土地厂房。

(7)抵押物的处分。处分是一种权利,是决定抵押物事实上和法律上命运的权利。当借款人将财产或权利抵押给银行时,银行是抵押权人,拥有对抵押物的处分权。

8.8.4 保证贷款中的连带责任

在民法中,有并行的连带责任和补充的连带责任之分。所谓连带责任是指依照法律规定或者当事人的约定,两个或者两个以上当事人对其共同债务全部承担或部分承担,并能因此引起其内部债务关系的一种民事责任。连带责任确定后,依债务人承担责任的先后顺序不同,可将连带责任划分为并行的连带责任和补充的连带责任。

并行的连带责任的各债务人之间不分主次,对整个债务无条件地承担连带责任，债权人可向任一债务人主张清偿全部债务。补充连带责任须以连带责任中的主债务人不履行或不能完全履行为前提，从债务人只在第二次序上承担补充性的连带责任。

8.9 贷款风险管理

贷款风险是指在商业银行受到各种不确定因素影响，无法按时收回贷款本息而造成银行资金损失的可能性。商业银行自出现以来就经受着贷款风险的考验，银行家们也总结出了有效控制贷款风险的方法。

8.9.1 贷款五级分类法

根据借款人归还贷款的可能性，银行将持有的贷款分为五级，分别是正常类贷款、关注类贷款、次级类贷款、可疑类贷款和损失类贷款。

(1)正常类贷款。是指借款人能够正常还本付息。借款人经营正常，没有不利于归还银行贷款的因素出现。

(2)关注类贷款。是指借款人能正常归还贷款本息，但是出现了一些会给归还贷款造成不利影响的迹象。比如：在银行的结算账户经常出现退票的情况，银行账户上的存款迅速下降，企业高层人事变动，库存大量增加，销售利润近期急剧下降等。

(3)次级类贷款。是指企业归还贷款已经明显出现困难，销售收入和经营利润已经无法满足归还贷款，甚至需要变卖资产或执行担保。

(4)可疑类贷款。是指贷款到期企业不能归还的事实已经成立，只是因为企业进行重组、兼并、处理抵押物、执行担保或诉讼等环节尚未结束，贷款损失数量还不能确定。

(5)损失类贷款。是指贷款遭受损失的部分。包括：企业宣布破产，经过清偿后仍然不能归还的贷款。由于自然灾害企业遭到损失，导致无法生产，保险公司赔付后仍然不能归还贷款的。经过国家部门特别批准核销的贷款。

五级分类法是银行依据借款人还款能力，即偿还贷款本金和利息的实际能力，确定贷款遭受损失的风险程度的管理方法。我们把五级分类中的后三类贷款称为银行不良贷款。一般认为，如果一个企业借款到期没有及时归还贷款，但经营能力与业绩良好，那么不及时归还贷款只是一个暂时现象，这笔贷款不划作银行不良贷款；如果一个企业借款远没有到期，但其经营状况、行业前景等已经出现了问题，那么这笔贷款此时就应该归为不良贷款之列了。五级分类不再依据贷款期限来判断贷款质量，能更准确地反映不良贷款的真实情况，从而提高银行抵御风险的能力。

8.9.2 贷款跟踪管理

贷款跟踪管理也称为贷款风险预警。这个管理方法的主要思想是形成不良贷款的主要原因来自于借款人。虽然在发放贷款初期借款人的经营状况和财务状况是好的，但随着贷款时间的延续，借款企业各种经营因素都会发生变化，企业的经营状况和还款能力也在发生变化，会给贷款带来一定的风险。在实际操作当中，企业还款能力的变化是有预先征兆的，只要银行人员在发放贷款后，密切跟踪企业经营活动，监测企业的财务变化情况，可以提前发现企业可能出现的拖欠银行贷款的种种迹象。银行如果尽早采取措施，可以避免贷款损失发生。

8.9.3 不良贷款管理

对按贷款五级分类中的不良贷款，银行一般采取如下措施：

(1)对于关注类贷款，银行需要密切跟踪企业经营状况和财务状况，积极与企业接触，掌握企业人事、财务、经营状况变动的主要原因。比如，如果企业管理层出现人事变动，贷款银行需要与新的管理层接触，了解未来企业的发展计划和新的领导人与银行合作的意愿，从而确定贷款出现损失的可能性，并采取相应的措施。

(2)对于次级类贷款，银行需要分析掌握企业出现还款困难的原因，对于临时性资金周转、偶然因素造成的还款问题，可以采取贷款展期、借新换旧、追加新贷款和追加担保等措施，帮助企业渡过难关，也避免次级贷款恶化为可疑贷款。

(3)对于可疑类贷款，银行需要落实债权债务，防止企业逃废银行债务。这个阶段，银行资产管理部门会有专人跟踪和参与企业债务清偿和诉讼进展情况，与管理层和律师沟通，争取银行的损失得到最大的补偿。

(4)对于损失类贷款，银行只能动用“贷款损失准备金”来弥补损失。

8.10 贷款定价

银行贷款利息收入是商业银行主营收入中最主要的部分，在负债资金利率一定的情况下，银行贷款利息收入与贷款利率成正比。贷款利率提高，借款人贷款利息费用增加。市场对银行贷款的需求量会减少；贷款利率降低，借款人利息费用减少，市场对银行贷款的需求量增加，市场需求与贷款利率呈负相关关系。

因此，给贷款定一个合理的价格，确保银行整体利润增加是贷款管理的重要内容之一。

8.10.1 贷款价格与市场资金供求关系

贷款行为是在金融市场中贷款人与借款人之间的资金交易行为，交易对象是贷款本金，交易价格是贷款利率。贷款供求与贷款利率之间的关系可以用“均衡价格理论”加以解释。图 8-3 所示，贷款供给曲线是贷款价格的增函数，用 SL 曲线表示。贷款需求曲线是贷款价格的减函数，用 DL 曲线表示。P 代表价格，L 代表贷款数量。根据市场需求规律和供给规律，分别确定市场的需求曲线 DL 和供给曲线 SL，在两曲线的焦点 E_0 供给量和需求量正好相等，此时的价格水平 P_0 我们称之为均衡价格。

如果是市场初始的价格是 P_1，高于均衡价格 P_0，在这个价格水平上，贷款供给量 L_{s1} 大于贷款需求量 L_{d1}。在竞争市场中，这种情况必然导致供给方之间的激烈的竞争，结果使价格逐渐下降，需求量逐渐增大，供给量逐渐缩小，这个过程一直进行下去，直到价格降到均衡价格 P_0。E_0 点为供需平衡点，也是银行贷款价格的最佳点。

如果是市场的初始价格是 P_2，低于均衡的价格 P_0，在这个价格水平上，贷款的供给 L_{s2} 小于贷款的需求量 L_{d2}。在竞争市场中，这种情况必然导致需求方之间的激烈的竞争，结果使价格逐渐上升，需求量逐渐减少，供给量逐渐增大，这个过程一直进行下去，直到价格升到均衡价格 P_0。

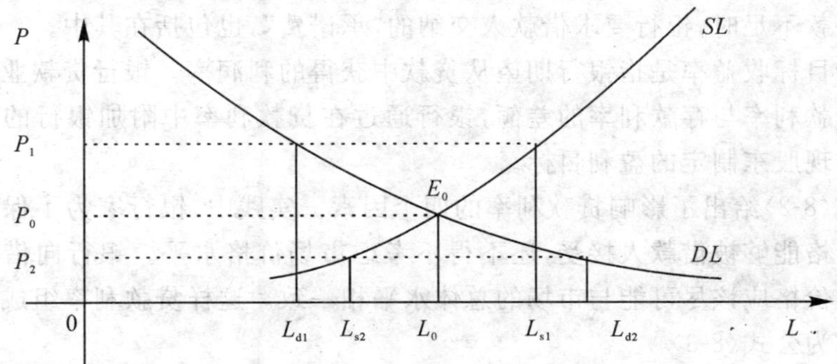

图 8-3 贷款供需与价格关系图

8.10.2 贷款价格组成

银行资金运用的目的是为了获得投资收益，资金来源需要成本、贷款管理需要费用开支，同时银行贷款还面临很大的损失风险，这些问题都会在银行确定贷款价格时，以利率的形式表现出来。贷款利率包括贷款成本和目标收益两部分：

贷款利率＝贷款成本率＋目标收益率 〈8-1〉

在利率管制情况下，央行公布贷款基准利率，银行家们能做的事情，只是将公式〈8-1〉贷款成本率与贷款基准利率比较，向借款人提供的"贷款利率"必须采用央行公布的贷款基础利率。在市场利率化情况下，银行会参照央行公布的银行间拆借市场的拆借利率作为贷款成本率参照，加上目标收益率后，作为贷款利率。

银行贷款成本包括负债资金成本、贷款管理费用和贷款风险补偿。我们把公式〈8-1〉细化：

贷款利率＝负债资金成本率＋贷款管理费用率＋风险补偿率＋目标收益率 〈8-2〉

负债资金成本率是银行筹集负债资金消耗的成本，是银行可用资金加权平均成本率，或者某笔资金的边际成本率。

风险补偿率与借款人的信用等级成反比例关系，与贷款期限成反比例关系。如果银行审贷人员判断某笔贷款的信用等级低于一般贷款时，会向借款人提出额外的"风险补偿率"的要求。银行承担的信用风险要在贷款资金价格中得到补偿，否则，银行宁愿放弃这笔贷款，以标准价格发放信用级别高一些的贷款。

贷款管理费用率包括人工费，贷款调查、事后跟踪、征信等等过程中发生的费用，如车船费、通信费、纸张费等等。另外，对于授信贷款或循环授信贷款，当借款人提款不足时，银行要求借款人交纳的"承诺费"，也包括在其中。

银行目标收益率是指银行期望从贷款中获得的利润率。银行贷款业务收入来自于贷款利率与存款利率的差额，银行通过在贷款利率中附加银行的目标收益率来实现股东制定的盈利目标。

公式〈8-2〉给出了影响贷款利率的四个因素。实践中，银行家为了保证银行的贷款价格能够被借款人接受，还不得不考虑市场价格水平。银行向借款人提供的贷款价格应该尽可能与市场的总体水平相一致。这样贷款利率组成可以进一步调整为公式〈8-3〉。

贷款利率＝负债资金成本率＋贷款管理费用率＋风险补偿率＋目标收益率＋市场调节因素 〈8-3〉

8.10.3 贷款定价法之一：宏观定价法

上面的讨论给出了银行贷款价格的组成。利用公式〈8-3〉，银行家们可以从宏观的角度对银行的总体贷款价格作一个估算。

【例 8-3】 某企业向银行申请一笔贷款。如果银行当前资金来源的平均成本率为 10%。银行贷款管理平均费用率为 2%，银行为了弥补资金风险要求贷款企业支付的贷款风险补偿率为 2%，银行计划从贷款中获得的平均目标收益率为 1%。问：银行发放该笔贷款时利率应该是多少？

解：根据公式〈8-2〉：

贷款利率＝10%＋2%＋2%＋1%＝15%

8.10.4 贷款定价法之二：微观定价法

上面讨论的"宏观定价法"是一个针对银行全部贷款的、原则性和概括性的贷款定价方法。在现代商业银行实际管理中，以单笔贷款为对象，利用计算机系统可以准确地计算出每一笔贷款的成本和价格。这种"贷款微观定价法"被我国银行广泛使用。贷款微观定价法的原则是：

银行单笔贷款利息收入≥银行管理该笔贷款的费用支出 〈8-4〉

这里还要特别提到一个概念：派生存款。利用贷款手段实现存款增长是银行常用的一种扩大资金规模的方法。企业是银行贷款的需求方，也是银行资金来源的提供方，银行有理由要求企业提供资金来源的支持。银行可以通过企业提供的负债资金获得投资收益。"派生存款余额定价法"就是特指银行在用微观定价法进行贷款定价时，要考虑到贷款企业对银行存款的支持，从贷款利率中扣除银行用客户提供的资金产生的投资收入。计算公式如下：

客户贷款利率＝贷款利率－派生贷款补偿率 〈8-5〉

【例 8-4】 企业 A 向银行 B 申请授信 100 万元，并声明一般的贷款使用额度在 80 万元左右。银行 B 同意向企业 A 授信 100 万元，同时提出贷款条件：按承诺额的 0.5%一次性收取贷款承诺费。企业 A 在银行 B 的账户作为结算账户。年均派生存款额在 10 万元左右。另外，银行的管理成本为：一个结算账户年管理成本 4000 元，贷款及风险管理费每年 5000 元，资金边际成本 7%，派生存款的投资收益率 8%，目标资金收益率 1.5%。

求：这笔贷款的贷款利率。如果派生存款额在 6 万元，求贷款利率。

解：银行的贷款利率计算原则是：贷款收入＝贷款成本

贷款利息收入＋贷款手续费收入＝负债资金成本＋其他费用＋利润目标－补偿收入额

表 8-3 派生存款补偿定价法

银行费用支出及目标利润率		金额	
存款服务成本		4000 元	
贷款管理和风险成本		5000 元	
负债资金利息(成本)		7.0%×80 万=56000 元	
目标利润		1.5%×80 万=12000 元	
小 计		77000 元	
存款留存数		A(存款 10 万)	B(存款 6 万)
收入	贷款承诺手续费收入	0.5%×100 万=5000 元	0.5%×100 万=5000 元
	派生存款投资收入	8%×10 万=8000 元	8%×6 万=4800 元
银行应收贷款利息		7.7 万-1.3 万=6.4 万元	7.7 万-0.98 万=6.8 万
银行贷款利率		6.4 万/80 万=8.0%	6.72 万/80 万=8.4%

答:当派生存款保持在 10 万元时,贷款利率为 8%。派生存款保持在 6 万元时,贷款利率为 8.4%。

8.10.5 贷款定价法之三:综合定价法

综合定价法比上述两种方法更准确之处在于考虑了资本金成本。第四章中我们讨论了巴塞尔协议的主要思想是:银行贷款是要消耗资本金的,资本金与贷款比率为 8%。这个比率可以解释为一笔贷款资金,92%来自于负债,8%来自于资本金。依据这个思路,我们在忽略"目标收益率"情况下,可将公式〈8-1〉变换成综合定价法:

贷款利率=(纳税前资本金成本+负债资金成本+贷款管理成本)/贷款数量 〈8-6〉

【例 8-5】 某企业向银行申请贷款 500 万元。银行资本充足率为 8%,银行股东要求的股权收益率为 14%,银行缴纳的所得税为 35%,贷款管理费用率为 2.4%,负债资金的成本率为 5%。问:银行发放给企业的贷款利率应该定为多少?(用综合定价法计算)

解:银行发放这笔贷款的资本金成本是:

税前资本金成本=(500×8%)×14%/(1-35%)=8.61(万元)

银行发放这笔贷款的负债资金成本是:

负债资金成本=500×(1-8%)×5%=23(万元)

银行发放这笔贷款的管理成本是:

贷款管理成本=500×2.4%=12(万元)

贷款利率=(8.61+23+12)/500=8.72%

在巴塞尔协议框架下，必须把资本成本纳入贷款定价，定出的价格高于只考虑负债资金成本的情况。另外，更为正确的定价方法是在公式〈8-6〉中加入“风险补偿”，确定贷款价格。

【本章小结】

本章重点讨论了银行贷款管理中，贷款管理机构的设置，贷款管理机构的职责、管理人员的职责。讨论了贷款政策，以及贷款信用评级原则和贷款发放程序。讨论了不良贷款五级分类和贷款风险管理方法，以及银行为了防范风险所采取的措施。另外，还重点讨论了银行贷款的定价方法，包括宏观差额定价法、微观差额定价法和综合定价法。

【课后练习】

一、概念题

抵押贷款　质押贷款　保证贷款　贷款政策

贷款银行对借款企业信用评估的“6C”原则

第一还款来源　第二还款来源　第三还款来源

二、论述题

1. 商业银行贷款业务中发放一笔贷款必须考虑的基本问题包括哪几个方面？每个方面重点考虑的内容是什么？

2. 简述商业银行贷款业务中发放一笔贷款的操作程序。

3. 简述商业贷款政策在贷款业务管理中的作用.

【网站指引】

要了解更多的关于企业信用评级的信息，请参阅以下网站：

http://218.30.101.58/dagong/jstx/fhxt.php

第 9 章

银行资金运用管理(二):工商企业贷款

引 言

如果按照时间顺序,在商业银行各类贷款中工商企业贷款是最早出现的。为了保证资金安全,早期的商业银行只发放与贸易相关的工商企业短期流动资金贷款。随着世界经济的发展,工商企业和其他行业机构对资金需求逐渐增加,商业银行受投资收益吸引,贷款投向逐渐覆盖社会经济生活的各个方面,贷款品种也在适应市场需求的金融创新活动中越来越丰富。但是,至今工商企业贷款仍然是商业银行最主要的贷款品种。与其他贷款品种不同的是,工商贷款有对象是企业、单笔贷款金额大和贷款风险大的特点,银行家们在管理和运营过程中形成了对工商企业贷款特殊的业务管理方法和防范风险方法。本章重点针对工商企业贷款管理与其他贷款管理的差异,讨论商业银行如何进行信用评级、风险度测定和撰写贷款调查报告。

学习目标

1. 掌握商业银行工商企业贷款种类
2. 掌握企业借款人信用评级方法
3. 掌握工商贷款“贷款调查报告”结构

重点问题

1. 工商企业借款人信用评级中的财务因素分析
2. 撰写针对企业借款人的贷款调查报告

9.1 对企业借款人的信用评级

有一个让企业困惑的现象，对同一个企业，不同类别的金融机构会给出不同的信用评级结果。主要的原因是不同的金融机构有着不同的信用管理文化传统，他们使用着不同的信用评级方法和标准，对风险的偏爱程度也不相同。商业银行是历史最为悠久的金融机构，在长期的实践活动中形成了一套成熟的针对企业借款人的信用等级评级方法，注重借款人企业能否在借款合约到期时按时归还贷款本息，并不追求高风险带来的高回报；擅长用企业财务指标分析和判断企业偿债能力，更关注企业现金流状况。

9.1.1 信用评级步骤一：了解企业借款人历史信用状况

贷款银行通过征信了解和掌握借款人企业的信用历史，分析企业当前的经营状况和盈利状况，并会努力获取能够真实地、全面地反映借款人企业各个方面情况的所有资料。这些资料是贷款银行对借款人企业进行信用评级的主要依据，资料的真实性和全面与否关系到贷款银行能否正确评估企业的偿债能力。银行一般通过如下的渠道获取与借款人企业相关的信息资料。

贷款银行直接向借款人企业提出索要资料要求，借款人企业不得以任何借口拒绝。这些资料包括企业基本情况介绍、近几年的财务报表、主要产品生产和销售情况、企业组织结构和企业主要管理人员的详细情况等等。除了从借款人处获得信息外，商业银行还会借助其他方面获得更加全面、可信度更高的信息，如：①从公共征信数据库中获取信息。贷款银行可以从中国人民银行对所用商业银行开放的企业借款人信用数据库中获取特定借款人的贷款历史记录和当前举债状况。②从行业信息库中获得信息。通过行业数据库，贷款银行可以了解借款人企业所在行业的发展前景、借款人企业产品在行业中排位、产品的市场竞争力等等信息，从而判断借款人企业的发展趋势。目前许多专业信息公司建立了专项数据库，向公众提供特定行业发展研究报告和分析数据。③利用特殊渠道获取更直接的信息。商业银行利用自身业务涉及领域广泛、社会关系丰富的优势，会有一个无形信息网络，通过这个网络，贷款银行可以更直接地了解诸如借款人企业综合素质、经营管理者能力、是否有不良习惯和企业所在地的公众口碑等信息。

针对每一笔贷款，贷款银行指定一位信贷管理人员负责，由他把通过各种渠道收集到的信息集中反映在银行的“贷款调查报告”中。

9.1.2 信用评级步骤二:从评估公司获取企业的信用评级

虽然在更多情况下,贷款银行采用自己的评级标准和办法评定借款人企业信用等级,但是随着第三方信用评级行业发展和第三方信用评级机构所显示的专业能力,使得现代商业银行家们会主动参考第三方评级机构对借款人企业的信用评级结果。

信用评级机构从经营环境、管理状况和财务指标三个方面对企业的偿债能力进行分析判断。经营环境指企业所在行业的行业分析,企业在行业中的竞争地位,政府对行业和企业的政策和支持。管理状况指企业当前的内部管理状况、生产状况,包括企业领导层的基本情况,管理者的素质,企业产品生产和研发能力,未来发展策略。财务指标主要指对企业现金流、偿债能力指标分析。

9.1.3 信用评级步骤三:对企业进行实地调查

贷款银行信贷人员整理获取的信息资料后,还需要到借款人企业实地调查核实资料信息的真实性。银行人员通过观察企业生产环境,核实贷款企业生产状况、产品销售情况;通过与企业高层管理人和财务人员接触,查阅企业的相关文件,核实管理者品格和发展战略;通过查阅企业财务报表原件,核实企业递交报表的真实性等等。贷前赴企业实地调查,贷后跟踪企业生产经营是银行信贷管理的基本工作。

9.1.4 信用评级步骤四:完成贷款企业调查报告

企业信贷调查分析报告是贷款银行信贷管理人员在广泛收集借款人企业信用信息、财务信息和企业经营状况信息后整理出来的关于借款人企业信息的书面材料。企业信贷调查分析报告的作用:①反映借款人企业的需求。报告上要载明企业申请贷款金额、贷款种类、期限,以及借款人企业可以提供的担保形式。②记载着借款人企业经营状况和财务数据,是上一级贷款审批部门对借款人企业进行信用评级的依据。③是最基本贷款资料,要档案保存。一笔贷款从发放到回收,时间较长。贷款银行在回收贷款之前要跟踪贷款,当贷款出现风险时追讨贷款和确定责任的基础资料。这一切的工作都是以贷款调查分析报告为依据的。

企业现代调查分析报告,主要由八个部分组成。

第一部分,反映借款人企业的要求。如借款企业全称,借款企业要求贷款的金额、期限和可以提供的担保方式,愿意承担的利率水平。

第二部分，贷前调查过程详细记录。商业银行要求信贷人员详细记录对借款人企业进行征信和实地调查的全部或称和细节。审贷人员可以从中了解参与贷款的人员结构，判断信息来源的真实性和可靠性。

第三部分，借款人企业的基本情况。这部分详细记载着信贷人员了解到的关于借款人企业的全部情况。包括企业的股权结构、组织结构、关联企业情况、管理者情况、企业发展历史、产品生产及销售状况等。

第四部分，借款人企业债务结构分析。这部分内容包括企业向各家金融机构贷款情况，为其他企业提供的担保情况。贷款银行不仅从中了解借款人的债务结构，也可以从其他银行对借款人的融资支持情况了解其他金融机构对这家企业的信用评级。

第五部分，借款人经营状况和行业趋势分析。通常也被称为商业银行对借款人偿债能力分析中的"非财务因素"分析。这部分是基于前四部分借款人企业信息基础上，信贷人员对借款企业的定性分析和判断。这部分是第八章中讨论的商业银行信用评级"6C"原则中对借款人经营能力和发展前景分析。

第六部分，借款人企业财务指标分析。通常也被称为商业银行对借款人偿债能力分析中的财务因素分析。这部分是基于贷款银行获得的借款人企业的财务报表数据，根据一系列指标分析企业的短期偿债能力、偿期偿债能力、经营能力和盈利能力。具体的指标在本章第二节中重点讨论。

第七部分，担保分析。贷款银行根据借款人提供的担保种类不同，采取相应的分析方法。对第三方担保贷款，主要分析担保企业的偿债能力。对抵押或质押贷款，分析抵（质）押物的价值和变现难易程度。

第八部分，贷款调查结论。负责这笔贷款的信贷人员对这笔贷款的风险、收益情况给出最后的结论。

以下给出"企业信贷调查分析报告"样例。

【例 9-1】 企业信贷调查分析报告

<table>
<tr><td>申报行</td><td colspan="3">×××支行</td></tr>
<tr><td>主办信贷员</td><td>张　玲</td><td>协办信贷员</td><td>王　恒</td></tr>
<tr><td>借款人全称</td><td colspan="3">浙江××有限公司</td></tr>
<tr><td>保证人全称</td><td colspan="3">浙江××有限公司</td></tr>
<tr><td>抵押品名称</td><td colspan="3"></td></tr>
<tr><td>质押品名称</td><td colspan="3"></td></tr>
<tr><td>申请授信内容</td><td colspan="3">□首次授信　□继续授信　□扩大授信额度　□调整授信用途（结构）</td></tr>
<tr><td>申请单笔融资</td><td colspan="3">□首笔业务　□增加金额　□展期　□还旧借新　□其他</td></tr>
</table>

业务种类	□开立信用证　□打包放款　□进出口押汇　□其他：					
担保方式	□信用　☑保证　□质押　□抵押　□其他方式：					
币种及金额	2000 万元	期限	一年	利率		基准利率
风险度	企业信用等级变换系数(0.56)×贷款方式基础系数(0.57)＝0.3192					
贷款风险准备金	风险度(0.3192)×贷款金额(2000)＝638.4(万元)					

第一部分　信贷调查过程记录

1. 详述信贷客户的拓展背景和过程、主要负责人面谈印象及与银行人员有无亲属关系等。

2. 列出信贷调查程序(历次调查的时间、地点、调查人员、企业接受调查人员、具体调查内容和查账、查物、查证情况)。

该公司是我行新开拓客户。2004 年 5 月份我行通过兴业银行的熟人认识了浙江××有限公司的财务经理××，一直保持着联系。该公司董事长在此期间大部分时间在国外，因此与该公司的进一步合作一直往后拖。2004 年 9 月份，我行与××有限公司的往来有了进一步的发展。9 月份我行信贷部经理＃1 和信贷员＃2、＃3 到企业了解了相关情况。9 月底，三人再次到该企业，了解了相关生产情况和销售情况，并且到企业的生产车间去了解企业的生产状况、生产流程设备工艺情况和仓库的库存情况。经过调查，该公司负责人与我行业务员无亲属关系。

第二部分　借款人企业基本情况

机构代码号	147678904－0	贷款卡号	330571000010876706
成立时间	1995.7.18	注册资本	9668 万元
法人代表	周晓辉	信用等级	AAA
注册地	福田市江东镇工业区	企业地址	福田市江东镇工业区
企业性质	□国有　□集体　□股份合作　□联营　□有限责任		
行业分类			

1. 申请人注册登记情况和股权结构(股东名称、出资金额、出资方式、持股比例结构列表)。

股东名称	出资方式	投资额	占实收资本
股东 1：　周　放	货币	4930.68	51%
股东 2：　张　林	货币	4737.32	49%

2. 组织结构图。

董事会

董事长

总经理

办公室　　资产管理部　　研发中心　　信息市场部　　生产部

3. 主要关联企业列表。

4. 主要法定代表人和核心管理人员的简历。(这部分要详细罗列如董事长、财务主管的简历。其目的在于银行审贷人员通过其简历初步判定当事人的品格)

5. 该公司历史沿革以及主营业务、其他业务概况。浙江××有限公司是中国饰品行业的龙头企业，现拥有风华、精益两大品牌。公司成立于 2000 年，经过 9 年多的发展，已成为中国饰品行业的龙头企业，注册资本近亿元，现有员工 4000 余人。产品遍销全国，远销海外 50 多个国家和地区。

第三部分　企业融资情况分析				
1. 申请人在各家银行融资情况、对外担保金额和信用记录(是否有不良信用记录)。				
行　名	金　额	到期日	担保方式	保证人、抵(质)押物名称
短期借款				
福田市信用联社	500万元	2004.11.06	抵押	××公司厂房和办公楼
长期借款				
中行	440万元	2005.04.16	担保	浙江房地产开发有限公司
银行承兑汇票				
深发展	2500万元	2006.8.10	担保	××毛纺有限公司
其他融资				

该公司目前与我行无信贷业务关系。

2. 申请人资金结算方式、对子公司的资金管理模式、主要结算银行及我行结算往来情况(对账单和企业的银行账查证说明)。主要结算方式:公司原材料的采购主要来自于国内和国际两个市场:国内市场,公司对原材料供应商部分以现款方式支付,部分以银行承兑汇票支付;国际市场上的原材料采购以现汇方式支付,公司50%左右的产品外销,对于外销的产品采取付外汇的方式支付。公司主要结算银行是福田信用联社。

3. 申请融资组合形式、期限、直接用途分析。

公司近几年一直保持着高速增长态势,经营规模不断扩大,引进了较多的国外先进设备,加上近期原材料价格上涨较快,为保证生产经营活动的正常进行,本次向我行申请净敞口为2000万元的综合授信。作为生产经营活动的流动资金使用。

第四部分　经营状况及行业趋势分析

1. 主营业务收入和投资收益近三年比较分析和总体走势预测。

主营业务收入:公司2002年/2003年/2003年10月的主营业务收入分别为11850万元/21638万元/55522万元,2003年较2002年的主营业务收入增加了82%,主营业务成本2002年/2003年/2004年10月分别为8698万元/13983万元/40839万元,2003年较2002年的销售成本增加了60%,该公司主营业务收入逐年翻倍增长。

目前该公司的产品销售形势很好。2002年/2003年/2004年10月的利润分别为1112万元/4255万元/8198万元。根据公司预计2004年净利润将实现1亿元。公司销售收入增加幅度大于主营业务成本增加幅度,超出20%,公司盈利能力有较大的提高。3. 重大投资情况及其对未来经营的影响。

第五部分　财务指标分析

1. 企业主要财务指标　　(单位:万元,%)

项　目	2002年	2003年	2004年10月
总资产	17177	37321	61803
固定资产净值	7689	11615	23666
应收账款	597	1352	1989

其他应收款	202	4303	2973
存　货	6048	5923	8894
净资产	10694	17616	35541
负债率	37	52	42.5
流动比率	171	138	145
速动比率	36	87	76
现金比率	58	64	50
主营业务收入	11850	21638	55522
主营业务利润	2801	7015	13287
净利润	1112	4255	8198
应收账款周转率	1098	222	3565
存货周转率	185	233	590
销售利润率	24	32	24
总资产利润率	9.6	15	20
净资产利润率	15	24	23
利润增长率		239	116
或有负债			14000

2. 应收账款、其他应收款分析　　　　（单元:万元）

账　龄	户　数		金　额		占比(%)	
	应收款	其他应收款	应收款	其他应收款	应收款	其他应收款
6 个月以内	18	5	1780	718	90	24
6 个月—12 个月	3	3	209	2008	10	68
1—2 年						
其他		2		247		8
合　计	21	10	1989	2973	100	100

3. 现金流量分析　　　　（单位:万元）

项　目	2002 年	2003 年	2004 年 10 月
经营活动现金流入量	13263	21599	
经营活动现金流出量	11605	18750	
经营活动产生的现金流量净额	1657	2849	
投资活动现金流入量	0	0	
投资活动现金流出量	3661	11746	
投资活动产生的现金流量净额	−3661	−11746	
筹资活动现金流入量	6200	24070	
筹资活动现金流出量	4267	12422	
筹资活动产生的现金流量净额	1932	11647	
净现金流量	−72	2750	

4. 财务分析。

(1)该公司提供的报表未经过事务所审计。(2)公司 2002 年/2003 年/2004 年 10 月总资产为 17177 万元/37321 万元/61803 万元。流动资产总计为 7687 万元/15999 万元/18744 万元,固定资产合计分别为 1291 万元/12022 万元/29280 万元,无形资产合计分别为 1291 万元/4963 万元/5903 万元。(3)2004 年 10 月总资产有 61803 万元,其中流动资产 18744 万元,主要是:2004 年 10 月货币资金 4341 万元,是银行存款和部分保证金。2004 年 10 月存货为 8894 万元,其中原材料有 5547 万元,产成品 3152 万元,在制品 194 万元。2004 年 10 月存货较年初有小幅增长,主要是因为该公司规模扩大,产量提高,造成库存增加;另一方面的原因是该公司下半年是生产旺季,上半年是销售旺季,到了明年 3 月份左右进入销售旺季,存货会相对减少。(4)公司 2004 年 10 月的应收账款 1989 万元,主要是郎世公司 90 万元,美国××公司 43 万元,北京××公司 345 万元,等等。公司 2004 年其他应收账款 2973 万元,主要是深圳发展银行的应付票据 2000 万元,门市租金收入 110 万元等等。(5)公司负债适中,资产营运能力和盈利能力较好,经营活动现金流充足,总体财务状况良好。

第六部分　担保分析

1. 保证人或抵押人、出质人与申请人的关系,提供担保的原因及代偿意愿分析。

2. 保证人基本情况(注册地、股权结构、法人代表与核心人员、主营业务、产品和市场分析)。

3. 保证人财务状况及担保能力分析:重点关注保证人的持续经营能力,与企业经营稳定性有关的规模指标、长期资产情况,并列表说明主要资产价值、处所和权属。

第七部分　收益、风险分析及调查结论

1. 收益分析。

本次公司申请综合授信 2000 万元,该公司承诺日均存款在 1500 万元左右,同时该公司部分结算业务从我行本里,从而带来多方面收益。

2. 主要风险点及防范措施。

3. 明确融资理由及建议。

同意浙江××有限公司综合授信净敞口 2000 万元,期限一年,由浙江××有限公司和周放共同担保。上述调查报告系我们二人共同撰写并对其真实性负责!

合法性调查人:×××　　联系电话:(o)33333333　　手机 133571######

安全性调查人:×××　　联系电话:(o)55555555　　手机 133571######

200#年#月#日

9.2 借款人信用评级中的财务因素分析

银行对借款人企业偿债能力分析分为“财务因素分析”和“非财务因素分析”两部分。其中财务因素分析主要是从财务报表获得数据，根据一系列财务比率预测借款人企业的偿债能力。

9.2.1 借款人企业财务报表分析

贷款银行对借款人企业提供的资产负债表、损益表和现金流量表进行分析，通过企业资产负债表掌握该企业的财务状况，通过企业的损益表掌握该企业在一定时期内经营成本、费用和盈亏状况，通过现金流量表掌握该企业在一定时期内资产、负债和资本变化情况。贷款银行主要通过以下几类财务指标分析企业的还款能力和银行贷款风险度。

1. 资产项目分析

企业资产包括流动性资产、固定资产和无形资产三大类，银行重点分析资产中应收账款、存贷、固定资产和投资。

(1)应收账款。应收账款是企业偿还短期债务的主要来源，是企业资产项目中流动性仅次于现金的资产。对企业应收账款的分析主要从三个方面把握：一是应收账款的集中度。如果企业的应收账款集中在几个大户，坏账的可能性就远远大于应收账款分布于众多的小户。二是账龄。账龄较长的应收账款出现坏账的可能性较大。三是应收账款是否已经被抵押。如果企业已经将应收账款抵押出去，分析偿还能力时，应扣除已经抵押的部分。

(2)存货。存货是指企业购入的原材料、在产品、半成品和产成品，是企业流动资产重要的组成部分，是企业偿还债务的主要物质基础。对企业存货的分析主要有五个方面：一是存货规模。根据企业的生产能力，确定存货规模是否合理，主要注意原材料和产成品的存货是否过量。二是存货时间。存货时间过长，往往预示存货的使用价值出现问题。三是存货的流动性。存货的流动性是指存货在市场上销售时的变现能力。流动性差、变现能力低的存货会占压企业资金。四是存货是否变质。五是存货是否购买保险。

(3)固定资产。固定资产是企业资本的一部分，可用于最后的债务清偿。银行在发放长期贷款，特别是发放以固定资产作为担保抵押的贷款时，就需要了解企业固定资产情况。主要从三个方面去把握：一是提取折旧。分析借款企业是否按法规提足折旧，如果没有提足，说明股东资产价值中存在虚假成分，应该予以扣除。二是保险情况。了解企业固定资产是否全额保险，没有保险的固定资产可能会因为不确定因素受到损失，不一定能成为银行贷款的保障。三是变现能力。如果企业的固定资产专用性强或不受市场欢迎，在企业出现还款危机时，银行很难把固定资产变现换取银行可用资金。

(4)投资。企业除了正常的生产经营外，还可以进行短期金融资产的投资，如购买短期债券。企业购买的债券代表企业的债权和股权，也给企业带来收益。对企业投资分析从两个方面把握：一是债券的合法性、流动性、盈利性。二是债券发起人的信用状况。主要了解债券发行人的偿付能力和约定义务。如果发放贷款是以有价证券作为抵押的，对证券投资的分析，就显得更为重要。

2. 负债及资本项目分析

对企业负债和资本项目分析的目的是了解借款人企业的资金来源结构，借以判断企业的实力和偿还债务能力。

(1)负债。企业的负债包括短期负债和长期负债。短期负债主要包括应付账款、应付票据、应付税金和短期借款。对企业短期负债分析主要从两个方面把握。一是了解资产负债表中负债项目有没有漏记，如果漏记会影响贷款银行对企业偿债能力的判断，高估企业债务偿还能力。二是了解债务期限有没有过期，如果过期会出现罚款。企业的长期负债包括长期借款和长期债券。主要了解企业在长期债务到期后，企业还款计划安排，借以判断企业偿还银行贷款的能力。

(2)资本。企业资本的大小反映企业财务实力是否雄厚，反映企业承受风险能力的大小。分析企业的资本时，首先要分析企业资本中是否有虚假的成分。其次要分析企业的资本结构。对股份制企业，普通股资本的比例越大，企业的资本实力越强。还要考虑企业是否按计划补充自有资本。

3. 损益表项目分析

损益表是反映企业一定时期内经营成果的报表，是动态报表。损益表可以弥补资产负债表只反映静态数据的不足，通过损益表可以了解企业经营成果和获利能力的大小。分析损益表时，首先要了解企业销售收入、销售成本和各项费用的真实性。其次要比较损益表中的各类数据，分别采用横向的和纵向的比较方法，与企业往年同期的数据比较或与同等规模其他企业进行比较，当某些数据过大或过小时，贷款银行要查明原因。

4. 现金流量表分析

银行家们在分析企业偿还银行贷款能力的时候，更注重企业的现金流量状况。有这样的情况，一家去年盈利状况非常好的企业，今年可能面临倒闭的威胁。而去年盈利状况不佳，但产量稳步增长，企业现金流流转正常的企业却能继续维持下去,原因是企业归还贷款的还款来源是现金流,不是企业的利润。因此,对企业现金流分析是企业偿债能力分析的重要环节。

9.2.2 财务比率分析

1. 短期偿债能力分析

短期偿债能力是指借款人企业用短期资产归还短期债务的能力,可用流动比率、速动比率和现金比率等财务比率指标来衡量。

(1)流动比率。企业的流动性资产包括现金、应收账款、存货和有价证券。流动性负债包括应付账款、应付票据、短期借款、应缴税金和应计费用。流动比率是衡量企业短期偿债能力最常用的指标。计算公式是:

流动比率=流动资产/流动负债

正常情况下,流动比率越高,企业偿债能力越强,债权人的权利越有保障。一般在1.5~2.5比较合适。

【例9-2】 下表为例9-1中企业三年的短期偿债能力指标,试分析该企业是否具备短期偿债能力。

	前两年	前一年	本年
流动比率	171%	138%	145%
速动比率	36%	87%	76%
现金比率	58%	64%	50%

分析:案例中,该企业三年的流动比率是1.71、1.38和1.45,我们可以判断该企业流动性比率基本正常,具备短期偿债能力。

流动比率也会因企业的经营规模和经营性质不同而不同。值得注意的是,流动比率高可能是由于存货积压和产品滞销的结果,也可能是资金未能得到充分的利用。银行在具体案例中要具体分析。

(2)速动比率。速动资产是指那些可以迅速变现用来偿付流动负债的那部分流动资产,由现金、有价证券和应收款组成。速动比率是指企业速动资产与流动负债的比率,也称酸性比率,是考察企业资产迅速变现能力的指标。

速动比率=(流动资产-存货)/流动负债

=速动资产/流动负债

速动比率更加准确地反映了企业的短期偿债能力,这个比率一般保持在1以上,即一个单位的流动性负债至少需要有一个单位的可迅速变现的资产作为保证。例9-1中企业近三年的速动比率是36%、87%和76%,可以判断该企业短期偿债能力指标近年来有所改善，但是还没有达到常规标准，该企业的短期偿债能力较欠缺。

(3)现金比率。现金比率代表企业即期偿付债务的能力。计算公式是：

现金比率＝(现金＋等值现金)/流动负债

其中，现金是指借款企业的库存现金和在银行的存款，等值现金是指企业所持有的高流动性的有价证券。现金比率越高，说明企业即期偿付债务的能力越强。通常这个比率在50％以上。例9-1中该企业近三年的现金比率分别是58％、60％和5％，均超过50％，可见给企业即期偿债能力较强。

2. 长期偿债能力分析

此类财务指标用于衡量借款企业归还长期债务能力，可用资产负债比率、负债权益比率和利息收入倍数等财务指标衡量。

(1)资产负债比率。资产负债比率反映了企业利用银行贷款开展经营活动的程度。这个比率越高表明企业负债程度越高，债权人承担的风险越大。

资产负债比率＝负债总额/资产总额

资产负债比率又被称为财务杠杆，财务杠杆越高，债权人所受的保障程度就越低。一般认为负债率维持在50％较为适当。

【例9-3】 下表为例9-1中企业三年资产负债比率，试分析该企业是否具备长期偿债能力。

	前两年	前一年	本年
资产负债率	37％	52％	42.5％

分析：该企业的资产负债比率近三年的指标分别是：37％、52％和42.5％，表明该企业的负债程度适度，银行作为债权人的利益可以得到保障。

(2)负债权益比率。也称为负债净比率。这个比率反映企业资本承担债务的程度。企业的资本金(净值)是企业最后的清偿能力，这个比率越高，说明企业单位资本金所担负的债务越多，企业资本金承担的债务越重，企业可能会因为负担过重而丧失清偿能力。这个比率也反映企业在破产时，资本金对债权人的保障程度，这一比率越低，说明保障程度越高。

负债权益比率＝负债总额/所有者权益总额

(3)利息收入倍数。利息收入倍数是衡量借款企业偿还借款利息能力的指标。用利息收入倍数考察企业营业利润是否足以支付当年的借款利息费用支出。一般来说，这个比率越大，长期偿债能力越强。

利息收入倍数＝营业利润/利息费用

=(净利润+所得税+利息费用)/利息费用

3. 经营能力比率分析

企业经营能力比率包括应收账款周转率、存货周转率和资产周转率。企业各项资产周转速度可以反映企业资产利用效率。周转速度越快,表明企业各项资产进入生产、销售等经营环节的速度越快,那么企业资产形成收入和利润的周期就越短,经营效率就越高。

(1)应收账款周转率。这个指标反映借款企业应收账款的变现速度和回收赊账的能力,比率越高,说明企业收账速度越快,资产的流动性越好,债务清偿能力越强。

应收账款周转率=销售收入/应收账款平均额

应收账款账龄=360/应收账款周转率

应收账款账龄是用时间的长短来衡量企业应收账款的变现能力和企业收账能力。账龄越长说明企业应收账款回收速度越慢,企业较多的资金停留在应收账款上面。

(2)存货周转率。存货周转率越高,反映企业存货流动性越好,企业偿债能力越强。例 9-1 中企业的存货周转率分别为 3.6、2.62 和 2.37。

存货周转率=销售成本/存货平均余额

【例 9-4】 下表为例 9-1 中企业经营能力比率,试分析该企业的经营情况。

	前两年	前一年	本年
应收账款周转率	58.05%	17.16%	7.08%
存货周转率	3.6%	2.61%	2.37%

分析:该企业的本年应收账款周转率为 7.08,周转速度一般,但是该企业应收账款周转率逐年递减,银行要引起注意。

(3)资产周转率。

流动资产周转率=销售收入/流动资产平均余额

固定资产周转率=销售收入/固定资产平均净值

总资产周转率=销售收入/总资产平均值

上述周转率指标的分子、分母分别来自损益表和资产负债表,资产负债表数据是某一时点的静态数据,而损益表数据是某个报告期的动态数据。为了使分子、分母在时间上有一致性,必须将取自资产负债表上的数据折算成整个报告期的平均额。通常,周转率指标越高,说明企业经营效率越高。但数量只能说明一个方面问题,分析时还应注意资产项目的组成结构,如各种类型存货的相互搭配、存货的质量等。

4. 盈利能力比率

盈利能力比率指标用来预测企业销售可能带来的利润。企业盈利能力是企业经营管理的核心，也是贷款银行分析企业偿债能力时关心的核心问题。对于企业来讲，只有长期盈利，企业才能真正做到持续经营。因此无论是投资者还是债权人都对反映企业盈利能力的比率非常重视。一般用下面几个指标来衡量：

毛利率＝(销售收入－成本)/销售收入

营业利润率＝营业利润/销售收入

＝(净利润＋所得税＋利息费用)/销售收入

净利润率＝净利润/销售收入

资产报酬率＝净利润/总资产平均值

权益报酬率＝净利润/权益平均值

上述指标中，毛利率(也称为销售利润率)、营业利润率和净利润率分别说明企业生产销售过程、经营活动和企业整体的盈利能力，比率越高则反映企业获利能力越强。资产报酬率(总资产利润率)反映股东和债权人共同投入资金的盈利能力；权益报酬率(净资产利润率)则反映股东投入资金的盈利能力。判断一个企业盈利能力比率是高还是低，要通过与同行业其他企业的水平相比较才能得出结论。

【例 9-5】 下表为例 9-1 中企业盈利能力比率，试分析该企业的盈利情况。

	前两年	前一年	本年
总资产利润率	9.6%	15%	24%
净资产利润率	15%	24%	23%
利润增长率		239%	116%

分析：该企业本年总资产收益率为 24%，净资产利润率为 23%，且近两年利润在增加。因此可以判断该企业有较好的盈利能力。

9.2.3 企业现金流量分析

贷款银行在判断借款人企业偿债能力时，仅仅分析企业的盈利能力是不完全的，利润可以用作偿还银行贷款，但不能直接用于归还贷款。企业偿还银行贷款最可靠的资金来源是企业持有的现金。因此贷款银行最关心的应当是企业的现金流量，现金流量分析在分析借款企业偿债能力中具有很重要的作用。

现金流量是指企业现金流入与现金流出的总称。这里讨论的现金包括现金和等值现金两部分。现金是指企业的现金资产,包括库存现金、活期存款和其他货币性现金。等值现金是指在3个月内到期的,可在证券市场流通的债券。按照我国的会计准则,企业现金流量包括三部分:①企业生产经营产生的现金流量;②投资活动产生的现金流量;③筹资活动产生的现金流量。可以用两个比率来衡量:

现金流量/(红利+到期长期负债)。此比率大于1时,说明企业偿债能力较强。

现金流量/(红利+到期长期负债+短期负债余额)。此比率大于1,说明企业不仅长期偿债能力较强,而且可以偿还短期债务,有举借新债的能力。

9.3 贷款风险度测评

现代商业银行一般采用量化计分方法对借款人企业信用评级。分析表8-1给出的"中国工商银行企业信用等级评估计分表",银行贷款管理人员根据贷款调查获得的信息和数据,将借款人的情况与表8-1中列举的项目对比,得出借款人企业的信用等级评估分。借款企业得分对应于不同的信用等级。比如,得分90分以上信用等级为AAA级,得分80~89分为AA级,70~79分为A级,60~69分为BBB级,50~59分为BB级,50分以下为B级。

在这个基础上,贷款银行得出贷款企业的贷款风险度。具体操作如下:

①按贷款保障方式将保障系数分为五个级别:

保障方式	全额保证金	抵押1	抵押2	抵押3	保证
保障系数	0	0.1	0.2	0.5	1

②按贷款形态将形态系数分为四级:

贷款形态	正常贷款	预期贷款	呆滞贷款	呆账贷款
形态系数	1.0	1.5	2.0	2.5

③按信用等级将信用系数分为六个等级:

信用等级	AAA	AA	A	BBB	BB	B
等级系数	0.4	0.5	0.6	0.7	0.8	1.0

贷款风险度=形态系数×保障系数×等级系数

贷款风险度越大,借款企业的违约可能性越大,贷款银行承担的风险越大。

【例 9-6】 一家企业向银行申请一笔用房地产做抵押的贷款,银行对这家企业的信用等级评定为A级。请计算这笔贷款的风险度。

解:抵押保障方式的保障系数为0.5,A级企业的信用等级系数是0.6,贷款发放时,银行信贷员认为可以正常收回本息,贷款形态系数是1.0。

这笔贷款的风险度=0.5×0.6×1=0.30

9.4 借款合同

中国各家商业银行提供的借款合同格式并不统一,但是一家管理标准化的现代银行的分支机构使用的借款合同格式是一致的,并严格规定各分支机构不能随意更改合同内容。因为借款合同是贷款银行与借款人之间签署的资金借贷交易的合约,是基本法律文书。自签订借款合同之时起,借款人与贷款银行之间的借贷关系便成立,受国家法律保护,借款人和银行都必须严格遵照合同约定的条款履行各自的义务。为了保证借款合同条款的缜密性,商业银行严格规定了可以草拟合同的部门。

9.4.1 借款合同结构

这里提供一家银行的借款合同样张,从中我们可以了解商业银行合同的基本结构。合同主要由四部分组成:①交易的基本交易要素,如日期、金额、利息、还款计划。②担保责任。③违约责任。④责任人。

下面给出借款合同样本。

(保证担保贷款)借款合同

( )银借合同字第____号

经中国××银行________(下称贷款方)与________(下称借款方)和________(下称担保方)充分协商签订本合同,共同遵守。

第一条 自______年____月____日起,由贷款方向借款方提供______(种类)贷款(大)________元,用于________,还款期限至______年____月____日止,利率按月息________‰计算。如遇国家贷款利率调整,按调整后的新利率和计息方法计算。具体用款、还款计划如下:

分期用款计划		分期还款计划	
日期	金额	日期	金额

第二条　贷款方应在符合国家信贷政策、计划的前提下，按期、按额向借款方提供贷款。否则，应按违约数额和延期天数付给借款方违约金。违约金数额的计算，与逾期贷款的加息。

第三条　借款方愿遵守贷款方的有关贷款办法规定，并按合同规定用途使用贷款。否则，贷款方有权停止发放贷款，收回或提前收回已发放的贷款。对违约部分，按规定加收______%利息。

第四条　借款方应按期偿还贷款本息。______、______、______愿作为借款方对合同载明的全部贷款正当使用和按期还款的保证人。对借款方转移贷款用途等违反合同的行为，保证人承担连带责任；借款方不按期归还贷款本息时，由保证人承担代偿责任。

保证人相互间负连带保证责任。

第五条　贷款方有权检查、监督贷款的使用情况；了解借款方的计划执行、经营管理、财务活动、物资库存等情况。借款方对上述情况应完整如实地提供。对借款方违反借款合同的行为，贷款方有权按有关规定给予信贷制裁。

贷款方按规定收回或提前收回贷款，可直接从借款方存款账户中扣收。

第六条　贷款到期，由借款方及保证人负责偿还贷款本息。借款方及保证人到期不能归还，又未与贷款方签订期协议的，从逾期之日起，贷款方加收______%的利息，并可以从借款方及保证人的存款账户中直接扣收逾期贷款本息。

第七条　当借款方及保证人发生财产不足以清偿多个债权人的债务时，借款方、保证人愿以其财产(包括应收款项)优先偿还所欠贷款方的贷款本息。第八条　借、贷及保证人各方发生纠纷，由各方协商解决；协商不成的，可按下列第______种方式解决：

一、提交______仲裁委员会仲裁；

二、向贷款方所在地人民法院起诉。

第九条　其他____

第十条　本合同未尽事宜，按国家有关法律规定和银行有关贷款规定办理。

第十一条　本合同经各方签章后生效。

本合同一式______份，借、贷、保证人各执一份。

借款方	贷款方
(公章或合同专用章)	贷款单位：
法定代表人：　(签章)	(公章或合同专用章)
经办人：　(签章)	负责人：　(签章)
开户银行及账号：	经办人　(签章)

借款方保证担保人(1)

保证担保人：　　(公章或合同专用章)

法定代表人：　　(签章)

经办人：　　(签章)

开户银行及账号：

借款方保证担保人(2)
保证担保人：（公章或合同专用章）
法定代表人：（签章）
经办人：（签章）
开户银行及账号：

借款方保证担保人(3)
保证担保人：（公章或合同专用章）
法定代表人：（签章）
经办人：（签章）
开户银行及账号：

签约日期______年______月______日
签约地点________________________

9.4.2 担保合同结构

银行为贷款设定担保是保证贷款资金安全的重要措施，贷款银行、借款人企业和担保人之间要签订担保合同。根据担保形式不同，担保合同可以分为第三人保证担保合同、抵押合同和质押合同。下面给出抵押合同样本。

抵押合同

抵押人：________________________　企业性质：________________________
立协议人：________________________　抵押权人：________________________银行

为了明确抵押人与抵押权人各自责任、权益和义务，恪守信用，根据《中华人民共和国经济合同法》等有关法律、法规和《贷款抵押管理规定(试行)》，特签订本《抵押协议》以共同遵守。

一、抵押人自愿以“抵押物清单”(附后)所列之财产设定抵押权，担保借款人________与________银行于____年____月____日签订之借款合同，按期履行债务偿还借款。该贷款种类为________，金额________万元，用于________。贷款期限为____年____月至____年____月。借款合同编号为________。

二、当借款人不能依合同约定按期偿还借款时，抵押权人有权依照我国法律规定以抵押物折价或者以变卖抵押物的价款优先得到偿还。

三、抵押人对“抵押物清单”中所列财产依照国家法律规定拥有________(所有权或经营管理权)，并在抵押期内将所有抵押财产的产权证书交由抵押权人占管。

四、________抵押物在此之前已设有抵押，抵押额为：________万元；抵押期限为________。

五、经双方协商此项抵押的抵押额为____万元，抵押率为____%，抵押期限为____年，随____号借款合同变更、解除或终止。抵押人在已设定抵押物的抵押价值额内不得重复抵押。在抵押价值额外再行设定抵押权的，应在再行设定抵押数之前书面通知抵押权人。

六、根据协商，双方占管抵押物采取下列方式：

1. 下列抵押物由抵押人占管、使用：

抵押物名称	型　号	数　量

2. 下列抵押物及有关文件由抵押权人占管：

抵押物名称	型号	面值	单位	数量

产权证书：______________，共______________件；

保险单：______________，共______________张；

保险金额：______________万元；

证明文件______________，共______________份。

3. 下列抵押物就地封存，不得使用：

抵押物名称	型　号	数　量

七、抵押人对自己占管的抵押物，在抵押期间负责维修、保养、保证抵押物的完好，并随时接受抵押权人的检查和验证。抵押人未征得抵押权人的书面同意，不得以出租、出售、转借等形式处分自己所占管的抵押物。抵押权人发现抵押人对所占管的抵押物保管不当或有减损其价值的行为时，抵押权人有权要求抵押人恢复原状或提供其他等价的财产充当抵押物。抵押人不予执行的，抵押权人可以停止发放新贷款或收回部分直至全部贷款。

八、抵押权人占管之抵押物，如因抵押权人过错造成抵押物及有关文件损坏、遗失的，由抵押权人承担责任并赔偿损失。

九、抵押权人占管、保管抵押物及有关文件、凭证，按照有关规定由抵押人向抵押权人交纳保管费________元，本协议生效后三十日内结清。

十、本抵押所保证的借款合同期满，借款人未按合同约定偿还全部贷款本息的，或在抵押期间抵押人依法被宣告破产的，抵押权人有权依照国家有关法律、法规采取________方式处分抵押物。处分抵押物所得价款，按下列顺序分配：

(一)支付处分抵押物所需费用(含税金)；

(二)支付抵押人欠交抵押权人占管抵押物的保管费用；

(三)偿还借款人所欠抵押权人全部贷款本息；

(四)支付应由借款人支付贷款银行的其他有关费用；

(五)清偿上述款项后所余金额交还抵押人。

处分抵押物所得金额不足以偿还借款人所欠抵押权人贷款本息，抵押权人仍有权追索债务。

十一、借款人按借款合同规定偿还全部贷款本息后，抵押权人将自己占管的抵押物及有关文件退还抵押人。

十二、抵押人应按照规定办理抵押物的财产保险，保险期不得短于抵押期。保险费用由抵押人支付。抵押期间，抵押权人为抵押财产保险的第一受益人。如遇意？外损失，财产保险赔偿首先交由抵押权人处理。

十三、抵押期间，各种抵押物的孳息归财产所有人或经营管理权人所有。

十四、其他约定：

1.

2.

3.

（说明：其他约定中应包括抵押期间财产保险赔偿处理方式和有价证券到期是否兑付等约定）

十五、双方当事人必须全面履行本《抵押协议》所规定的权利与义务，任何一方不得擅自变更或者解除。

十六、本《抵押协议》为________号借款合同的补充文件。一式________份，抵押人与抵押权人各执________份。

股份制企业、合资合营企业、承包经营企业董事会或发包人审核意见：

抵押人（公章）： 抵押权人（公章）：

法定代表人（签字）： 法定代表人（签字）：

年 月 日 年 月 日

9.4.3 合同填写操作要点

根据银行管理贷款多年的经验在填写合同时，文中的填写必须注意：一是空格部分必须“划掉”。不留事后更改的机会。二是填写字体要用大写。防止用小写产生歧义。三是图章和签字必须在银行工作人员注视下由责任人亲自签署。如果出现代签现象，法院会判定合同无效，损失由银行自行承担。

【本章小结】

本章重点是关注商业银行工商贷款的操作要素。完整、准确地收集企业借款人信息，是银行对企业借款人信用做出准确评估的基础。撰写一份完整的信贷报告，情况属实地描述贷款企业的情况是一个信贷员的基本素质。信贷报告包括八个部分。利用信用评级计分表打分，并给出借款企业的信用等级是商业银行常用的方法。在信用评级的基础上，银行还会依据贷款的担保情况计算出贷款风险度系数。在银行与借款人的资金交易中，贷款合同、担保合同、抵押合同是交易正常进行、约束借款人按时归还贷款本息的重要依据，合同内容要完整，填写必须规范。

【课后练习】

一、概念题

不良贷款率　贷款风险　贷款风险度　偿债能力

二、简答题

1. 商业银行发放企业贷款时，利用财务指标对企业的资信进行评价。问：主要审查企业的哪几张财务报表？了解这些报表中的哪几项主要内容？采用的财务比率数据分为哪几类？请列出每类中两个比率指标。

2. 决定一优良的贷款的主要因素由哪几方面组成？简述各个方面的主要内容。

三、计算题

3. 负债资金的定价方法。

4. 贷款资金的定价方法。

5. 按揭贷款几种还款方式对比分析。

四、实践题

6. 挑选一家你感兴趣的商业银行，查阅相关资料。从以下几个方面向大家介绍这家银行。

(1)此家银行的主要业务，负债、资产、其他业务。

(2)此家银行的各项业务指标。对这些指标进行评价。

(3)此家银行的经营特色，市场竞争力。对银行的未来的发展作出你的预期，提出你的建议。

【网络指引】

要了解更多的关于企业融资方面的信息，请登录以下网站：

http://www.zj198.com/中国资金网

http://www.sinocp.com/中国资金项目网

第 10 章

银行资金运用管理(三):消费贷款和其他贷款

引 言

在商业银行的早期,工商贷款余额在银行贷款余额中占有很大比例。随着经济发展,人们生活水平不断提高,家庭财富逐渐积累,个人及家庭对未来收入预期持乐观,利用银行贷款提高生活质量的理念得到普及,商业银行面向个人发放的消费贷款数量也迅速增加。

21 世纪中国经济高速发展,购买住房和汽车成为年轻人和大多数家庭的生活目标。人们对国家经济持续增长的信心,促使银行个人消费贷款年新增量在银行贷款总增量中的比率从 20 世纪 90 年代的不足 5% 迅速上涨到 2005 年的接近 50%,2005 年全国银行业新增贷款的 20% 为个人购买住房贷款。消费贷款已经成为商业银行的主要贷款品种。

学习目标

1. 掌握消费贷款业务要点
2. 掌握银行信用卡业务要点
3. 掌握银行抵押贷款和贴现业务要点
4. 掌握贷款风险管理要点

重点问题

1. 按揭贷款中借款人信用评级方法和几种还款方式
2. 信用卡风险管理和信用卡清算体系
3. 票据贴现交易结构和风险点

10.1 消费贷款

消费贷款是指商业银行直接发放、或者通过商品零售商发放给个人或其家庭的，用于购买汽车、住宅、大宗消费品；或支付医疗费用、教育费用等开支的贷款。消费贷款的业务特点是贷款对象为自然人或家庭，贷款用途是为了满足个人日常生活消费目的。如果个人向银行申请贷款用于经营目的，贷款用途不属于消费用途，因此不能归类于消费贷款。

10.1.1 消费贷款分类

我们按照贷款用途可以将消费贷款作如下分类：

1. 住房按揭贷款

住房按揭贷款是指家庭向银行申请的，用于购买新房或二手房的贷款。住房按揭贷款的业务特点是借款人将购买的住房抵押给银行作贷款担保，贷款金额远远大于借款人个人或家庭的年收入，贷款期限长（一般为5～30年），还款方式采用特定的按揭还款方式，住房按揭贷款利率一般低于同期限的其他贷款利率。商业银行发放的住房按揭贷款是银行资产中质量最好的贷款品种，因此非常受银行的青睐。

2. 汽车按揭贷款

汽车按揭贷款是指家庭或个人向银行申请的，用于购买新车或二手车的贷款。汽车按揭贷款的业务特点是借款人需要向银行提供实物作为贷款担保，贷款金额较小（一般为家庭年收入的2～3倍），贷款期限较短（一般为3～5年），可以采用按揭还款方式或分期还款方式。值得注意的是，汽车按揭贷款资产质量一般较低，并不受银行的欢迎。

3. 大宗商品消费贷款

大宗消费品贷款是指银行发放给个人或家庭的，用于购买住宅、汽车之外的其他消费品的贷款。此项贷款的业务特点是贷款用途灵活多样，贷款通过商家发放，采取分期付款方式，期限一般小于1年。迄今为止，公众对此类贷款并不熟悉。此项贷款可以给银行带来丰厚的收益，备受银行重视。

4. 助学贷款

助学贷款是我国政府为了资助家庭经济困难学生完成学业发放的政策性扶持贷款。助学贷款的业务特点是信用贷款，额度较小（单次发放的贷款最高额度不高于一个学年的学费），期限较长（期限为四年或更长），分期发放，政府贴息。由于没有完善的信用体系，助学贷款的违约率较高。

5. 信用卡

信用卡是最为普及的一种银行贷款。信用卡贷款是一种小额循环授信贷款,是信用贷款,有固定的免息期,罚息远远高于一般贷款利息。银行业务收入来自于逾期罚息和商户刷卡佣金。

6. 其他贷款

个人消费贷款还包括家庭装修贷款和出国留学贷款等等。

10.1.2 消费贷款业务特点

我们从商业银行贷款业务的利率、期限、还款方式和信用评级方法四个方面入手讨论消费贷款的业务特点。

1. 利率

通常银行家认为消费贷款是“粘性”利率贷款。与企业贷款利率不同,消费贷款利率在西方国家一般不随市场利率变化而变化。在中国,除了住房按揭贷款的利率外,其他品种的消费贷款利率与企业贷款利率并无区别。

住房按揭贷款作为银行最主要的消费贷款品种,由于与百姓基本生活息息相关,因此其利率有别于其他消费贷款。中国人民银行规定:①住房按揭利率低于同期限其他贷款的利率。②如果市场利率变动,住房按揭贷款利率的调整在中国人民银行公布调整利率之日的次年1月1日调整。由于市场竞争激烈,2006年中国各家商业银行纷纷推出个人住房贷款固定利率合约,在这种合约中银行面临利率风险。

2. 期限

消费贷款的期限结构复杂,从住房按揭贷款30年期限到信用卡48天期限不等。这个特点与企业贷款期限一般为1～5年形成鲜明的对比。这一特点也揭示了消费贷款的多变性,业务管理也相对复杂。

3. 还款方式

消费贷款的还款方式主要包括一次性还本付息、分期付款和按揭方式。总体上看消费贷款还款方式几乎覆盖商业银行可以提供的各种贷款还款方式。实质上每一种消费贷款品种是与一种还款方式固定搭配的。比如:按揭还款方式只用于住房按揭贷款,免息按月还款方式只用于信用卡。这些固定搭配并没有特定的理由,是人们在长期金融活动中形成的惯例,不能互换。

4. 信用评级

银行消费贷款信用评级方法与企业贷款信用评级方法间有很大差别。在消费贷款中,银行对借款人的信用评级更多采取“大数法则”,即将客户分类,重视特定客户群体的信用评级。比如商业银行认为,借款人的学历水平和家庭收入因素在消费者贷款中起着重要作用,家庭收入越高的决定借款人可能会申请较高额度的贷款,银行也会批准这样家庭较高额度的贷款。家庭主要成员接受教育时间越长,可能会申请更高额度的贷款,这类家庭申请贷款是为了获得更高的生活标准而非生活急需。银行并不会对多少收入具体数字感兴趣,而是对家庭收入处于社会哪一个阶层更加看重。

比如,为了争夺个人贷款市场客户,针对政府机关公务员消费稳定、信誉高的特点,交通银行在2004年推出了政府机关公务员信用贷款。公务员凭借工作证、收入证明和职务证明,就可以获得5万至20万元不等的贷款授信。贷款银行一般并不过多追问贷款的用途,这种方式会遭到监管当局的质疑。

10.1.3 消费贷款发展历史

1. 消费信贷在美国的兴起

消费信贷在其漫长的发展历程中,受到西方各国政府了种种规定的限制,只有在美国得到了良好的发展。19世纪末,内战结束后,美国经济发展进入城市化、工业化轨道,跨地区消费交易额大大增加。在一些城市出现了自发性的民间分期付款和消费信贷。为了保护消费者利益,美国各州政府制定了"小额信贷法",并设立了面向消费者的金融机构——消费者金融公司。

20世纪30年代初期,美国经济平稳发展,为了鼓励消费信贷,出现了获得美国法律特许权的、为消费者提供信贷的信用合作社。为了推动汽车消费,出现了汽车销售金融公司。这种方式最后推广到家电和耐用消费品行业。20世纪30年代中期,美国经济大萧条,社会需求不足,商业银行急于为资金寻找出路,开始涉足个人消费信贷业务。30年代后期,美国经济复苏,消费信贷业务得到快速发展。之后至今,美国消费信贷规模和种类均位于世界的前列。

2. 消费贷款在中国的发展历程

中国商业银行于1997年开始办理个人贷款业务中的住房按揭贷款,到2006年发展到近10个品种,个人贷款业务占总贷款业务的20%左右,其中主要业务是住房按揭业务,其次是信用卡业务和汽车消费贷款。由于汽车按揭贷款违约率较高,银行办理非常谨慎。

10.2 住房按揭贷款业务要点

什么是住房按揭贷款?按揭是一种法律术语,特指借款人将资产抵押给银行,获得银行的贷款的借款方式。在中国,大家约定俗成地认为按揭贷款特指个人或家庭在购买具有稳定价值的资产时，将购买的资产(如汽车、住房)抵押给银行，资产所有权转移给银行，借款人保留使用权，以特定的还款方式，在较长的时期内归还银行贷款本息的一种特定的贷款方式。目前，中国商业银行只发放住房按揭贷款和汽车按揭贷款。

10.2.1 贷款发放资金线路

将住房按揭贷款资金线路特别拿出来讨论的原因是，银行发放给借款人的按揭贷款金额并不能由借款人支配，而是由贷款人银行经过借款人的银行账户直接将贷款资金划入房地产商银行账户中。银行这样做的原因是为了严格控制资金的去向。中国人民银行也在按揭贷款的资金流问题上作了严格的规定。

10.2.2 贷款的信用结构

在住房按揭贷款中，购房人将购得的房屋抵押给银行作为债务保证，从银行获得贷款资金。但是，银行家们观察到房地产市场是一个价格波动较大的市场，涨跌幅度会高达200%以上。比如，1997年受亚洲金融危机影响，香港商品房价格两年内跌至金融危机前的40%。上海、杭州地区的房价自从2000年到2003年涨幅高达200%。为了防范市场价格波动，银行采取下面提及的一些措施，防范可能出现的市场风险。

1. 首付款

首付款是指借款人在获得银行住房按揭贷款之前，需要自有资金支付购房款中固定比例的款项。比如，如果购买一套价值50万元的住房，银行不会向借款人发放50万元的贷款，而是要求借款人至少先向房地产商支付一定比率的首付款，这个比率一般大于20%。也就是讲，如果银行要求借款人支付20%的首付款作为贷款先决条件，那么购买50万元的住房，借款人至少要先行支付10万元，银行才会提供最多为40万元的贷款。如果对未来房地产市场的预期价格下跌，贷款银行要求的首付款比率会更高。

商业银行这样做的动机是：①了解借款人的经济实力。对于无力支付首付款的购房者，银行会怀疑他的偿债能力。②防止房地产市场价格下跌。当市场房价下跌，致使借款人需要向银行支付的按揭款总额大于直接以市场价格购买住房时需要支付的款项时，借款人会放弃归还银行贷款本息。比如上面讨论的例子中，如果借款人还需要向贷款银行支付按揭款本息总额35万元，由于房地产市场价格下跌，而直接向地产商购买同样大小住房只需付34万元，借款人宁愿放弃归还贷款，直接从市场中购得贷款。因此，银行要求的首付款比率越大，银行面临的风险越小。

2. 房屋抵押

借款人向银行申请住房按揭贷款时,要将购买的住房抵押给银行,银行作为房屋抵押权人有对房屋处分的权利。这种债权债务关系必须到政府规定的"房产登记中心"注册登记方能成立。

3. 回购担保

当借款人无力归还银行贷款时,银行处置房屋要花费大量的人力和物力。为了避免处置住房的成本开支,贷款银行与房地产销售商签订《回购协议》,要求在借款人违约时,房地产公司有义务回收住房。银行这样做的另一个目的在于约束房地产商将"烂尾"风险转嫁给银行。

10.2.3 申请及申请表

借款人向银行申请住房按揭贷款时,需要向银行提交贷款申请表。借款人详细填写消费贷款申请表(如下表),同时要递交已经生效的购房买卖合同、身份证明、收入证明等相关资料。填写申请表是为下一步信用评级提供基础资料。

消费贷款申请表　　填表日期：　　年　　月　　日

本贷款是由　　　　　向城市商业银行　　　　　　年　月　日提交的贷款申请。

申请人住址：________________________居住的城市：____________邮编：____________
贷款目的：________________________

住房贷款请填写如下内容：
房屋状况：　1. 期房　　2. 新房　　3. 二手房
期望贷款期限：____________　　购买商品房的总金额：____________
已经付款的成数：____________　　房地产公司(出售人)：____________
房屋坐落的详细位置和层次：________________________

借款人详细情况请填写如下内容：
身份证号：____________　　身份证发放地：____________
出生年月：____________　　出生地：________________
目前居住地址：____________　　目前居住地居住时间：____________
来本地之前的居住地：____________　　居住的时间：____________
家庭电话：____________　　工作单位电话：____________
抚养的人数：____________
目前的工作单位：____________　　目前工作年限：____________
年收入：____________　　其他资金来源：____________
其他来源年收入：____________

配偶情况：
身份证号：______ 身份证发放地：______
出生年月：______ 出生地：______
目前居住地址：______ 目前居住地居住时间：______
来本地之前的居住地：______ 居住的时间：______
家庭电话：______ 工作单位电话：______
目前的工作单位：______ 目前工作年限：______
年收入：______ 其他资金来源：______
其他来源年收入：______

10.2.4 借款人信用评级

接受借款人的贷款申请后，银行要对借款人进行信用评级。消费贷款的信用评级方法有别于企业借款人信用评级方法。

1. 信用评级要素

银行在对个人或家庭借款人进行信用评级时，主要考虑如下因素。

(1)品质。分析借款人品质是消费贷款信用评级中的主要因素，银行必须确定借款人是否有良好的道德责任感。为了做到这一点，银行要与全国和地方的个人信用数据库管理部门建立良好的联系，通过掌握借款人信用历史，确定借款人的品质。经验丰富的信贷员会更重视与客户面谈，帮助客户填写申请书，从中发现客户在信用方面的瑕疵。

(2)工作和居住稳定性。大部分中国商业银行愿意将贷款发放给有本地身份证、在本地工作多年的借款人。因为，家族所在地会给借款人保持自己的信用声誉一定的约束，如果出现风险，家族的力量也有助于银行挽回资金损失。对于非本地身份证、在本地工作只有几个月或1～2年的借款人，除非另有抵押物，否则较难获得银行贷款。

(3)收入水平。个人或者家庭的收入水平和收入的稳定性是银行判断借款人偿债能力的关键因素。商业银行更愿意将贷款发放给国家公务员、医生、教师这样收入稳定的人员，虽然他们的收入水平并不高。

(4)存款余额。偿债能力的另一个间接的衡量标准是家庭的存款。这个指标是一个备受争议的指标，银行可能会质疑，为什么在有较多的存款情况下，借款人还要贷款。但是无论如何，存款数量在一定程度上表明，在贷款出现问题时家庭清偿债务的能力。

(5)不动产情况。家庭及个人不动产持有的数量，往往是银行判断借款人还款保证的主要因素。从不动产的数量可以判断家庭的收入能力和理财能力。

(6)债务金字塔结构。债务金字塔是指借款人从一家银行借入贷款归还另外一家银行的贷款，银行如果遇到这种借款人往往会放弃这样的客户。这样的客户大多数对自己调度“资金”的能力过于有信心，可能会超过偿债能力消费或投资，如果一旦出现资金链断裂，银行也会卷入债务危机。

2. 信用评级方法

住房按揭信用评级方法，采用借款人个体评级与客户群整体评级相结合的方法。客户群整体评级法的基本理论是银行可以通过观察大量曾发放的个人和企业贷款来确定优良贷款和不良贷款的参数和综合评分。采用的信用评级系统基于判定式模型(discriminant model)及其相关的技术，如洛基模型(ligit model)、概率单位模型(profit model)或神经网络模型。这种模型运用多个参数为贷款申请建立评分和信用评级。银行建立平均的判定水平，申请者的评分高于平均分，在没有特别不利条件，银行会发放贷款；如果申请者评分低于平均分，银行会拒绝贷款申请。常见的商业银行消费贷款信用评分标准见表10-1。商业银行采用计算机信用评级系统，利用计算机系统评级的优点在于可以使用机器代替人工处理大批量的申请单，降低经营成本，也可以避免信贷员没有经验造成的风险隐患。

这种模型也被用于商品房、汽车首次抵押贷款，甚至企业贷款的信用评级。

表 10-1　银行消费贷款信用评级评分标准

预测贷款质量的因素	分数
1. 客户职业或工作性质	
专家及企业主管	10
熟练工人	8
职员	7
学生	5
非熟练工人	4
兼职工作人员	2
2. 住房性质	
自有住房	6
租用住房和公寓	4
住在亲友家	2
3. 信用等级	
优秀	10
一般	5
无记录	2
差	0

预测贷款质量的因素	分数
4. 目前工作时间	
一年以上	5
一年以下	2
5. 现住址居住时间	
一年以上	2
一年一下	1
6. 集中是否装电话	
是	2
否	0
7. 客户需要抚养的人数	
1 人	4
2 人	4
3 人	3
3 人以上	2
8. 持有银行的账户	
支票及储蓄账户	4
储蓄账户	3
支票账户	2
无	0

假如银行统计出历史客户的评分在 1～43 分范围内。评分小于 28 分的不良贷款率为 10%。银行就将 28 分作为分界点，给出以下的贷款标准(见表 10-2)。

表 10-2　信用评分和最高贷款额度对应关系

低于 28 分	拒绝贷款
29～35 分	6 成
36～40 分	7 成
41～43 分	8 成

10.2.5　还款方式

住房按揭贷款有独特的还款方式，即按揭还款方式。银行提供的按揭还款方式主要有两种。

1. 等额还款法

等额还款方式是指在贷款期限内，每月固定日期，借款人向银行缴纳相同数额的现金，归还贷款本息。其中，归还贷款本金和利息的总额不变，但本金和利息的占比逐月变化。计算公式如下：

$$每月还款额=\frac{贷款本金总额\times 月利率\times(1+月利率)^{月数}}{(1+月利率)^{月数}-1} \quad 〈10-1〉$$

其中：每月归还利息＝贷款本金总额×月利率

每月归还本金＝每月还款额－每月归还计息

按照复利计算，假设贷款总额为 L_0，利率 i，以月为单位贷款期数为 n，到期一次性归还贷款本金和利息时，借款人一次性归还本息合计：

$$SUM_0=L_0\times(1+i)^n$$

按照普通年金计算，每月付款数为 A，利率 i，共 n 期。按复利计算的普通年金终值为：

$$SUM_1=A+A(1+i)^1+\cdots+A(1+i)^{n-1} \quad 〈10-2〉$$

将〈10-2〉两边乘 $(1+i)$ 得：

$$(1+i)SUM_1=A(1+i)+A(1+i)^2+\cdots+A(1+i)^n \quad 〈10-3〉$$

将〈10-2〉与〈10-3〉相减得：

$$SUM_1=A\times\frac{(1+i)^n-1}{i}$$

由 $SUM_0=SUM_1$ 得：

$$L_0\times(1+i)^n=A\times\frac{(1+i)^n-1}{i}$$

$$等额还款的月供：A=\frac{L_0\times i\times(1+i)^n}{(1+i)^n-1} \quad 〈10-4〉$$

2. 等本还款法

等本还款法是指借款人在贷款期限内，每月固定日期，向银行每月归还相同的本金，利息逐月在变化，逐月减少。等本还款的业务特点是，每月归还贷款的总额度是变化的，并随时间推移不断缩小。归还银行的总的金额小于等额还款法。借款人前期还款的压力较大。

每月归还本金＝贷款总额／期数

第 n 月归还的利息＝剩余贷款本金总额×贷款月利率

第 n 月还款额＝每月归还本金＋第 n 月归还的利息 〈10-5〉

【例 10-1】 有一位客户购买住房总价值 100 万元，首付 5 成，向银行按揭贷款 50 万元，利率 12%，贷款期限 25 年。客户向你咨询，等额还款、等本还款，哪一种更合算？每个月需要还多少？请你回答客户问题。并且每种还款方式计算两个月的利息。

解：(1) 等额还款法

$$每月还款额=\frac{500000\times12\%/12\times(1+12\%/12)^{12\times25}}{(1+12\%/12)^{12\times25}-1}$$

$$=98942.30/18.7885=5266.10(元)$$

第一个月本息和:5266.10 元

支付的利息:50 万元×12%/12=5000(元)

支付的本金:5266.10－5000=266.10(元)

第二个月本息和:5266.10 元

支付的利息:(500,000－266.10)×12%/12=4997.34(元)

支付的本金:5266.10－4997.34=268.76(元)

……

(2)等本还款法

每月本金=50 万元/(12 月×25 年)=1666.67(元)

第一个月还款:归还利息=50 万元×12%/12=5000(元)

还款合计=5000+1666.67=6667.67(元)

第二个月还款:归还利息=(50 万元－1666.67 元)×12%/12=4983.33(元)

还款合计=4983.33+1666.67=6650(元)

……

3. 方案建议

对于收入较低的还款人来讲,等本还款初期压力较大。如果不能承担>5000元的月供,可以采取等额还款法。

从例 10-1 中,我们可以得出等本还款法承担较少利息,归还贷款总额最少。

10.2.6 按揭贷款的利率

2006 年前,中国商业银行按揭贷款一直采取浮动利率,即中国人民银行公布贷款利率调整日的次年 1 月 1 日,银行调整个人住房按揭贷款利率,同时借款人归还按揭贷款的每月月供数额也同时调整。2005 年以后,人民币利率处于上升通道,每一次上调利率都会引发借款人由于不愿意承担不断增加的月供,集中提前归还按揭贷款,造成银行住房按揭贷款余额不断下降。为了阻止这种趋势,中国各家商业银行在 2006 年初相继推出了"固定利率按揭贷款"品种。发放固定利率贷款的贷款银行要承担市场利率风险,因此,固定贷款利率要高于同期限的浮动贷款利率。

10.2.7 贷款违约金

贷款违约金是指借款人提前归还贷款时,银行向借款人收取一定数额的补偿金。银行家们认为借款人提前还款属于对借款合约的违约行为，在一定程度上打乱银行资金安排计划，会造成银行经营损失。因此，贷款银行向违约的借款人适当收取罚金属于正常要求。2005 年，中国商业银行开始实施这项措施时，遭到了社会公众的强烈反对。

10.3 信用卡业务要点

信用卡是由银行或信用卡公司向资信良好的个人或机构发放的一种信用凭证，持卡人可以持此信用凭证在指定的特约商户购物或获得服务。信用卡是发卡机构发放循环贷款和提供相关服务的凭证，是持卡人的信誉的标志。

10.3.1 银行卡及其分类

什么是银行卡？中国人民银行颁布的《银行卡管理办法》第二条明确规定“本办法所称的银行卡是指由商业银行（含邮政金融机构）向社会发行的具有消费信用、转账结算、存取现金等全部或部分功能的信用支付工具。”银行卡是一种金融电子结算工具。与传统的金融工具“三票”相比较，银行卡有工具载体是非纸质的，支付要素和交易手段是通过电子信息、计算机网络来实现的特点。

银行向社会发放的可以用于消费支付的银行卡，严格意义上讲，还可以进一步细分。典型的有三类（见表 10-3）。

表 10-3　银行发放的消费支付凭证

名　称	按介质形式区分	按业务性质区分	交易性质	设备
借记卡	磁卡	负债业务辅助金融工具	在线交易	磁条读写器
贷记卡	磁卡	资产业务辅助金融工具	在线交易	磁条读写器
IC 卡	芯片卡	业务性质可多项	离线交易	芯片读写器

磁卡与 IC 卡的区别在于：磁卡只记载持卡人以数据形式表示的身份识别信息，IC 卡可以记载持卡人身份信息和交易信息，甚至图形信息。

借记卡与贷记卡的区别在于：①借记卡是负债类结算工具，是由持卡人存款账户银行签发的，存款账户银行见卡时无条件支付确定金额给收款人的支付凭证。与传统金融结算工具中的“支票”类似，它是电子凭证，支付要素通过电子信息实现。②贷记卡是资产类金融工具，是持卡人与贷款银行签署“消费贷款循环授信协议”后，持卡人委托授信银行见卡无条件发放确定金额贷款给收款人的放款凭证。与传统金融结算工具中“汇票”类似，它是电子凭证，支付要素通过电子信息实现。由于业务性质的本质区别，银行对借记卡和贷记卡的管理体系和支付规则完全不同。比如,借记卡一般归属会计核算部门管理,与存款、贷款管理一样,同属于银行分支机构业务的一部分。而贷记卡由专门的信用卡部管理。

10.3.2 信用卡管理规则

借记卡是存款账户支付结算纸质凭证的电子化,其业务管理规则与传统的存折、存单基本相同,电子化属性更加丰富了持有借记卡的客户结算渠道,获得金融的地域范围也更加广泛(可以持卡在中国任何一个地方、任何一家银行的自动柜员机上提取现金)。信用卡是贷款凭证,具有的信用支付功能,因此商业银行对信用卡的管理规则与借记卡完全不同,经过多年实践,商业银行形成了一套规范的、通用的操作流程和管理规则。

1. 信用额度

信用卡的信用额度是指发卡机构授予持卡人的、可使用的最高贷款额度。发卡机构根据申请人的职业、学历、职位和家庭资产情况,确定申请人的贷款授信额度。按国际惯例,信用卡发卡机构根据信用等级将信用卡分为白金卡、金卡和普通卡三大类别。银行为三个类别持卡人设定的最高授信额度分别是人民币10万元、5万元和2万元。对于具体持卡人,根据信用评级的得分情况,这个额度会作细微调整。比如,一个刚毕业的学生,在金融机构工作,银行机构会发给他普通卡,可能得到授信额度1万元,而不是2万元。发卡机构还会根据持卡人持卡的历史长短、以往的消费行为和还款行为表现,作出增加或减少授信额度的决定。

2. 账单日

发卡机构并不是每天都向客户报告账单情况,一般是在一个月中固定的三天(每月的5日、15日、25日)处理客户一个月来的消费明细,并打印出来,以“客户对账单”的形式邮寄给客户,这个日期被称为“账单日”,每个客户的“账单日”是不同的。持卡人申请卡片后,第一次收到卡片时,发卡机构会在通知单上注明持卡人的“账单日”和“还款日”。

3. 还款日

持卡人第一次收到发卡机构的卡片及相关通知时,发卡机构会在信件中向持卡人指明“还款日”的日期(一般为账单日两周以后的某一天)。如果“付款日”后,未向发卡银行还清发卡机构“客户对账单”上的款项,从该日起发卡行向持卡人开始计收贷款利息。

4. 免息期

当持卡人消费行为发生后,持卡人与贷款银行的借贷交易成立。与一般贷款不同的是，发卡银行并不会立即计算贷款的利息，而是在指定账单“还款日”的次日向持卡人开始计付贷款利息。消费日与指定还款日之间的时间差被称为信用卡的免息期。信用卡的最长免息期为48天。

【例10-2】 假设一个持卡人的账单日是每月的15日，还款日是每月的3日。此持卡人在当月的16日消费了2000元。在25日消费了5000元。问：2000元的免息期是几天？5000元的免息期是几天？当月(31天)

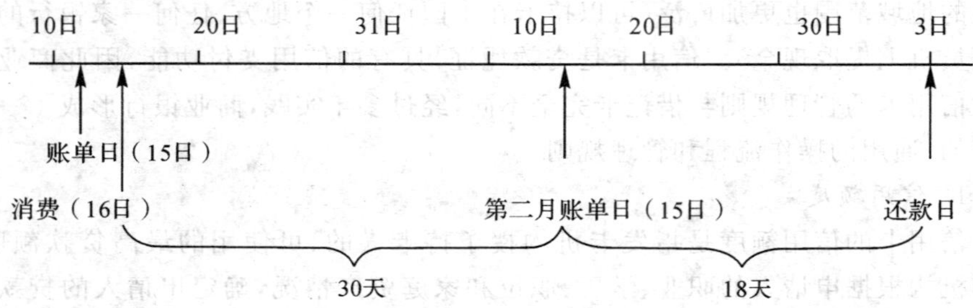

还款时间示意图

16日消费的2000元的免息期是：

(31－16)＋30＋3＝15＋33＝48(天)

25日消费的5000元的免息期是：

(31－25)＋30＋3＝6＋30＋3＝39(天)。

以上就是大家经常听到的信用卡最长的免息期是48天的计算方法。

5. 最低还款额

商业银行鼓励持卡人延期付款(超出付款日还款)，银行可以收取逾期利息。发卡机构对信用卡设定最低还款额，一般为消费额的1/10。如果你每月偿还1/10的消费额，9/10变为逾期贷款，发卡行并不认为你有不良的消费记录。如果没有交付1/10的消费款，发卡行就会给持卡人产生不良消费记录，这个记录可能是持卡人以后增加信用额度的障碍。

6. 提现额度

作为信用支付工具，银行管理当局严格控制信用卡提取现金。为了解决持卡人临时性现金需求，发卡银行开通持卡人提取现金功能，但是附加三个约束条件：一是提现的授信额度低于消费额，一般为消费授信额度的1/3。二是设置每天提现额度上限，一般为5000元。比如，如果你有5万元的消费信用额度，可提现的最高额度是5×1/3＝1.7万元，实际上每天你只能提现5000元。三是提现必须付出昂贵的手续费，一般为提款金额的3%。对此，不同的商业银行有不同的规定。

7. 收入

信用卡业务收入来自于持卡人缴纳的年费、持卡人透支消费的罚息和持卡人提现手续费。信用卡中心另一项收入是来自于特约商户缴纳的刷卡手续费，手续费扣率一般为消费金额的1%～2%。这是一个备受争议的收费项目，常常会受到特约商户的抵制。

10.3.3 信用卡付款条件

信用卡作为一种金融结算工具，由于其具有的设权性、无因性、文义性、要式性和流通性等特点，持卡人在刷卡消费时，银行必须做到核对付款要素，验证合格，即时付款。因此，付款要素成为银行防范风险、保护持卡人利益的重要手段。付款要素验证分为两类。

1. 对持卡人的身份进行验证

(1)密码核对。发卡银行在发卡时，设置了消费密码，持卡人在消费时必须在商家的销售终端上输入预先设置的密码。国内所有商业银行发行的借记卡均采用密码核对身份。部分商业银行的信用卡采用密码核对身份，部分商业银行信用卡不设置密码。

(2)签名核对。签名核对是国际上通用的身份识别手段。但是在实际操作当中，由于签名易于被仿照，因此这种验证手段实际上形同虚设。

(3)身份证核对。身份证和对是一种辅助性的身份识别手段。部分商业银行采用密码与身份证同时使用验证持卡人身份，部分商业银行放弃这种方法。

(4)黑名单核对。黑名单是指商业银行将以往有不良记录的持卡人的姓名和卡号记入"黑名单"，商业机构拒绝接受被列在黑名单中的持卡人。

2. 对付款条件进行验证

商业银行在通过持卡人身份验证后，还需进行付款条件的验证。包括判断：①是否超出消费信用额度。发卡银行验证持卡人累计透支消费额是否超出了授信额度。②是否超出提现信用额度。发卡银行验证持卡人累计提现数额是否超过了提现信用额度。在完成上述两个条件的验证后，发卡机构同意即时付款。

10.3.4 国际信用卡清算组织(VISA和MASTER)

在一些国际重大体育赛事中，我们常常可以看到VISA和MASTER的标志。在国际100个最知名的商标中，VISA位于第14位。这两个国际上最大的银行卡清算机构，在推动全球的信用卡发展方面有非凡的表现。如果要了解信用卡，就不得不了解这两个国际银行卡组织的机构结构和市场作用。下面列出世界最著名的前五家银行卡组织(见表 10-3)。

表 10-3 世界著名五家银行卡组织

组织名称	公司性质	组织标志	代表产品	总部地点
维萨国际组织	非股份、非营利	VISA	VISA 信用卡系列	美国洛杉矶
万事达卡国际组织	非营利性会员	MASTER	MASTER 信用卡系列	美国纽约
美国运通公司	股份有限公司		运通信用卡	美国纽约
大莱信用卡公司	信用卡公司(花旗收购)		大莱信用卡	美国芝加哥
JCB 公司	信用卡公司	JCB	JCB 信用卡	日本

VISA 组织在全球范围内发挥着保证信用卡交易畅通和国际银行间资金清算的作用,向各家银行和信用卡发卡机构提供交易平台、清算网络和基于上述交易的各类服务。比如:特约商户优惠服务、全球应急取现服务、不同币种交易在线自动兑换服务和客户有争议交易全球协调处理等等。

VISA 国际组织在金融经济活动作用体现在三个方面:一是建立一个通用的金融交易支付清算平台网络。二是平等地向各个会员行提供实时在线金融交易服务。三是提供可靠的资金清算管理。下面对以上三个方面逐一说明。

(1)网络结构。VISA 遍布全球的交易网络 VIP(VisaNet Integreted Payment)。它的网络拓扑结构是典型的星形集中式处理结构,各种信息交易必须送往 VISA 处理中心进行集中处理(见图 10-1)。

(2)在线交易。VISA 提供的刷卡交易及资金清算网络可称为世界上铺设面积最广、使用人数最多的计算机网络。全球有 1700 万个商户,55 万台 ATM 入网交易,有 8 亿张的各国信用卡使用 VISA 品牌,占全球银行卡市场的 60%。

(3)清算处理。金融交易通过第三方实现时,一个关键的环节是如何及时、准确地实施资金清算。清算系统工作分为清分、清算系统两部分。

清分。VISA 组织清分系统对当期发生的交易明细信息进行收集和汇总,并产生针对每一个成员机构的按业务明细类别区分的业务报表。通过清分系统可向成员行提供清算报表、结算币种转换、服务费计算等多种服务。

清算。VISA 组织清算系统根据清分系统的结果,对当期每一成员机构的汇总交易借贷方进行轧差(确定借贷净差额),将结果通知清算银行。清算银行根据清算结果,在各成员行之间进行资金的划转,完成清算。VISA 组织指定的清算银行为纽约曼哈顿大通银行(Chase Manhattan Bank)。VISA 组织在大通银行存有一笔清算保证金,当成员机构的清算应付款不能及时到账时,由 VISA 组织的清算保证金垫付;同时向成员行收取罚息。在 VISA 组织的清算保证金

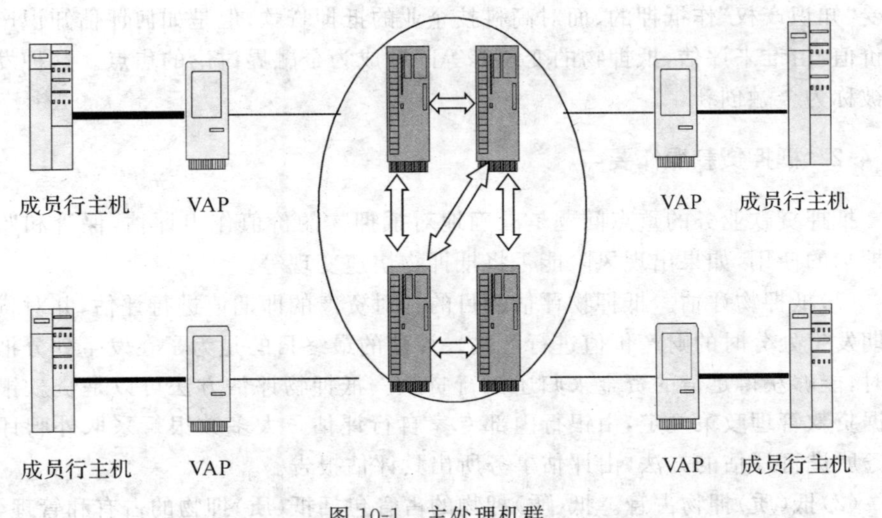

图 10-1　主处理机群

不足时,由大通银行垫付。基于 Visa 国际组织与清算银行顺畅的合作,支付平台交易和清算业务得以数十年顺畅运行。

10.4　抵(质)押贷款业务要点

抵押贷款是指借款人将具有一定价值的实物(称为抵押物)抵押给银行获得贷款资金的融资方式。抵押物的价值由专业评估公司依据市场现货交易价格评估给出。我们通常所讲的抵押贷款是指抵(质)押贷款,这类贷款由具有一定价值的、可变现的实物作为贷款担保,当借款人还款出现问题时,贷款银行有权处置抵(质)押物品,将实物变现,偿还贷款本息。由于抵(质)押物变现容易,银行贷款资金回收有保障,一直以来抵押贷款是商业银行最主要的贷款品种。在同等条件下,相对于保证担保,抵押担保更容易获得银行的认可。

10.4.1　抵押贷款种类

根据抵押物不同,常见的抵押贷款可以分为不动产抵押贷款、存货抵押贷款、证券抵押贷款和应收账款抵押贷款等种类。从实质上讲,有价值、可以变现的物品(或有价单证)都可以作为抵押品获得银行的贷款,但是,银行可接受的抵押品的种类是受《担保法》限制的。随着市场经济发展,银行正在突破这种限制。比如,20 世纪 90 年代,银行接受厂房、土地和银行存单作为抵押品。21 世纪初期,银行开始接受收费权、库存商品作为抵押。2006 年末,中国交通银行出台了接受“知识产权”作抵押的、面对高科技企业的抵押贷款，但是如何评估知识产权的价值，由谁来评估，抵押物的变现等等问题成为金融界讨论的焦点。这种发展也被称为金融创新，

10.4.2 抵押贷款操作要点

抵押贷款业务的重点问题是准确地对抵押物的价值作出评估，保管和监督抵押物的使用，如果出现风险能否将抵押物快速变现等。

(1)抵押物评估。抵押物评估的目的是对资产的即期值进行评估，并对贷款到期发生处分时的财产价值进行评估。评估的最终目的是为了在发生处分抵押物时，能够获得足值的资金来归还银行贷款。抵押物评估方法可以是贷款银行根据贷款管理政策规定，由银行内部专家自行评估。大多数银行采取外聘评估事务所进行评估的方法，由评估事务所出具评估报告。

(2)抵(质)押物占管。抵(质)押物的占管包括抵(质)押物的占有和管理，有两种形式。固定资产抵押，由抵押人占有、使用，称为抵押贷款。对有价证券等由抵押权人占管的，称为质押贷款。

(3)抵(质)押物处分。处分是一种权利，是指当事人在法律规定的范围内对财产处理的权利和自由。包括拍卖、转让和兑现三种方式。当借款人将抵押物抵押给银行后，抵押物的处分权随抵押权转移给银行，在借款人违约不能按时归还银行本息时，银行可自主决定抵押物的处理方式，并有优先受偿权。

(4)抵押率。根据市场波动情况和变现的难易程度，银行针对不同的抵押物制定了不同的抵押率。这个规定出现在银行的贷款政策中，比如：土地的抵押率定为 50%，写字楼的抵押率定为 60%，住宅的抵押率定为 70%，存单的抵押率定为 90%。贷款管理人员可以通过抵押率、抵押物的评估价值测算出银行可发放贷款的金额。

$$抵押率=\frac{贷款本息合计}{抵押物评估价值}$$

$$贷款本金=规定抵押率上限\times抵押物评估值-贷款利息 \tag{10-6}$$

【例 10-3】 企业用价值 100 万元的土地作为抵押，向银行贷款。如果银行同意发放 50 万元贷款给企业，一年期限，贷款利率是 5.58%。问这笔贷款实际的抵押率是多少？

解：抵押率$=50\times(1+5.58\%)/100$

$=52.79\%$

10.5 票据贴现业务要点

票据贴现全称是承兑汇票贴现业务，是一种以票据所有权有偿转让为前提的约期性资金融通行为。对票据持有人来讲，是手持未到期的票据，向银行贴付利息，取得现款的行为。当票据经过银行贴现后，银行持有票据，票据付款人(称对汇票承兑人)就对贴现银行负债。因此，票据贴现不仅仅是一种票据买卖行为，也是一种债权债务的转移行为。在这个资金融通交易中，贴现银行通过贴现行为间接地将贷款贷给票据的持有人，由票据承兑人(承兑汇票的承兑人)提供融资担保。

贴现银行购入票据后有两种处理票据的方式。第一种方式是，等票据到期，向票据承兑人承兑，赎回票据票面额度的资金，这个业务过程被称为“承兑汇票承兑”。另一种方式是，票据未到期，贴现银行急需资金时，可以将票据向其他商业银行转贴现或向央行再贴现，获得资金融通，这种资金融通行为称为转贴现和再贴现。高质量的票据具有很好的流动性，现代商业银行常常持有相当数量的票据作为流动性、盈利性管理的有效手段。

10.5.1 承兑汇票签发和银行贴现流程

要了解贴现业务的处理流程，需要将承兑汇票的开立过程与承兑汇票贴现过程放在一起讨论。在贸易活动中，销货方和购货方常常由于商业信用问题，在交易方式是采用先发货后付款、还是先付款后发货方面存在分歧。银行承兑汇票和贴现业务帮助贸易双方解决了这个难题。(承兑汇票的作用参见第十二章中间业务)。如图 10-2 所示，购货方与销货方签订货物购销合同，并约定购货方向销货方交付承兑汇票作为结算方式。具体操作过程如下：(1)购货方作为承兑汇票的申请人向其开户银行申请签发银行承兑汇票。(2)开户银行审查申请人开立银行承兑汇票条件是否满足银行开立承兑汇票的要求。当条件符合时，银行向申请人出具银行承兑汇票，这个过程简称为“出票”过程。承兑汇票票面上载明出票人、付款人、收款人、付款日期和付款金额。(3)申请人持票前往异地进行贸易结算。将承兑汇票交给销货方。销货方成为承兑汇票的持票人。(4)票据未到期，如果持票人急需资金，可找一家银行 B，向银行申请票据贴现。(5)银行 B 受理贴现。审查票据，通过“照票”过程核实票据的真实性。对于有疑点的票据，贴现银行经常会赴对方银行现场核实。(6)开户银行反馈“承兑汇票是否真实”的信息。(7)贴现银行审查汇票合格后，向收款人贴现。

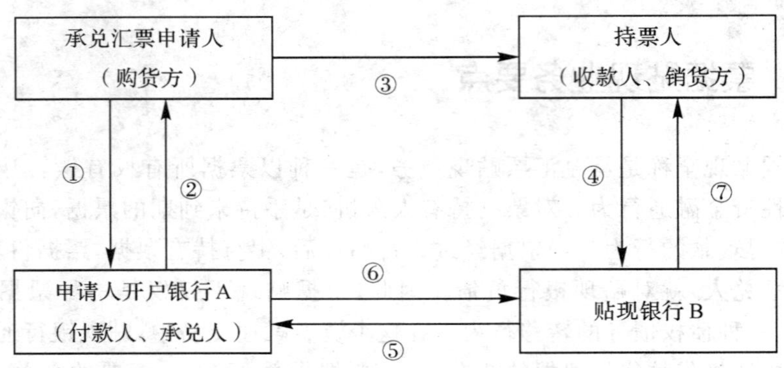

图 10-2　银行承兑汇票签发和贴现流程

步骤 1、2、3 组成承兑汇票业务处理流程。步骤 4、5、6、7 组成承兑汇票贴现业务处理流程。

10.5.2　银行票据贴现额度计算

贴现银行以贴现形式向承兑汇票持票人提供资金融通，持票人向贴现银行贴付利息，计算方法见公式〈10-5〉。

持票人贴现时付给银行的利息：

应付利息＝票面金额×贴现利率×票据剩余期限

银行付给持票人的贴现额：

贴现额＝票面金额－应付利息　　〈10-7〉

【例 10-4】　假设市场票据的贴现率是 6%。5 月 5 日，客户持有一张 9 月 5 日到期，票面金额 500 万元的银行承兑汇票到银行申请票据贴现。银行审查合格。请计算贴现银行应付给持票人的贴现额。

解：付给持票人的贴现额＝500－500×(6%/12)×4

＝500－500×2%＝500－10＝490(万元)

贴现的利率不同于贷款利率，一般低于同期限的贷款利率。贴现利率是市场化利率，随着市场票据供求关系变化。一个好的银行家常常可以通过预测市场利率变化趋势获得盈利。比如，预测未来票据市场票据紧缺，贴现利率会下降，银行大量买入票据。等利率下降时，将票据转贴出去，通过利差获得收益。在这笔交易中：

银行收入＝卖出票据的收入－买入票据的支出

＝(票据面值－卖出票据的利息支出)－(票据面值－买入票据的利息收入)

＝买入票据的利息收入－卖出票据的利息支出

【本章小结】

本章讨论了消费者贷款，消费贷款主要品种包括住房按揭贷款和信用贷款。在按揭贷款中特别讨论了按揭贷款的交易结构和信用结构，以及等额还款方式和等本还款方式，等额还款方式还款本息总额大于等本还款。信用卡是近年来迅速发展的银行业务，信用卡的管理方式区别于其他的贷款管理方式，其中记账日、还款日、缴款日、罚息、免息期等概念有特殊的规定。信用卡公司的主要收入来源是罚息、年费和佣金。

抵(质)押贷款是借款人以财产、不动产和权利作为债务保障发放的贷款。抵押贷款中可做抵押物的物品《贷款通则》作了明确的规定，近年来抵押品种范围有所扩大。银行作为抵押权人对抵押物有处分权，准确地评估抵押物的价值是银行确保贷款资金风险的重要保证。

票据贴现是银行发放贷款的一种特殊的方式，银行通过购买持票人手中的票据向持票人发放贷款，是根据出票人信用发放的贷款。

【课后练习】

一、判断题

1. 当借款人不能按时归还贷款时，银行根据贷款合同的对借款人抵押的财产拍卖、转让的行为称为抵押物处分。（　　）

2. 票据贴现只是一种票据出票人(收款人)与商业银行之间一种纯粹的票据买卖行为。与商业银行的贷款业务无关。（　　）

二、问答题

3. 银行要求借款人提供抵(质)押品作为贷款担保的目的是什么？

4. 抵押贷款和质押贷款的主要区别是什么？

5. 什么是抵押贷款？抵押贷款中抵押物评估的目的是什么？

【网络指引】

要了解银行按揭贷款的管理规则，可登录以下网站：

http://www.cmbchina.com/招商银行网站

http://www.citib.com/华旗银行网站

要了解专业的按揭服务公司，可登录以下网站：

http://www.szmortgage.com/按揭服务公司网站

要了解其他贷款需求情况，可登录以下网站：

http://www.yit.cn/中国贷款信息网

第 11 章

银行资金运用管理(四)：现金资产和证券

引　言

商业银行现金资产管理也称为银行流动性管理或银行储备管理，这项工作是由设置在总行和分行的计划资金部来完成的。计划资金部是银行的资金调度中心，管理的业务涉及公开市场、同业机构和央行，工作的目标是在满足银行流动性需求的同时保证银行资产最大的利用率和收益率。本章重点讨论银行合理配置资产结构，在满足银行流动性需求的前提下，实现银行资产收益最大化的方法。

学习目标

1. 掌握商业银行现金资产组成
2. 掌握现金资产与流动性管理和流动性风险之间的关系

重点问题

1. 商业银行现金资产管理方法
2. 不同现金资产种类的业务特点
3. 预测银行流动性需求的方法
4. 银行持有证券资产的目的

11.1 银行现金资产管理

银行现金资产是指商业银行所持有的现金或与现金等同的资产,是商业银行可以随时用于支付的那部分资产,是商业银行满足流动性需求的保证。观察表11-1简化的商业银行资产负债表结构,可见,银行资产项目分为现金、贷款、证券投资和固定资产四个部分。表中所指的现金并不是通俗意义上的"实物现金"或钞票,而是特指银行所持有的现金资产,包括库存现金(钞票)、在中央银行存款、在其他金融机构存款和在途资金。银行可以随时动用现金资产满足客户提取存款和申请贷款的要求,现金资产是银行资产中最具流动性的资产。

表11-1 商业银行资产负债表 单位:万元

资产	金额	负债	金额
现金	5500	存款	
库存现金	200	交易账户存款	10000
在中央银行存款	1700	非交易账户存款	50000
在其他金融机构存款	2800	同业存款	
在途资金	800	借入款	6000
贷款	27000	其他负债	3000
证券投资	37500	负债合计	69000
固定资产	5000	权益资本	6000
资产合计	75000	负债股东权益合计	75000

通过前面章节的讨论,我们知道银行是通过筹集存款和借入款,并发放贷款获取利差收入的。银行能不能把持有的资金全部投资出去以换取收益呢?回答是否定的。因为存款人有随时到银行提取存款或汇款、无需事先通知银行的权利,这种权利受法律保护。银行必须留有足够的现金以满足存款人随时提取存款和汇款的需要,这就是银行流动性的第一层含义。另外,一家资金实力足够强的银行,当客户向银行方提出贷款申请,并符合银行贷款申请标准时,银行能够随时向客户提供贷款,这是银行流动性的第二层次含义。对银行家来讲,满足存款人和借款人的需求并不是一件容易的事情,因为他们总希望尽可能多地将手头上的资金投资出去,而不是放在金库里。

从流动性考虑,银行应该尽可能多地持有现金资产,因为如果持有现金资产的数量过低,存款人无法提取存款或拖延提款时间,会动摇客户对银行的信心,严重地会引发挤兑,造成银行倒闭。但是,从盈利性考虑,现金资产是非盈利或微利的资产，持有量过多会造成银行资金成本增加，投资收益减少。因此，银行管理现金资产的原则是在满足央行管理要求（存款准备金制度）的情况下，应尽量减少现金资产持有量。那么，对一家正常营运的银行持有多少现金资产才是合适的，才能协调好银行"安全性、流动性、盈利性"之间的关系呢？

11.1.1 库存现金

库存现金是指商业银行保存在金库中的现钞和硬币。商业银行经营活动是以满足债权人的支付要求和银行自身日常经营费用开支为前提的，因此需要保持一定数量的库存现金。库存现金是非盈利资产，保管现金资产需要大量的安全费用开支，为此几乎所有银行都一直坚持尽可能少地持有库存现金。如果商业银行金库中的库存现金过多，可以转存到中央银行、或同业其他金融机构。

【相关链接】

银行尽可能控制库存现金数量

如果商业银行库存现金过量，管理人员会及时将超出的部分缴存入中央银行的存款准备金账户中。但是中央银行对缴存现金的规格是有标准要求的，比如，必须要成把，一般一把为100张同种券别。对于外币小币种，一般小型银行存款数量很小，很难成把，因此只能放在库房里。这部分资金银行不能用于投资，还要支付存款人的利息。为了应付流动性，同时又为了不亏本，小型银行会将客户存入本银行的存款转存入本银行在较大规模银行开立的存款账户中，以获得利息，抵消库存现金利息支出成本。

1. 库存现金和银行流动性的关系

表11-1中这家商业银行持有的现金资产5500万元，其中库存现金200万元，在中央银行的存款1700万元。当客户提出提取存款现金要求时，银行先动用库存现金来满足客户的需求。如果库存现金不能满足客户的要求，可以再提取商业银行在中央银行的存款或在同业机构的存款以满足流动性要求。

【例11-1】 以表11-1为基础，客户在银行A办理取款业务，从活期账户中提取50万元的现金，银行A的资产负债表的变化如下表，该银行库存现金数量能够满足客户提款要求。

资　产	金额(万元)	负　债	金额(万元)
现金		存款	
库存现金	200－50	交易账户存款	10000－50
在中央银行存款		非交易账户存款	
在其他金融机构存款			
在途资金			

如果客户提款300万元，银行A库存现金200万元不能满足客户提款需求，这时银行A不得不从央行的存款账户中提取200万元的资金转入库存现金，以满足客户的要求。

资　产	金额(万元)	负　债	金额(万元)
现金		存款	
库存现金	200＋200－300	交易账户存款	10000－300
在中央银行存款	1700－200	非交易账户存款	
在其他金融机构存款			
在途资金			

2. 库存现金测算方法

银行在金库中保持多少数量的现金资产是适度的呢？不同的银行由于所处地域不同、客户群体不同和业务季节不同，客户提取现金的需要量都会有所不同。商业银行可以通过历史数据预测客户的习惯，从而达到预测现金持有量，在满足流动性的同时满足盈利性的要求。

商业银行测算库存现金持有量基于如下三个方面的信息：①历史同期库存现金规模；②季节性变化规律；③银行业务发展速度。商业银行通过历史上的库存现金数据，根据公式〈11-1〉计算"即期现金支出水平"，这个数字是银行预测库存现金的基础数据。预测模型如下：

$$\text{即期现金支出水平 } N(t)=\text{前期现金支出水平}\times\text{保险系数}\times\text{历史同期发展速度} \quad \langle 11\text{-}1\rangle$$

其中：前期现金支出水平＝前 n 天现金支出累计/n 天

保险系数＝标准差×置信水平

$$\text{标准差}=\sqrt{\sum(\text{每天现金支出额}-\text{前期现金支出水平})^2/n\text{ 天}}$$

历史同期发展速度

$$=\sqrt[\text{考察年数}-1]{\text{去年同期现金支出累计发生额}/\text{最早年份同期现金支出累计发生额}}$$

3. 影响库存现金数量的因素

商业银行要保持适度现金持有量并不是一件容易的事情，许多外在因素会影响银行家的决策,比如现金收支规律和网点数量等等。

现金收支周期性规律。一年当中,人们对现金需求量呈现一定的周期性规律,我们用时间函数 $f(t)$表示。比如,在中国传统节日春节,客户提取现金需求非常大,可能是全年平均数的 2 倍以上。双休日银行现金进出量大于周一至周五,一年当中七、八月份人们的消费能力最差,现金进出量也是全年最低。根据这个规律,银行资金管理员对库存现金基础数额 $N(t)$作 $f(t)$调整,得到现金周期波动曲线 $M(t)=N(t)f(t)$。另外,银行如果处于高速发展期,客户数量急剧增加,那么历史数据可信度降低,银行资金分析员需要在库存现金基础数额的基础上考虑客户的扩张速度,将现金需求量调整为 $M(t)=aN(t)f(t)$。

营业网点的数量(包括自助设备数量)。为了保证门市网点正常营业,一般银行每个网点每日需要备用的现金量在 20 万元左右。分行拥有的支行网点数目不同,每日正常营业需要的现金数量也不相同。

与央行金库的距离。中国商业银行存放在央行账户中的存款是计付利息的,因此,银行每天会将超出营业需要量的现金存入央行的金库以获取收益。如果商业银行金库与央行金库距离较远,商业银行每天不得不提前一些时间运出现金,这样造成较晚一些由支行交来的现金会滞留在分行金库中,造成现金过量。因此,商业银行会尽量将金库设在距离中央银行金库近一些的地方。

4. 管理制度

商业银行通过科学预测现金库存需求量,制定库存现金指标,并与管理人员的业绩挂钩,达到降低现金数量目标。一个好的现金管理制度在约束金库管理员行为,规范操作,有效降低库存现金量方面的作用非常明显。

5. 库存现金风险问题

现金管理风险是商业银行最主要的经营管理风险,属于操作风险。银行防范风险的主要措施是:①双人管理制度。商业银行所有现金操作必须有两人以上协作完成。②网点安全防范体系。现金存放地配备保安人员,现金操作环境配备防抢防盗设备,连接公安部门报警系统等等。③交接制度。为了防止现金在交接环节中出现问题,银行制定了严格的进出库制度、库款交接制度。④查库制度。银行金库每日早晨出库,晚上进库,进出的库箱多则数十个、少则十几个。为了保证现金数量的准确性,银行采取突击、随机查库制度。库房管理主任、更高一级的管理人员会不定期突击检查库房,核实库房登记与现金实物的数量。⑤运钞制度。在公众场合,银行的运钞车常常成为犯罪分子袭击的对象。运钞车需要经常更换路线,并配备有足够防范能力的警卫等等。

11.1.2 在中央银行存款

商业银行“在中央银行存款”是指商业银行存放在中央银行账户中的存款，通常被称为“存款准备金”。商业银行在中央银行开立存款账户，并在账户中保持足够的余额是为了满足央行法定存款准备金制度和日常结算资金清算的双重需要。早期的法定存款准备金账户是独立的管理的，现在中国商业银行，法定存款准备金账户和超额存款准备金账户合并，同业拆借、回购协议、再贷款等等向央行借款也通过这个账户实现。商业银行从中央银行账户中提取现金和缴存现金也通过这个账户进行。

商业银行在央行存款账户中的存款，主要由法定存款准备金和超额存款准备金两部分构成。

1.法定存款准备金的计算方法

商业银行法定存款准备金管理体系要求中国内地所有商业银行必须按央行公布的法定存款准备金率足额交纳法定存款准备金。存款准备金管理制度是中央银行调节社会信用规模、控制银行贷款规模的重要手段。

【相关链接】

中国央行调整存款准备金率历史记录一览

1985 年第一次统一在 10%

1987 年由 10%上调至 12%

1988 年由 12%上调至 13%

1998 年 3 月 21 日，由 13.0%下调至 8.0%

1999 年 11 月 21 日，由 8.0%下调至 6%

2003 年 9 月 21 日，由 6.0%上调至 7.0%

2004 年 4 月 25 日，由 7.0%上调至 7.5%

2006 年 7 月 5 日，由 7.5%上调至 8%

2006 年 8 月 15 日，由 8.0%上调至 8.5%

2006 年 11 月 5 日，由 8.5%上调至 9%

商业银行上缴法定存款准备金数量＝商业银行基础存款×央行规定的存款准备金率。商业银行基础存款的计量方法是银行计算法定存款准备金的基础。世界各国金融管理当局对基础存款和存款准备金率有不同的规定，典型的国家是美国，对不同的存款种类(比如交易账户存款、非交易账户存款)规定了不同的存款准备金率。中国采取较简单的基础存款计算方法，所有类别存款采用一个存款准备金率。通过下面的例子，我们可以进一步了解。

【例 11-2】 如果央行规定交易账户法定存款准备金率 10%，非交易账户存款准备金比率 1%，根据表 11-1 中的数据计算银行 A 应缴纳的法定存款准备金数额和超额存款准备金数额。

交易账户的存款余额 10000 万元，应缴法定存款准备金 1000 万元。

非交易账户存款余额 50000 万元，应缴法定存款准备金 500 万元。

银行应上缴的法定存款准备金是 1500 万元。表 11-1 中银行 A 在中央银行存款是 1700 万元，那么该银行的超额存款准备金数额是 200 万元。

2. 中国内地银行缴纳法定存款准备金计算方法

中国相关金融法规规定“各商业银行在当旬第五日至下旬第四日每日营业终了，各行按统一法人存入的存款准备金余额，与上旬末该行全行存款余额之比不低于法定存款准备金率”。

根据这个规定，假设我们计算银行在 15～24 日期间法定存款准备金的持有量，该银行在中央银账户中的法定存款准备金余额＝10 日银行法人的存款余额×9%（见图 11-1）。（其中存款准备金率参阅以上相关链接）

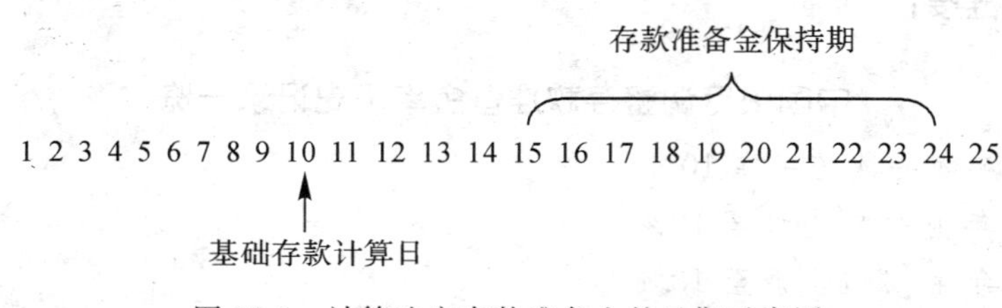

图 11-1　计算法定存款准备金的日期示意图

3. 美国银行缴纳法定存款准备金计算方法

以美国银行法定储备的会计系统——滞后储备会计（LRA）系统为例。计算期为 14 天，持续期于 30 天后开始。非交易账户存款基数计算是第 1、2 周非交易账户 14 天的平均余额。交易账户存款基数计算第 5、6 周的交易账户的存款平均余额，计算期 14 天。持有期从第 5 周加 30 天以后的周 4 开始，持有存款准备金的数量为非交易账户和交易账户应交纳的存款准备金之和（见图 11-2）。

4. 超额存款准备金计算

超额存款准备金是商业银行在中央银行存款账户中可以动用的部分，也被称为备付金。这部分资金用于支票结算、存款、债券兑付、汇兑和其他往来所引起的银行间资金清算。

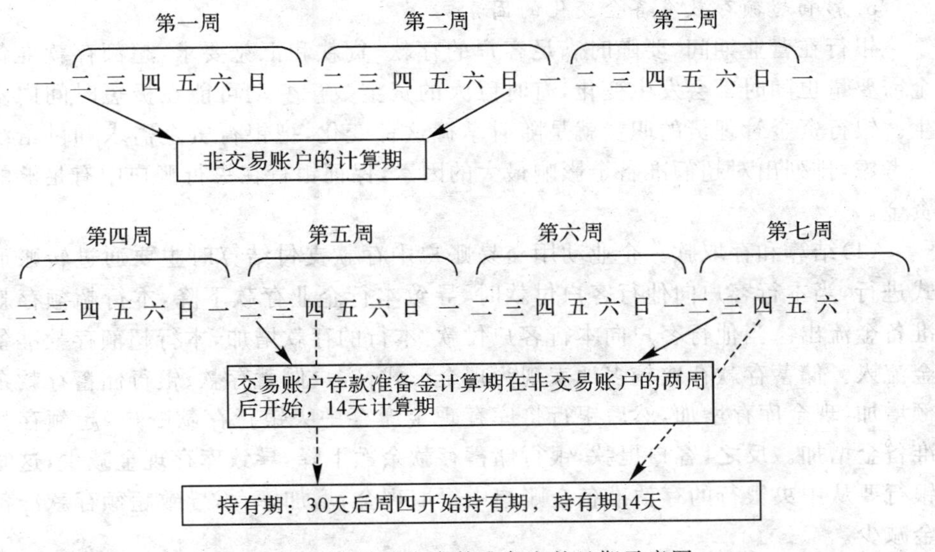

图 11-2 计算法定存款准备金的日期示意图

【例 11-3】 以表 11-1 数据为基础，假设某日银行 A 的客户向其他银行转账支付 1000 万元，支票转账资金通过央行清算系统划转到其他银行。A 银行的资产负债表变化如下表：

资　产	金额(万元)	负　债	金额(万元)
现金		存款	
库存现金		交易账户存款	10000－1000
在中央银行存款	1700－1000	非交易账户存款	
在其他金融机构存款			
在途资金			

由于存款流出，银行 A 在中央银行的存款准备金余额减少到 700 万元，低于例 11-2 中计算的法定存款准备金为 1500 万元的数额。该银行需要立即向央行的存款专户中补存一定数量(800 万元)的存款，才能达到央行规定的要求，否则会受到央行的处罚。

由于存款客户提取存款和贷款客户动用贷款的行为有很大随机性，银行对存款准备金账户中存款数量的测算是非常困难的。目前，银行采取大额存款提取“预约制度”，要求客户有提取大额存款或支付计划时，必须提前一天通知银行，以便商业银行提前做好各项资金安排。

5.影响超额存款准备金变化的因素

银行在营业期间,要随时满足客户的存款、贷款和汇兑要求,超额存款准备金需要量也随时都会发生变化,有时巨大的资金数量变动可能在极短时间内发生。银行资金管理员的职责就是随时掌握这种变化,把银行资金需求和供给统一考虑,排列出对超额准备金影响最大的因素,保证银行在央行账户中有足够的资金。

(1)结算和存取款。企业动用交易账户中存款支付结算时主要通过转账形式进行,当本行客户向他行客户付款时,导致本行企业存款下降,本行超额存款准备金流出。当他行客户向本行客户付款,本行的存款增加,本行超额存款准备金流入。储蓄存款存取较多地表现为现金形式,客户储蓄存款、银行储蓄存款余额增加,现金库存增加,然后银行将库存现金缴存中央银行存款账户,超额存款准备金增加。反之,客户提款,银行储蓄存款余额下降,导致库存现金减少,这时银行要从中央银行的存款准备金账户中提取现金,增加库存,导致超额存款准备金减少。

(2)贷款的发放和回收。贷款发放和回收是否会影响超额存款准备金取决于贷款客户。如果贷款客户交易对象是本行的客户,使用贷款不会对超额存款准备金产生影响。如果贷款客户交易对象是他行客户,本行贷款客户用贷款支付给他行客户,会造成超额存款准备金的流出。反之,他行客户向本行客户支付贷款,会带来超额存款准备金的流入。

(3)其他因素。主要表现为向中央银行借款的因素。在分析期内,当商业银行向中央银行的借款数额大于当期应该归还中央银行的借款数额时,超额存款准备金会上升;相反,在分析期内,当向中央银行的借款数额小于向中央银行的借款数额时,超额存款准备金数额会下降。

6.超额存款准备金的调节

商业银行计划资金部门的资金管理员对超额存款准备金实施管理的主要任务就是要对未来银行超额存款准备金需求量进行测算,以确保本银行在央行的"存款准备金"足够且规模适度。当预测到银行未来会有大额存款转入他行时,由于转账会导致准备金减少,银行必须设法补充准备金;当预测到未来有较多存款转入,可能会导致准备金过多时,要及时降低存款准备金账户余额,把多余的资金用于投资或贷款,获取利润。当存款准备金数额不足时,一般采取同业拆借、通过中央银行融资、系统内资金划拨、出售其他资产等手段获得短期资金。

11.1.3 同业存款(在其他金融机构的存款)

除了持有一定数量的现金和在中央银行存款外，大多数银行还要在其他金融机构保持一定量的存款，通常称为同业存款。同业存款存在源于不同的银行间存在业务合作，即银行间代理业务。

各个银行业务专长不同，且机构数量和分布地区不同，任何一家商业银行的机构都不可能覆盖所有地区。在没有分支机构的地区委托当地的金融机构代为自己的客户办理业务，就形成了银行间的代理行业务。银行间代理业务最常见的是信用卡代理还款和取现业务，还有国际银行间跨国代理转账、汇兑业务等。一般委托银行要在被委托的银行开立账户，并存放一定量的活期存款。被委托行可以利用这部分存款进行投资获取利润，弥补代理成本。委托银行享有随时提取存款资金的权利，这部分资金流动性与现金相同，因此被商业银行视为现金资产的重要组成部分。

11.1.4 在途资金

支付结算是银行向社会提供的基本金融服务。比如，个人、企业和政府单位随时有可能在开户银行存入支票或者汇出汇款，如果某企业A存入支票，而付款方B在其他银行开户，那么收款银行X需要付款方B的开户银行Y确认支票有效性，并将支票载明数额的资金划转到收款企业的开户银行X，X银行才能将支票记载的金额记入收款企业的账户。在企业向银行提出入账申请到资金记入企业账户的这段时间内，收款银行不能使用这部分资金，称为在途资金。在途资金的在途时间取决于商业银行资金网络的结算效率。当前由于计算机网络高速发展，系统内部的资金基本可以做到当天到账。而跨银行间的资金清算效率取决于银行间清算网络效率。

【例11-4】 假设浙江城市商业银行持有大量的承兑汇票，其中1000万元汇票9月1日到期。城市商业银行在8月27日会向开出票据的承兑银行江苏中国银行(400万元)、吉林工商银行(600万元)提出承兑的“提示”。其中江苏中国银行8月28日接到“提示”后，9月1日处理业务，9月1日下午把资金划出，9月2日浙江城市商业银行收到这笔款项。吉林工商银行接到“提示”后，9月1日处理，承兑的票据资金9月4日才能划入浙江银行。

分析：这整个过程耗费时间一般为三天左右。城市商业银行9月1日后将未收到的1000万元资金列入在途资金。

11.2 银行流动性管理

银行流动性管理是指银行要持有适量的现金以满足:①存款人随时可能提出的提取现金的要求,即银行在金库里必须有足够的钞票。②支票客户支付债务的需求,即银行在中央银行的超额存款准备金必须足额。③已经授信贷款客户提取贷款的需要。④银行日常开支的需要。同时,要避免过多地持有现金资产,以免降低银行的盈利能力。

11.2.1 银行流动性供给和需求

在分析银行流动性供给和需求时,主要考虑银行流动性需求来自于哪些业务,流动性供给来自于哪些业务,以及存在流动性需求时,银行可以通过哪些措施来满足需求。

银行流动性需求主要来自存款人取款,贷款人将贷款资金转出或用于支付债务。其他的流动性需求还包括:归还到期的央行借款和货币市场借款,银行支付税金或者支付股东红利。产生银行流动性供给的业务包括:存款客户存入的新存款,借款人归还的贷款,以及向央行的新借款、向货币市场新借的借款,还有银行出售证券或者贷款而获得的资金。银行流动性需求及供给业务分类见表11-2。

表 11-2 银行流动性需求及供给业务分类

流动性供给	流动性需求
客户新存款	客户提款
客户归还贷款	客户申请贷款
银行转贴现票据	客户贴现票据
银行向央行的新借款	银行归还央行借款
银行向货币市场的新借款	银行归还货币市场借款
银行出售贷款或者证券获得资金	银行购买证券
	银行营业费和税金支出
	银行向股东发放红利

11.2.2 银行流动性头寸构成

银行流动性头寸是指商业银行在流动性管理中可以直接、自主运用和支配的资金或款项,是银行满足流动性需求后,流动性供给剩余的那一部分。在一个

固定时点(时段)计量银行流动性头寸,可以用下面的公式:

银行流动性头寸(L)

=流入银行的流动性供给－流出银行的流动性需求

=客户新存款＋客户归还贷款＋向央行借款＋向货币市场借款＋出售资产－(客户取款＋客户提取贷款＋客户贴现票据＋归还央行贷款＋归还货币市场贷款) 〈11-2〉

将上面的式子变形后可得:

=[客户新存款－客户取款] ——计算期内银行存款余额增加量

－[客户提取贷款－客户归还贷款] ——计算期内银行贷款余额增加量

＋[向央行借款＋向货币市场借款＋出售资产

－(客户贴现票据＋归还央行贷款

＋归还货币市场贷款)] ——银行主动措施

=CUN－DAI＋JIE 〈11-3〉

式中:CUN 表示由银行存款业务活动产生的内部流动性供给;DAI 表示由银行贷款业务活动产生的银行内部流动性需求;JIE 表示银行其余各类筹资活动和费用支出产生的银行流动性供给。

我们认为 CUN－DAI 是银行存贷业务产生的内部流动性头寸,当 L 小于 0 时,表明银行内部流动性供给不能满足内部流动性需求,银行管理者必须考虑如何通过主动的融资活动获得额外的流动性供给(JIE),以满足银行流动性需求(使 L≥0)。当 CUN－DAI 大于 0 时,表明银行内部流动性供给能够满足流动性需求,且有剩余,银行管理者需要考虑如何将多余流动性头寸进行投资,以满足银行盈利性的需求。银行具体操作见表 11-3,假定存款准备金率为 10%。

表 11-3 银行流动性供求变化表

月份	存款总额	存款变化	所需准备金	贷款总额	贷款的变化	头寸(剩余＋不足－)
上年 12	593			351		
1	587	－6.0	－0.6	356	＋5.0	－10.4
2	589	＋2.0	＋0.2	359	＋3.0	－1.2
3	586	－3.0	－0.3	356	－3.0	＋0.3
4	591	＋5.0	＋0.5	365	＋9.0	－4.5
5	606	＋15.0	＋1.5	357	－8.0	＋21.5
6	620	＋14.0	＋1.4	345	－12.0	＋24.6
7	615	－5.0	－0.5	330	－15.0	＋10.5

续表

月份	存款总额	存款变化	所需准备金	贷款总额	贷款的变化	头寸(剩余＋不足－)
8	616	＋1.0	＋0.1	341	＋11.0	－10.1
9	655	＋39.0	＋3.9	341	＋0.0	＋35.1
10	635	－20.0	－2.0	361	＋2.0	－38.0
11	638	＋3.0	＋0.3	375	＋14.0	－11.3
12	643	＋5.0	＋0.5	386	＋11.0	－6.5

从上表“头寸”一栏中我们可以得出银行流动性头寸状况的信息，如果头寸＞0，表示银行流动性头寸盈余；头寸＜0，表示银行流动性头寸赤字，要求银行采取借款等筹集资金措施，弥补流动性缺口。

流动性头寸既是时点存量指标，又是(时期)流量指标。比如，明天几个存款大户的资金集中到期，银行必须在明天从货币市场借入大额资金以满足提款需求，头寸的时点性要求很强。又比如，在每年的春节临近的一个月内，中国的商业银行会面临一年当中现金存款量最大、同时现金取款量也最大的时段，必须对未来一个月(时期)的流动性做好预测，保证银行每日备有足够的现金供客户提款，同时要非常及时地将多余的现金作投资。

一定时段内，当商业银行流入的资金大于流出的资金时，称为“多头”；反之，当商业银行流出的资金大于流入的资金时，称为“空头”。银行平衡流入和流出总额的过程称为“轧平头寸”。银行流动性头寸按层次分，可分为基础头寸、可用头寸和可贷头寸。

11.2.3 基础头寸、可用头寸和可贷头寸

1. 基础头寸

基础头寸是指库存现金与存放中央银行超额存款准备金之和。两者之间数额是可以相互转换的。

基础头寸＝库存现金数额＋在中央银行的超额存款准备金 〈11-4〉

当商业银行把过多的库存现金存放到中央银行的存款账户中，库存现金就转换为超额存款准备金；当商业银行库存现金不足时，可从央行存款账户中提取现金，超额存款准备金转变成库存现金。库存现金是商业银行用于满足存款客户需求；超额存款准备金是商业银行用于满足资金清算需求，在管理成本方面差别较大。

2. 可用头寸

可用头寸包括银行金库中的现金、柜台银行出纳尾箱中的现金和银行

ATM 中的现金。如果某天客户存入大量存款,可用头寸实际数额大于银行库存现金计划数额时,银行资金管理员需要将超出计划存入存款准备金账户。

3. 可贷头寸

可贷头寸是指在某一个时期,商业银行可以用于直接发放贷款的资金,是商业银行满足库存现金、清算资金需要量后,可以发放贷款的那部分资金。

11.2.4 头寸调拨手段

商业银行的资金调度也称为头寸调度,是指商业银行在科学预测资金需求与供给管理的基础上,根据银行资金头寸的松紧情况,按照商业银行安全性、流动性和效益性的原则,进行资金上缴下拨、调出调入、拆出拆入、借出借入等一系列活动。资金调度的方法和渠道包括:

1. 选择多渠道调入调出资金

银行可以通过同业拆借、短期证券回购和商业票据交易、总行与分行间的资金调度、通过央行融通资金、出售中长期证券和出售贷款或固定资产等多种方式借入资金,用来弥补流动性头寸不足。

2. 远期头寸调度

为了满足流动性,银行还可以采用贷款安排、资产搭配、意向协议和回购协议等方式来满足流动性需求。

11.3 银行流动性供求预测

根据公式〈11-2〉和〈11-3〉可知,商业银行流动性需求来源于银行存款人提取存款(包括用支票转账支付)、合格借款人的提取贷款,内部流动性供给由存款人存入新存款(或存入支票)、贷款人归还贷款形成。如果一家银行内部业务产生的流动性供给正好与流动需求一致,银行就不需要再去筹集负债资金或者出售资产。但是在实际经营过程中,每个月、每周、每天甚至每一个时刻都会出现资金供给与需求不匹配的矛盾,银行或者由于流动性供给不足影响到存款人提款或支付,或者流动性供给过多影响到银行资产的运用效率。正是因为如此,银行需要做好流动性供求预测,利用历史的经验和数据尽可能地准确把握本银行流动性供求变化规律,为进一步采取措施提供依据。

本节重点讨论"资金来源和运用"预测方法。此方法的主要思想是通过掌握历史上银行资金来源和银行资金运用的规律,通过科学的修正,预测出银行未来某个时点(时段)流动性头寸缺口。

11.3.1 步骤一:趋势分析

资金来源和运用预测方法的趋势分析是指银行通过分析本行历史上存款增减变化规律,掌握银行流动性需求的变化规律;通过分析本行历史上贷款增减变化规律,掌握银行流动性需求的变化规律,从而预测未来银行流动性头寸缺口的变化趋势。

1. 存款趋势分析

存款是银行被动性负债业务,银行无法控制存款人个体的存取行为,但是观察银行整体客户存款行为所产生的银行存款数量和趋势变化却是有规律可循的。通常我们把存款变化规律分为三类:第一类是游资存款。游资存款是指一定会在短时间内被提取的存款,如借入款、活期存款等。第二类是易损存款,是可能被提取、也可能不被提取的存款,如定期转存存款、定活两便存款等;第三类是稳定存款,也是我们经常谈到的银行的核心存款,也是非利率敏感性存款。银行可以根据历史上存款余额的变化数据绘制一张如图 11-3 的银行存款变化趋势曲线。我们把总存款变化趋势曲线的最低点连起来,就形成该银行核心存款变化趋势线。核心存款较稳定,构成银行稳定的流动性供给,核心存款变化趋势线与总存款变化趋势曲线之间的部分属于不稳定存款,银行不把这部分作为银行的流动性供给。这是一个大致变化趋势,但是为银行家决策提供了依据。

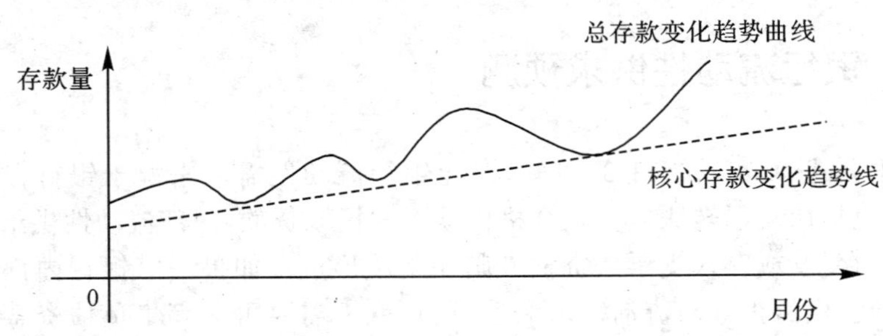

图 11-3 银行存款变化趋势曲线图

【例 11-5】 假设根据图 11-3 我们得出银行年存款增长率为 6%,月增长率为 0.5%,那么年初银行的存款余额是 1600 百万元时,可以根据趋势预测年内银行各月的存款增长量=年初存款余额×(N×月增长量+1)。

解:预测 1 月份的存款=1600×(1×0.5%+1)=1608(百万元)

预测 2 月份的存款=1600×(2×0.5%+1)=1616(百万元)

表 11-4　流动性供给预测(存款部分)　　单位:百万元

月份	年初存款额	存款趋势额					
1	1600	1608					
2	1600	1616					
3	1600	1624					
4	1600	1632					
5	1600	1640					
6	1600	1648					
7	1600	1656					
8	1600	1664					
9	1600	1672					
10	1600	1680					
11	1600	1688					
12	1600	1696					

2. 贷款趋势分析

银行贷款与存款不同之处在于,一般认为贷款的主动权掌握在银行手中,但是也不尽然。这是因为,从贷款归还角度考虑,发放的贷款是否提前归还取决于借款人;到期后是否归还,取决于借款人的还款能力和意愿。从贷款发放的角度考虑,虽然银行可以拒绝借款人的申请,但是在激烈的竞争环境下,银行会尽可能满足符合条件客户的贷款申请,以维持与客户良好的合作关系。

银行可以根据贷款余额历史统计数据绘制一张如图 11-4 的总贷款余额变化趋势曲线。我们将曲线的顶部相连,就构成银行贷款客户需求量趋势线。这个趋势线可以代表银行日常经营过程中须满足的流动性需求。这只是一个大致的变化趋势线,但是可以为银行家做好流动性需求预测提供依据。

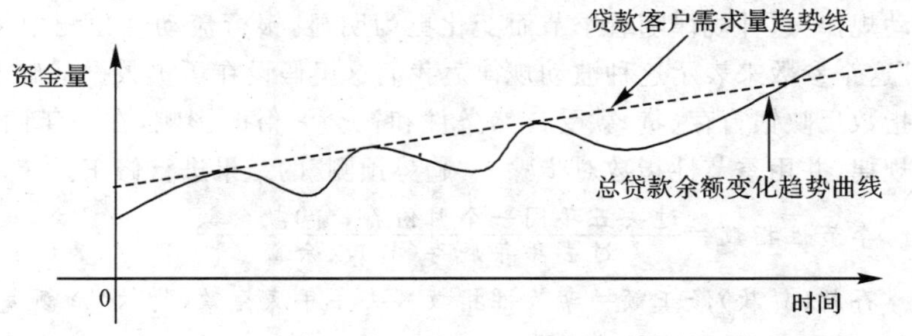

图 11-4　总贷款余额变化趋势曲线图

【例 11-6】 假设根据图 11-4 我们得到银行贷款年增长率是 12%，月增长率是 1%，如果银行年初的贷款余额是 1400 百万元，我们可以根据趋势线预测银行每月的贷款增长量＝年初存款余额×(N×月增长量＋1)。

解：预测 1 月份的存款＝1400×(1×1%＋1)＝1414(百万元)

预测 2 月份的存款＝1400×(2×1%＋1)＝1428(百万元)

表 11-5　流动性需求预测(贷款部分)　　单位：百万元

月份	年初贷款额	贷款趋势额					
1	1400	1414					
2	1400	1428					
3	1400	1442					
4	1400	1456					
5	1400	1470					
6	1400	1484					
7	1400	1498					
8	1400	1512					
9	1400	1526					
10	1400	1540					
11	1400	1554					
12	1400	1568					

11.3.2 步骤二：季节性因素分析

银行在根据历史数据预测了存(贷)款变化趋势后，还需要根据银行“季节性因素”对获得的数据进行调整。因为在一年中银行的存款或贷款余额的增加并不是线性的，一定时点的存贷款余额相对于去年年终存贷款余额的变化会呈现一定波动规律，这种规律随着季节而变化更为明显，银行流动性预测中用“季节性指数”这个参数来表示这种波动规律。我们这里假设在历史数据基础上，通过季节性指数反映银行存(贷)款受自然条件和社会习俗的影响，在一年四个季节的变化规律，并用季节性指数对步骤一“趋势预测”的结果进行修正。

$$\text{季节性指数}=\frac{\text{过去五年同一个月份存(贷)款余额}}{\text{过去年年底存(贷)款余额}} \tag{11-5}$$

存款(贷款)修正额＝季节性指数×去年年底存款(贷款)余额

【例 11-7】 假设根据历史数据分别获得 1 月至 12 月存款、贷款的季节性指数，通过季节指数可以计算出修正后的存款、贷款数额。

表 11-6　流动性供给预测(存款部分)

月份	年初存款额	存款余额	季节性指数(%)	季节性因素调整额		
1	1600	1608	99	－16		
2	1600	1616	102	＋32		
3	1600	1624	105	＋80		
4	1600	1632	107	＋112		
5	1600	1640	101	＋16		
6	1600	1648	95	－80		
7	1600	1656	93	－112		
8	1600	1664	95	－80		
9	1600	1672	97	－48		
10	1600	1680	101	＋16		
11	1600	1688	104	＋256		
12	1600	1696	100	0		

表 11-7　流动性需求预测(贷款部分)

月份	年初贷款额	贷款余额	季节性指数(%)	季节性因素调整额		
1	1400	1414	101	＋14		
2	1400	1428	97	－42		
3	1400	1442	95	－70		
4	1400	1456	94	－84		
5	1400	1470	97	－42		
6	1400	1484	102	28		
7	1400	1498	108	11		
8	1400	1512	106	84		
9	1400	1526	103	42		
10	1400	1540	99	－14		
11	1400	1554	98	－28		
12	1400	1568	100	0		

11.3.3　步骤三:周期性因素分析

由于经济周期变化,银行家发现根据步骤一和步骤二的“趋势分析和季节性因素分析”预测的存(贷)款余额与去年实际银行发放的存(贷)款数量之间有一定的差额,这是因为国家和世界经济周期对银行存贷款供求的影响,我们用“周期性因素”这个指标加以修正。周期性因素反映了去年预测结果与银行实际发生的存(贷)款总量的偏差,数额的大小与去年的经济状况相关。银行以去年资产负债表的存贷款余额为依据,根据公式〈11-6〉可以计算出表 11-6 中的“周期性因素存款修正额"一栏中的数据。

存款周期性因素＝上一年的存款趋势预测额＋上一年的存款季节性修正额－上一年同期银行实际发生的存款额

贷款周期性因素＝上一年的贷款趋势预测额＋上一年的贷款季节性修正额－上一年同期银行实际发放的贷款额 〈11-6〉

表 11-8 流动性供给预测(存款部分)

月份	年初存款额	趋势预测存款额	季节性指数(%)	季节性因素存款修正额	周期性因素存款修正额	预测的存款余额
1	1600	1608	99	－16	－3	1589
2	1600	1616	102	＋32	8	1656
3	1600	1624	105	＋80	7	1711
4	1600	1632	107	＋112	10	1754
5	1600	1640	101	＋16	1	1657
6	1600	1648	95	－80	－8	1576
7	1600	1656	93	－112	－15	1529
8	1600	1664	95	－80	－9	1575
9	1600	1672	97	－48	－4	1620
10	1600	1680	101	＋16	0	1696
11	1600	1688	104	＋256	3	1755
12	1600	1696	100	0	0	1696

表 11-9 流动性需求预测(贷款部分)

月份	年初贷款额	贷款趋势额	季节性指数(%)	季节性因素贷款修正额	周期性因素贷款修正额	预测的贷款余额
1	1400	1414	101	＋14	6	1434
2	1400	1428	97	－42	－9	1377
3	1400	1442	95	－70	－18	1354
4	1400	1456	94	－84	－21	1351
5	1400	1470	97	－42	－15	1413
6	1400	1484	102	28	－3	1509
7	1400	1498	108	11	9	1519
8	1400	1512	106	84	17	1613
9	1400	1526	103	42	11	1579
10	1400	1540	99	－14	3	1529
11	1400	1554	98	－28	0	1526
12	1400	1568	100	0	0	1568

11.3.4 步骤四:预测银行流动性头寸

上面表 11-8 和表 11-9 中的"预测的存款(贷款)余额"根据公式〈11-7〉得出。

预测的存(贷)款余额=趋势预测额+季节性因素修正额

+周期性因素修正额 〈11-7〉

银行对存款、贷款未来变化数额预测的目的是为了获得流动性需求与供给之差,即银行流动性头寸。通过流动性头寸情况,银行可以提早计划在一定的时点(时段)银行是要寻找新的资金资金来源,补充流动性资金供给不足;还是要寻找新的投资渠道以减少银行流动性供给过剩,提高银行赢利。

银行流动性头寸=预测的存款余额-预测的贷款余额

-存款准备金变动数额 〈11-8〉

表 11-10 银行流动性头寸预测 (法定存款准备金率 10%)

月份	预测的贷款余额	贷款需求增加额(-) A	预测的存款余额	存款供给增加额(+) B	法定准备金需求变动额(-) C	流动性头寸 D=B-A-C
	1400		1600			
1	1433	34	1589	-11	-1.1	-45.1
2	1376	-57	1656	89	8.9	137.1
3	1352	-24	1710	54	5.4	72.6
4	1349	-3	1753	43	4.3	41.7
5	1410	61	1656	-97	-9.7	-148.3
6	1506	96	1575	-81	-8.1	-6.9
7	1515	9	1528	-47	-4.7	-44.3
8	1611	96	1574	46	4.6	-54.6
9	1577	-34	1619	45	4.5	74.5
10	1529	-48	1696	77	7.7	117.3
11	1525	-4	1755	59	5.9	57.1
12	1568	43	1696	-59	-5.9	-96.1

从表 11-10 中流动性头寸一栏的数据可见,银行流动性供求变化幅度非常大。银行需要采取有效措施以满足不同时点和时段的流动性需要。上面给出的预测方法是按月份为单位的,为了更准确,银行一般还会将预测单位缩小到星期,预测每周流动性供求的变化。另外,由于各种存款(如活期、定期)、各种贷款(如短期贷款、长期贷款)产生的流动性需求和供给数不相同,为了更精确地测算,银行还可以将预测的对象细化为各个存款种类、贷款种类。这样的工作对银

行来讲，建立测算模型并不是一件困难的事情，难点在于是否有足够的历史数据作为分析预测的基础数据。由于银行计算机网络普及，目前中国大多数银行采取数据集中总行管理的模式，银行流动性管理工作集中在总行。

中国的商业银行为了提高资金的运用效率，降低资金调拨产生的费用，取消了各分行向当地货币市场拆借短期资金满足流动性管理需求的权力。分行资金交易完全通过总行的资金中心完成。总行资金中心统一协调各分行资金调拨。总行资金中心出现流动性头寸短缺和盈余，再向货币市场拆入或拆出，或采取其他措施满足流动性管理的要求。

11.4 银行证券资产管理

11.4.1 证券投资项目在银行资产管理中的作用

银行证券投资的目的之一是提高银行资产的流动性。银行证券投资工具在流动性强的现金和流动性差的贷款之间起到资金调拨的润滑剂作用。如图11-5，一家银行持有的资产分为现金、短期证券和短期贷款、长期证券和长期贷款。资产的流动性依次递减，收益依次递增，投资风险依次递增。为了兼顾收益性和流动性，银行一般会持有一部分高信用级别的证券，如国债。当银行资金头寸充裕时，银行购买证券；当现金资金短缺，银行可以直接在资金市场出售证券，获得现金满足流动性需求。当企业归还贷款时，银行用多出来的资金头寸购买证券，比持有现金有较高的收益，满足盈利性需求；当企业需要贷款，银行没有多余资金时，银行可以出售证券，获得资金满足贷款需求。

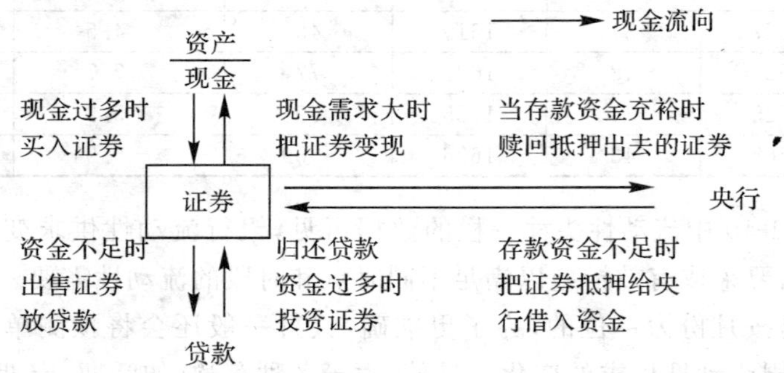

图 11-5　证券投资与现金、贷款资金的关系

央行作为“银行的银行”职能之一就是在银行流动性出现问题时，随时保证银行短期资金的需求。银行必须用央行认可的、高信用级别证券作抵押。这样，在银行急需资金时，例如超额存款准备金出现赤字时，要求资金调度员在一两个小时内借到上百万或上千万的资金，最好和最可靠的渠道就是用证券抵押获得央行的再贷款。

银行证券投资的目的之二是规避信用风险。银行贷款资金的辐射范围一般局限于机构所在地和周边地区，这样做是出于贷款风险防范的目的，因为银行的工作人员对周边的企业和经济环境比较熟悉，获得贷款企业信息快捷。但是，银行也发现贷款这样的地域分布，受地区经济周期影响非常大，当一个地区经济出现波动时，可能会造成银行贷款资产质量批量出现问题。因此，银行会主动分配总资产的一部分投资高质量的证券，特别是国债。高质量的证券虽然利率较低，但是管理成本低、信用风险低，综合收益有可能好于高风险的贷款。但是，银行投资证券，无法履行对社会和经济的责任，不能作为银行的主要投资工具。

11.4.2 银行使用的证券金融工具

目前，银行可以使用的证券投资工具并不是很多，主要集中在国库券、高质量的企业债券。随着中国金融市场开放和自由化，会出现更多的证券投资工具供银行使用。由于证券发行人不同，对经济环境、行业、通货膨胀和政府政策的敏感度不同，造成不同证券风险性、流动性和收益性存在较大差异。银行作为特殊的企业，国家金融政策规定了银行证券投资可以选择的金融工具种类。

证券投资工具分为两大类：货币市场工具，主要包括期限小于一年（含一年）的短期证券投资工具；资本市场工具，主要指期限大于一年的中长期证券投资工具。

1. 货币市场工具

货币市场工具包括央行票据、在其他银行的存款、银行承兑汇票、商业汇票等等金融工具。

央行票据，也称为中央银行票据，是中央银行为调节商业银行超额准备金而向商业银行发行的短期债务凭证，其实质是中央银行债券。之所以叫“中央银行票据”，是为了突出其短期性特点（从已发行的央行票据来看，期限最短的为3个月，最长的也只有1年）。但央行票据与金融市场各发债主体发行的债券具有根本的区别：各发债主体发行的债券是一种筹集资金的手段，其目的是为了筹集资金；而中央银行发行的央行票据是中央银行调节基础货币的一项货币政策工具，目的是减少商业银行可贷资金量。商业银行在支付认购央行票据的款项后，其直接结果就是可贷资金量减少。央行票据的发行直接影响到市场的资金供给。

在其他金融机构存款是指商业银行购买其他银行的大额定期存单，这种方式也是银行的一种投资策略。由于有银行担保，因此投资风险较低，收益率会略高于同期限的银行存款利率、低于国库券利率。但是这类存单几乎不具备市场流通能力。未到期变现，会损失收益率。

银行承兑汇票是目前在中国的银行界非常受欢迎的票据。这种票据是由银行签发的，承诺在指定日期无条件支付给票据持有人的信用凭证。其业务特点是：①由于由签发银行作担保，风险小，有非常大的流通市场。②利率处于银行贷款和存款利率之间，随资金市场供求关系变化，波动较大。③银行可以持有银行承兑汇票，到中央银行提出再贴现要求，流动性极强。

商业承兑汇票是指由信用等级较高的企业签发的，承诺在指定日期、指定金额无条件支付给票据持有人的信用凭证。业务特点是：①签发汇票的企业需要央行核准，信用级别较高，投资风险较小。②票据的收益率高于银行承兑汇票。③债券的风险受企业经营状况影响。

抵押证券，也称为资产抵押证券，是银行一种新型的证券投资工具。证券发行人以特定的资产（如贷款、或应收账款）作为抵押，以特定资产的收益为发行债券收益来源发行的证券。由于有资产作为抵押，因此风险较低。但是，这种债券的风险级别从 AAA 到 C 级，原始资产质量决定了债券的风险和收益。国内银行目前不能投资此类债券。

2. 资本市场工具

资本市场的工具包括国库券、地方政府债券和企业债券等等长期限金融工具。

国库券是最受银行欢迎的证券。中国的国库券由中华人民共和国财政部在全国发行，期限一般以 3 年、5 年居多。由于有国家作为担保，因此是所有证券中风险最低的金融工具。为了提高国库券的市场竞争力，中国目前发行的国债的利率高于银行存款利率。另外，银行持有国库券，不仅可以随时在金融市场上出售，换回需要的现金，而且可以作为向中央银行再贷款的担保，是银行兼顾流动性和收益性非常好的手段，银行一般需要持有一定比例的国库券。国库券是以贴现方式购买和交易的，收益率波动较大。未到期时，银行急需资金在市场上出售国库券可能会带来收益损失。

地方政府债券是指由地方政府发放的长期债务工具。通常是为了公共设施建设等非企业项目而发放的。中国目前还未允许地方政府发行这种金融工具。在西方发达国家，常见的地方政府债券有：①一般义务债券是完全由政府信誉支持的债券。这种债券完全由政府财政收入偿还。②收益债券是为长期项目筹资的债券,用特定的项目归还债务。

企业债券和票据是指期限在5年以内的公司票据和5年以上公司债券。根据发行时企业提供的担保形式不同可以分为不同的票据和债券。目前中国允许经过央行批准的信用级别高的国有企业在银行间拆借市场发行企业债券,数量有限,由于风险度较低,银行投资持有这种债券的较多。在西方国家允许企业在公开市场上发行企业债券,但是由于风险大,流通相对困难,银行持有量较少。

抵押证券是指企业将同类别的资产作为抵押担保而发行的债券。这种债券典型的有住房抵押贷款证券、企业不良资产抵押证券等。由于有相应的资产作为后备保证,风险度较低。

【本章要点】

本章讨论了银行现金资产是由库存现金、存放中央银行款项、在途资金和存放同业款项组成。现金资产是非赢利资产,是为了满足银行流动性管理的需求。并讨论银行如何测算适度的现金持有量。

商业银行头寸变化取决于存贷款需求和供给的变化。头寸管理的重点是预测存贷款未来可能变化。预测流动性需求变化主要方法是在一年 N 月历史数据的基础上,采取趋势预测、季节性因素修正、周期性因素修正三个步骤,得出对未来一个年度存款供给和贷款需求,以及银行流动性需求的变化趋势的预测。

完成预测后,银行还需采取有效措施增加负债资金弥补资金供给缺口,或者选择合适的投资渠道解决多余资金出路问题。银行持有证券就是为了弥补现金流动性好而盈利性差,贷款盈利性好而流动性差的缺陷,在两者之间起到润滑剂的作用。但是,由于考虑到风险性,并且受到政府金融政策的管制,银行可以使用的证券工具在中国仅限于央行票据、国库券、其他金融机构存款、银行承兑汇票、商业汇票、极少数企业债券和抵押证券。

【课后练习】

一、概念题

银行流动性　头寸　资金供给　资金需求　库存现金　法定存款准备金　超额存款准备金　在途资金　流动性缺口　净流动性头寸

二、计算题

1. 某银行估计,在未来6个月里新存款的增加额分别是112、132、121、147、151、139,未来6个月中新增加的贷款需求分别是87、95、102、113、101、124(单位为百万元)。请问接下来的6个月中,用资金来源和运用法估计银行在哪几个月会出现流动性赤字?如果你作为银行管理者可以采取哪几种(至少三种)措施来解决银行面临的问题?

三、讨论题

2. 商业银行流动性供给与需求的主要来源有哪些?

3. 试述商业银行持有现金资产的目的,现金资产与银行流动性的关系。

4. 简述银行流动性预测方法中资金来源与运用法的主要内容。

5. 如果你想了解中国民生银行的现金资产持有量,以及法定存款准备金数量,你从哪里可以获得这些数据?能计算出这家银行流动性资产与总资产的比率吗?研究连续几年的数据,能发现变化趋势与某些重大政策和经济环境变化的关系吗?

【网站指引】

要了解货币市场运行状况,可以在以下网站获得信息:

http://www.chinamoney.com.cn/中国货币网

http://www.chinacp.com.cn/中国票据网

http://money.cnfol.com/中金在线

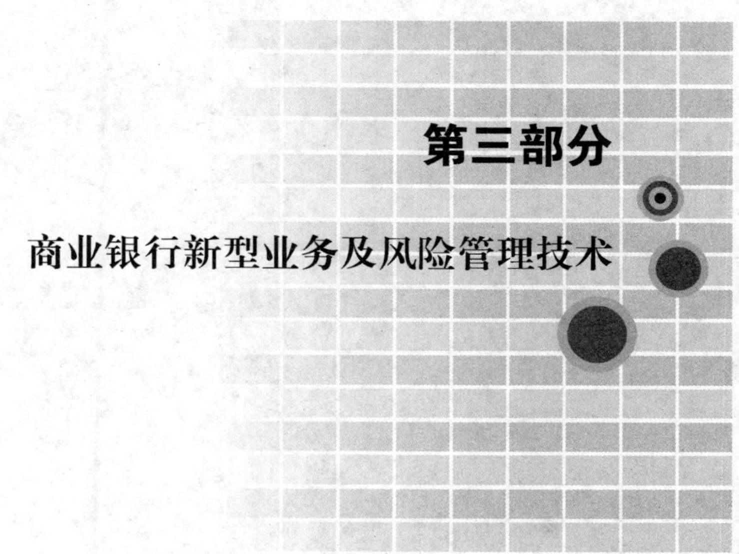

第三部分

商业银行新型业务及风险管理技术

现代商业银行正面临着前所未有的发展机遇和市场挑战。一方面，随着金融管制的放松，银行经营活动的领域不断拓宽，为商业银行创新金融产品，拓展服务领域提供了想象力和发展空间。同时，混业经营趋势，导致金融行业内部竞争加剧。为了迎接这种机遇并应对挑战，现代银行家在传统业务，传统盈利方式的基础上，创新出如中间业务、表外业务和国际业务等新型业务品种。本部分对这三种业务作重点讨论。

另外，随着金融市场自由化趋势加剧，商业银行不得不应对瞬息万变的市场对银行可能造成的危害。这种危害主要表现为利率波动所造成的银行预期收入的变动，利率波动造成的银行净值的损失。本部分重点介绍银行家必须掌握的应对流动性风险和利率风险的相关知识和基本技能。

第 12 章

银行中间业务：支付结算和代理业务

引言

银行向公众提供支付结算服务满足客户汇款、支票转账等结算需求，代理客户缴纳各种费用，代理客户进行股票、基金和保险等投资业务操作，这些业务的共同特点是商业银行利用信息、技术和人才方面的优势，为客户提供金融服务。银行作为业务代理人，按照客户指令操作，业务办理过程中不动用银行资金，银行收取手续费。中间业务是现代商业银行拓展客户、增加银行收入和树立银行服务形象的重要手段。

学习目标

1. 掌握商业银行中间业务
2. 掌握表内业务与中间业务之间的关系
3. 掌握中间业务的风险点、支付结算操作流程

重点问题

1. 支票、汇票、本票、银行卡结算支付流程
2. 代理业务种类和风险点
3. 代理融资业务流程

12.1 中间业务概述

中间业务是指银行不动用资金，利用信息、技术、人才优势，以中间人的身份，代理客户承办支付结算和其他委托事项，从中收取手续费的业务。中间业务是银行传统存贷业务的延伸。

12.1.1 中间业务的特点

中间业务的业务特点：银行不动用的资金、不承担资金风险和不占用资本金。开展业务采用特定的方式，以客户委托的方式为主。中间业务是一种特殊的，以银行信誉、人才和技术为基础的金融服务产品。中间业务包括银行四个基本职能中的两个——"支付中介"和"金融服务"。

中间业务属于金融服务类业务，是现代商业银行竞争最激烈的业务。随着市场发展和客户需求变化，其业务种类和服务内容有无限的创新空间。银行开展中间业务不消耗资本金，不承担信用风险和市场风险，是现代银行增加利润的最佳渠道。2007 年《金融时报》公布的数据显示，中国内地商业银行中间业务收入占银行年收入的比率是 8.8%，西方经济发达国家银行中间业务收入占比在 30%以上，这个差距给中国的银行家们以希望和诱惑。

12.1.2 中间业务的风险

《巴塞尔协议》将银行业务分为风险业务和非风险业务两类，结算业务和代理业务归在"非风险业务类"。需要特别注意的是，这里的无风险的概念是有限定的，是指"无资金风险"，强调了中间业务与资金风险（利率风险、汇率风险、流动性风险和信用风险）无关。银行办理中间业务时无需资金作支持，出现业务失误时也不会造成支持资金的损失，这是相对于银行主营业务（存贷业务）而言的。银行代理客户办理汇兑、支票结算、咨询等等业务，不会动用银行资金，与投融资行为无关，因此利率、汇率波动产生的资金价格风险，资金借贷交易面临的信用风险都不会对中间业务的收入产生影响。

银行中间业务也有风险，这种风险源于外来欺诈行为或银行职员操作不规范行为所导致的银行信誉和资金方面的损失，这种风险被称为银行操作风险，也称为管理风险。比如，银行为客户提供结算业务，根据客户提供的支票信息将存款人账户中的资金划转入其贸易伙伴的账户中，几天后，客户投诉资金没有到达对方账户，经查证银行直言在录入信息时失误，造成入账账号错误，客户表示非常不满。客户对银行的业务能力表示怀疑，银行的形象受损。

12.1.3 中间业务的统计方法

资产负债表反映银行资金来源和资金运用状况，中间业务由于与“资金”无关，不在资产负债表中反映。我们可以在商业银行损益表的“非利息收入”项目中了解业务的开展情况。见第三章表3-3中，“主营业务收入”中“手续费收入”和“汇兑收益”。通过手续费收入、汇兑业务收入在总收入中的占比，可以判断商业银行开展中间业务的状况和能力。

在长期金融分业经营体制下，中国商业银行中间业务种类还非常少，主要有结算业务、银行卡业务和代理业务。欧美国家在金融混业经营体制下，金融集团可从事的金融中间业务范围较大，如咨询业务、信托业务和投资银行业务等等。可以登录花旗银行网站了解国际先进银行提供的金融服务。2006年12月中国开放金融市场后，给商业银行发展中间业务带来了巨大的空间。开放的市场对银行经营行为的影响包括：①商业银行业务结构发生改变。传统存贷业务在银行的地位降低，银行不必完全依赖于存贷业务，不必把所有的利润来源寄托于存贷业务，因此也不必为了实现利润增长承担过多资金风险。中间业务降低了银行资本金的消耗，银行也不必为资本金资源短缺而苦恼。②商业银行盈利结构发生改变。国内银行中间业务收入占银行总收入的8.8%，花旗银行的中间业务收入占总收入的50%以上。国内银行开始收取中间业务手续费。2006年引起公众关注的最大的事件是全国商业银行开始对银行借记卡收取跨行交易手续费。这个行为虽然受到社会各界的反对，但是这是中国商业银行完全市场化运作的又一个重要转换点。③人才结构发生改变。商业银行对外提供的投资顾问、咨询业务服务是高智力和高专业等级的金融服务，需要深厚的理论知识和实际经验基础，因此，商业银行需要广招数学专家、经济学家和计算机专家加入银行的管理，以更好地管理收益和防范金融风险。

12.2 银行支付结算方式之一：票据结算

商业银行接受客户委托，借助“银行票据结算工具”(汇票、支票、本票和银行卡)代理客户完成债权债务清偿、货币支付、资金划拨等经济行为被称为银行票据支付结算业务。通过票据支付结算，银行充当着社会经济活动中“支付结算中介”的角色。银行的“支付结算中介”职能在经济活动中的作用不可替代。

银行向个人和机构提供“票据支付结算”服务形式是多样化的，典型的形式有：①收款人持现金支票，缴付款人开户银行，提取现金获得货款的行为。这是一种"债权债务清偿"行为。②存款人持银行卡或支票在商店购物或进货，销货方利用电子网络系统提请"电子交易"授权，商店在接到在银行"电子确认"指令后，同意提货。这是一种"货币支付"行为。③存款人签发转账支票，委托银行通过银行内部清算系统或不同银行间跨行清算系统将资金划转入收款人账户。这是一种"资金转账划转"行为。

商业银行为客户提供的票据支付结算服务的网络基础是中国人民银行建立的全国性"国家支付清算网络系统"，借助于这个清算网络，国内各家银行间资金划转得以顺畅进行。中央银行或国家授权机构的特殊机构（如一些同业协会、中国银联公司）在清算网络中担当运营商和管理者的角色。

票据是指出票人承诺或委托付款人，在见票时、或在指定日期无条件支付一定金额给持票人或收款人，并可以流通转让的有价证券。银行票据是指由存款人委托银行签发的，或者存款人签发的、由银行承兑的票据。其法律特性为：①要式性。必须按照票据法规定的款式和格式印刷。客户必须按照法律规定的内容填写，缺少规定的记载事项和支付条件、文字的票据是无效的。②无因性。持票人要求银行兑现时，不需要说明取得票据的原因。③流通性。票据权利可以通过背书转让流通。

12.2.1 支　票

支票是支票账户的存款人向开户银行发出的一种"支付命令书"，单位和个人在同一票据交换区的各种款项结算，均可使用支票。支票的签发人是商业交易的债务人或付款人。支票签发人用"支付命令书"委托开户银行见票后无条件向收款人或持票人支付票据载明的金额款项。

支票结算这种资金划转方式是中国经济活动中债权债务清偿最常被采用的一种结算方式。结算流程是：持票人将付款人签发的支票递交到付款人开户银行，开户银行验证票据的合法性和有效性之后，直接借记付款人账户，并通过央行的清算网络，将款项划付给收款人开户银行，收款人开户银行根据票据记载的信息贷记收款人账户。

支票结算银行操作要点：①银行是"支付"行为的执行人，与商业交易无关，不承担涉及商业交易的任何责任。②银行执行"支付"指令时必须核对票据的真实性。判断票据是否是伪造，要式是否符合相关法律规定；判断票据签发人的真实性，核对票据记载的事项、支付条件（企业名称、法人章和财务章）是否与签发人留在银行的样本一致。

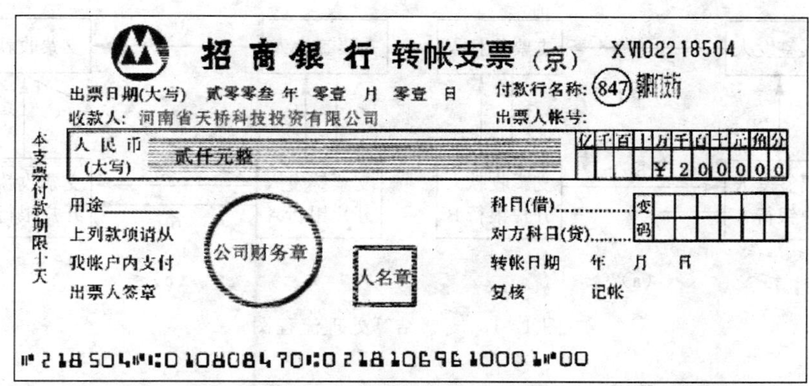

招商银行 转帐支票（京） XⅦ02218504

出票日期(大写) 贰零零叁 年 零壹 月 零壹 日　　付款行名称: 847

收款人: 河南省天桥科技投资有限公司　　出票人帐号:

本支票付款期限十天

人民币(大写) 贰仟元整　　亿 千 百 十 万 千 百 十 元 角 分　¥ 2 0 0 0 0 0

用途________　　科目(借)..............　变码

上列款项请从我帐户内支付　　对方科目(贷)..............

出票人签章　公司财务章　人名章　　转帐日期　年　月　日

复核　　记帐

⑈218504⑈⑆0108084 70⑆0 218106961000 1⑈00

银行柜台接受出票人填写的转账支票（如上图），并遵照支票记载的事项，如收款人、转账金额，在规定的时间内完成资金划拨。银行承担操作风险。银行对票据真伪负责，并保证资金准确、准时地到达对方账户上。

支票结算流程分为贷记和借记两种方式。

支票借记结算（如图 12-1-a）是指支票收款人将支票提交到收款人开户银行，委托银行完成债权债务清算的行为。这种结算方式银行的操作步骤如下：①支票签发人在银行 A 开立结算账户（活期存款账户）。②银行 A 向支票签发人出售固定格式"转账支票"。③支票签发人向商业贸易收款人签发支票。支票票面载明付款人、付款账号、付款金额、收款人、收款账号和支票有效期。④支票收款人将支票递交本企业开立结算账户的银行 B。⑤银行 B 通过央行票据交换系统将支票提交给支票签发人的开户行，开户银行验证支票的合法性、真实性和法人账户余额。⑥在规定的时间内，银行 A 不提出质疑的，银行 B 贷记收款人账户，营业结束时通过央行资金清算系统与银行 A 进行资金清算。

支票贷记结算（如图 12-1-b）是指：④支票收款人直接将支票递交支票签发人开户银行 A。⑤银行 A 在收到本行存款账户签发的支票后，验证支票合法性和真实性，借记支票签发人存款账户，扣款。⑥通过央行资金清算系统将资金划转至收款人开户行 B。银行 B 贷记支票收款人账户。

不同银行间票据实物的传递（如图 12-1-a，步骤⑤）是通过当地人民银行设立的"同城票据交换中心"完成的。"同城票据交换中心"指央行在一个城市建立的票据交换机构。当银行接收客户支票为贷记时，收款人银行要通过"交换中心"将支票传递到付款人开户银行，确认支付条件是否满足。不同银行间的资金清算是通过人民银行建立的计算机"资金清算系统"网络完成的。该系统还可以分为大额支付系统和小额支付系统。

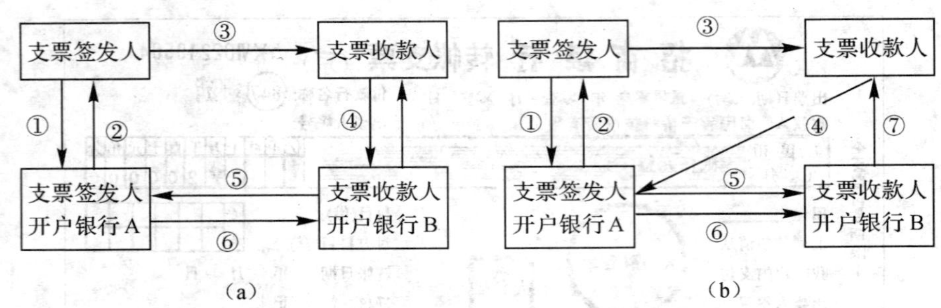

图 12-1 支票结算处理流程图

12.2.2 汇 票

汇票是一种有价证券，票面记载的金额代表其价值，代表了持票人对票面记载的资金资产的所有权和债权。汇票分为银行汇票和商业汇票。

1. 银行汇票

银行汇票是指汇款人将款项存入当地出票银行，由出票银行签发的、见票时按照实际金额无条件支付给持票人的票据。银行汇票的签发人就是付款人，债权债务关系是银行和收款人，因此具有本票的性质。银行汇票的出票和付款，限于参加联行往来的机构办理。

机构和个人各种款项支付结算都可以使用银行汇票。我国银行汇票主要用于转账，填明"现金"字样的汇票也可以用于支取现金。持票人持票往异地办理转账或支取现金，适用于先收款后发货或钱货两清的商品交易。银行汇票的付款期为 1 个月，金额起点为 500 元。银行汇票与支票的功能相近。

2. 商业汇票

商业汇票是指出票人签发的，委托付款人在指定日期无条件支付确定金额给持票人的票据。商业汇票可以背书转让。商业汇票依据承兑人的不同分为商业承兑汇票和银行承兑汇票.

(1)银行承兑汇票。银行承兑汇票是指由企业申请签发，委托银行(包括信用社)在指定日期无条件支付确定金额给持票人，并由银行保证到期兑付的票据。承兑期最长为 6 个月，可提前贴现，贴现时须提供交易合同和发票，贴现率不固定。

银行承兑汇票操作流程如图 12-2 所示：②企业向银行申请开立承兑汇票。③银行审查同意，签发银行承兑汇票，承诺到期见票后无条件支付给收款人票据载明的款项。银行承兑汇票依赖于银行信用，有信用等级高、流动性强和使用方

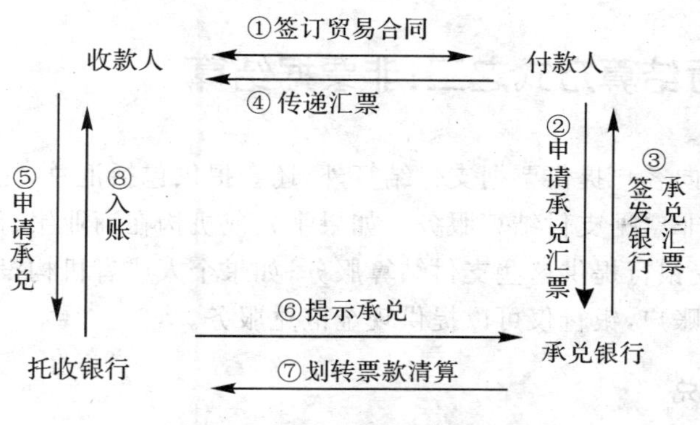

图 12-2　汇票结算操作流程图

便的特点。

银行承兑汇票要点：①企业与银行签订票据契约。契约内容关键点是承兑申请人承诺在汇票到期时，在银行账户上有足额的支付资金。②承兑银行负有无条件支付的责任。如果金额不足，银行先支付票款再向承兑人追索。③银行承担支付担保责任。④对信誉好的客户，或者老客户，银行同意可按比例存入保证金。由于非全额保证金，银行承担风险，因此银行承兑汇票有“承诺贷款”的性质，不是单纯的结算业务。

(2)商业承兑汇票。商业承兑汇票是指信誉较好的企业签发的，承诺在指定日期无条件支付一定数额给收款人或持票人的票据。持票人可以持未到期的商业承兑汇票连同贴现凭证，向银行申请贴现。

12.2.3　本　票

本票是一种自付性票据，是由出票人签发，承诺在指定到期日无条件支付给持票人款项的票据。票据签发人为主债务人或付款人。根据签发人不同，本票可分为银行本票和商业本票。

银行本票是银行签发的，承诺在见票时无条件支付确定金额给持票人的票据。单位和个人在同一票据交换区域需要支付各种款项，均可以使用银行本票。按付款方式分为转账银行本票和现金银行本票。银行本票可以用于转账，注明“现金”字样的银行本票可以用于提取现金。银行本票又可分为不定额本票和定额本票两种，定额本票面额为 1 千元、5 千元、1 万元和 5 万元四种。银行本票的提示付款期限自出票日起最长不得超过 2 个月。银行本票有严格的流通时间限制，超出票面记载时间，签发银行不再受理。银行本票是一种信用凭证，可以背书转让。由于银行信誉度高，中国票据市场上流通的主要是银行本票，流通时视同现金。

12.3 银行结算方式之二:非票据结算

银行除了向客户提供票据支付结算外,还会提供包括汇兑、托收承付和委托收款等方式的非票据支付结算服务。如果个人或机构在商业银行开立活期结算账户,可以享受银行提供这些支付结算服务;如果个人或者机构没有在商业银行开立活期结算账户,银行仅可以提供现金汇兑服务。

12.3.1 汇 兑

汇兑(也称汇款)是指汇款人委托银行将指定款项支付给收款人的结算方式。汇款方式是汇款人向收款人主动付款的支付方式,是个人和机构广泛使用的一种支付结算方式。银行为客户办理汇款时,按一定比率向汇款人收取手续费。2007 年,中国工商银行、中国银行、招商银行按汇款金额的千分之五收取手续费,汇款手续费是国内银行最主要的中间业务收入。中国商业银行依赖于自建的业务网络完成内部各网点间的汇款业务,同时依赖中国人民银行的建立的支付清算网络完成不同银行间的跨行汇款业务。个人和企业普遍偏爱通过银行汇款,传统的通过邮电局汇款的方式逐步被取代。

下图给出汇款人在中国工商银行办理汇款时,需要填写的汇款凭证。汇款人只需要在银行提供的“汇款凭证”对应的栏目中写明收款人名称、收款人账号、收款人开户银行和汇款金额,商业银行就会准确地将款项汇到。

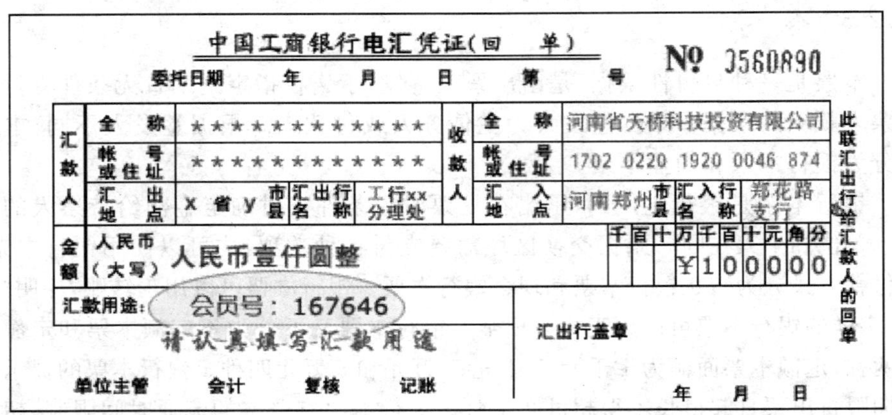
中国工商银行电汇凭证(回 单)　№ 0560890

委托日期 年 月 日 第 号

汇款人	全称	************	收款人 全称	河南省天桥科技投资有限公司
	帐号或住址	************	帐号或住址	1702 0220 1920 0046 874
	汇出地点	x 省 y 市县；汇出行名称 工行xx分理处	汇入地点	河南郑州 市县；汇入行名称 郑花路支行
金额	人民币(大写)	人民币壹仟圆整		¥100000

汇款用途:会员号:167646

请认真填写汇款用途

汇出行盖章

单位主管　会计　复核　记账　　年 月 日

此联汇出行给汇款人的回单

汇款方式可以细分为“现金汇款”和“转账汇款”两种方式。现金汇款是指付款人持有现金,填写“汇款凭证”后,委托银行根据汇款凭证上载明的收款人账号和地址，将款项汇给同城或异地收款人的汇款方式。已经在银行开立活期结算账户的客户，或者未开立活期结算账户的客户都可以使用"现金汇款"。转账汇款是指已开立活期结算账户的客户，可在填写汇款凭证后，委托开户银行从指定活期结算账户中扣减指定金额款项，并将此款项汇给收款人的结算方式。转账汇款限于在银行开立活期结算账户的客户使用。

汇款方式根据汇款线路和手段又可分为"跨行汇款"和"本行汇款"，以及"电汇"、"信汇"、"快速汇款"和"一般汇款"。传统上，国内银行汇款是商业银行接收客户汇款委托后，再委托邮电局完成付款信息传递的方式，那时按照汇款信息的传递方式是寄信还是电报分为信汇、电汇两种方式。随着各家银行建立了自己庞大完整的业务通信网络，这两个词汇已经过时，取而代之的是"快速汇款"和"一般汇款"。不同银行间的汇款即"跨行汇款"采用"一般汇款"方式，银行最高收取 50 元手续费，汇款到账时间不确定。同一银行不同机构间的汇款即"本行汇款"，是汇款银行通过内部计算机网络系统完成信息传递的汇款方式，可分为快速汇款、一般汇款两种。一般汇款最高手续费 50 元，银行确保 24 小时内到账；快速汇款收取汇款金额千分之五的手续费，确保实时到账。

根据目的地不同，汇款可以分为"国内汇款"和"国外汇款"。国内汇款网络以中国人民银行的清算网络为中心，连接到各家银行。无论选择哪家银行汇款，汇款人都不会感到有太大的差异。国外汇款就不同了，某家银行汇款业务可以覆盖的地域依赖于这家银行在国外开设分支机构的数量、联盟其他银行作为其代理机构的数量，各银行需要自行建立支付结算网。由于各家银行的实力不同，在国外分支行或业务代理行数量有非常大的差异，因此提供的国外汇款服务的质量也不同。中国银行由于历史渊源，在国外的分支机构和代理机构分布最广，因此也是提供国外汇款服务最好的银行。

国外汇款根据传递信息方式不同分为电汇（T/T）、信汇（M/T）和票汇（D/D）。电汇到账时间短，收费较高。信汇和票汇到账时间长、银行占用资金时间较长，费用较低。

12.3.2 委托收款

委托收款是收款人委托银行向付款人收取款项的结算方式。机构和个人凭承兑汇票、债券、存单等债务证明办理款项结算时，均可使用委托收款。委托收款在同城结算、异地结算中均可使用。

同城范围内，收款人收取公用事业费，经当地人民银行批准，可以使用同城特约委托收款。典型的委托收款业务是商业银行代理公用事业机构向用户收取电费、水费和煤气费等费用，银行把这种业务称为“代收代缴费”业务。操作步骤是：

(1)签订“委托收款”协议。公共事业单位（如煤气、电力、电信、自来水公司等企业）作为委托方与商业银行签署代理收费协议，协议经当地人民银行审批后生效。

(2)银行接受客户现金缴费。缴费人可以在银行属下的各网点凭现金或活期存折、银行卡缴纳指定的公共事业费用。

(3)银行接受客户转账缴费。缴费人也可与其开户银行、公共事业单位签署三方协议。三方约定在指定的日期，受委托的银行在接到收款人的费用明细后，无需事先通知缴费人，可根据收款人指令，直接在缴费人指定的账户上扣款，扣款金额在约定日期以“账单”的形式通知缴费人。这种转账缴费方式高效、安全、快捷，缴费人不用定期到缴费部门或银行，只需在指定日期保证扣款账户有足额的资金便可。

12.3.3 托收承付

托收承付是指在商业交易中，销货方发货后，委托银行向异地付款人收取款项，由付款人承认付款的支付结算方式。业务处理流程如图 12-3 所示：①签订贸易合同。②销货方发货后，将合同规定的票据交付开户银行 A，委托银行 A 代为收取货款。③银行 A 依据销货方 A 的委托，将票据提交异地银行 B。银行 B 为收款人开户行。④银行 B 收到托收承付凭证，通知购货方付款。⑤购货方在验证票据真实，验货后确认付款。⑥银行 B 在购货方银行活期结算账户中扣款，通过央行资金清算系统划转资金入银行 A。⑦银行 A 收妥资金，并通知销货方资金到账。

12.3.4 国际结算

国际结算主要分为国际汇款、境外托收和信用证结算三种方式。

1. 国际汇款

国际汇款是指银行根据汇款人的要求，把外汇款项通过其在国外的代理行或境外分行，汇到汇款人指定的收款人所在银行账户的汇款方式。

国际汇款适用于贸易项下预付货款、货到付款及资本项目的国际支付和非贸易项下的国际支付等。按资金流向国际汇款可分为：汇出汇款和汇入汇款两种。汇出汇款是商业银行根据汇款人的指示，将款项通过电汇、信汇或票汇方式，汇给指定的国外收款人。汇入汇款指境外汇款人将款项从国外汇入国内。

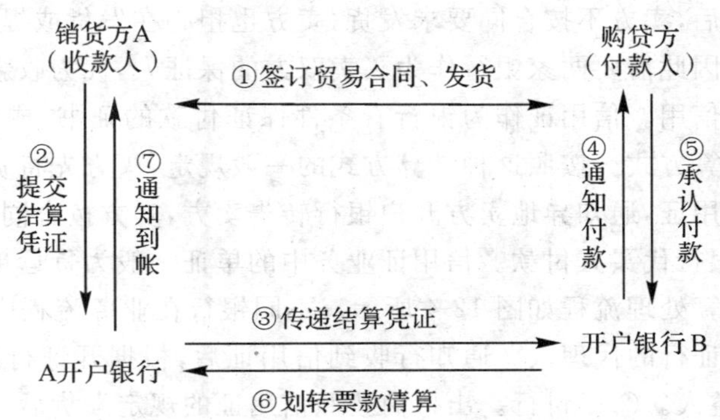

图 12-3 银行托收承付业务处理流程图

如果是一手交票、一手交货的边境贸易，要求汇款人选择对方的账户银行开出以收款人开户银行为解付行的汇票。

2. 境外托收

境外托收是指收款人将金融票据或/和商业单据提交银行，委托银行代为收款的结算方式。持有汇票、本票、支票或旅行支票都可由银行代为办理收款。银行有立即贷记和收妥贷记两种托收方式可供选择。

立即贷记是指国内银行与国外托收银行签订托收协议，约定国外托收银行在收到托收票据的一两个工作日内，先行垫款，贷记国内银行账，然后向付款人收取款项。一旦付款人拒付，国外托收行对国内银行行使追索权。国内银行收到托收行的款项后，也立即贷记账户，同时保留追索权。此托收方式的特点是收款快、费用低，但存在被追索的风险，较适用于要素齐全、付款人信誉优良的合格票据。

收妥贷记是国外托收银行收到托收票据后，在付款人付款后方贷记国内银行账，国内银行据以贷记账户。此方式的特点是收款时间长、费用较高，但款项为最终收妥，不存在被追索的风险。

3. 信用证结算

信用证是指一种多方约定的付款“保证文件”。信用证是开证银行根据信用证申请人的要求和指示，向信用证受益人开立的具有一定金额、在一定期限内、凭规定的票据、在指定地点付款的书面保证文件。信用证结算的业务特点是信用证一般是银行受进口商的委托，由进口商银行开出的、以出口商为受益人的、根据贸易合同单据付款的一项书面付款承诺。

这种结算存在的经济背景是在国际贸易活动中，买卖双方可能互不信任，买方担心预付款后，卖方不按合同要求发货；卖方也担心在发货或提交货运单据后买方不付款。因此需要两家银行作为买卖双方的保证人，代为收款交单，以银行信用代替商业信用。信用证作为银行有条件保证付款的证书，成为国际贸易活动中常见的结算方式。按照这种结算方式的一般规定，买方先将货款交存银行，由银行开立信用证，通知异地卖方开户银行转告卖方，卖方按合同和信用证规定的条款发货，银行代买方付款。信用证业务中的单证一般为货运单或提货单。

信用证结算处理流程如图 12-4 所示。不同银行在业务流程中的作用不同：①通知行是开证行的代理人。通知行收到信用证后，根据开证行的要求制作通知书，通知受益人。②议付行。出口商按照信用证的规定发货后，将货运单据提交给信用证上指定的议付行，请求议付行议付。议付行根据信用证上的单据审核合格后向受益人垫付货款。议付行将单据寄发给开证行，索回垫付款。③偿付行一般为开证行。信用证中也可以指定开证行以外的银行为偿付行。

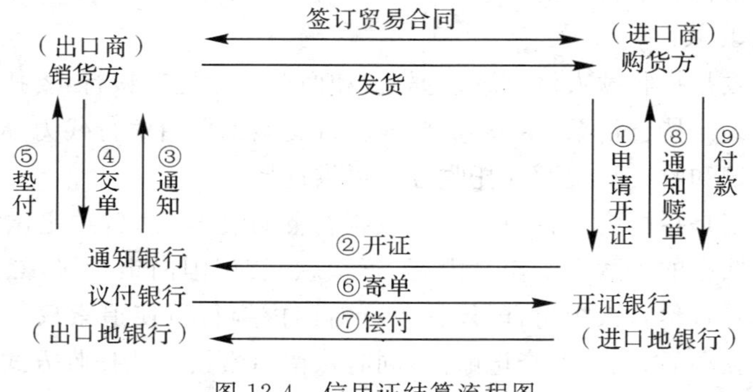

图 12-4 信用证结算流程图

信用证结算方式业务特点是开证行负有第一责任。信用证不依附于买卖合同，银行在审单时强调的是信用证书面形式上的认证。信用证是凭单付款，不以货物为准。只要单据相符，开证行就应无条件付款。信用证是一种银行信用，它是银行的一种担保文件。

12.4 支票、汇款结算路径和清算网络

支票结算和汇款结算是所用结算方式中最常用的两种结算方式，几乎所有的商业银行都向机构和个人提供这两种支付结算方式。客户选择哪一家银行的结算服务，取决于银行结算服务的质量。衡量银行结算服务质量是结算速度、售后服务和结算差错率。结算售后服务包括未到账资金查询、相关事宜的咨询和

结算差错纠正的难易程度。结算服务质量依赖于银行清算网络运行的稳定性和可靠性,也依赖于银行结算管理制度,缜密性和对客户投诉的处理程序的完备性。根据结算双方所在地不同、银行资金结算路径不同,可以划分不同的金融服务产品。

12.4.1 结算路径

同城结算和异地结算。同城结算业务是指银行为在同一城市的债权债务人办理支票结算和汇款业务。异地结算业务是指银行为在不同城市的债权债务人办理支票结算和汇兑业务。

系统内结算和系统外结算。系统内结算是指债权人和债务人在不同城市、但是在同一家银行开立活期结算账户,交易双方的资金划转可以通过同一家银行内部清算网络系统完成,无需通过中国人民银行的清算网络系统。这种结算方式时间短,安全性高。系统外结算是指债权人和债务人在不同银行开立结算账户,资金划转时,必须由债务人开户银行将资金通过中国人民银行的清算网络系统划付给债权人开户银行。由于各家银行服务体系、业务模式不同,因此这样结算方式资金到账时间较长。

国内结算和国外结算。国内结算指银行为债权人债务人都在国内银行开立结算账户的商业活动提供的支付结算服务。国际结算指银行为债权人债务人中有一方在国内、另一方在国外的商业活动提供支付结算服务。

企业结算和个人结算。企业结算是指债权债务人双方为企业的结算。个人结算是指银行为债权人债务人双方是个人的结算服务。债权债务人一方为企业,另一方为个人的,也可以获得银行的结算服务。

我们可以把上面的各种方式作如下排序(见图 12-5)。

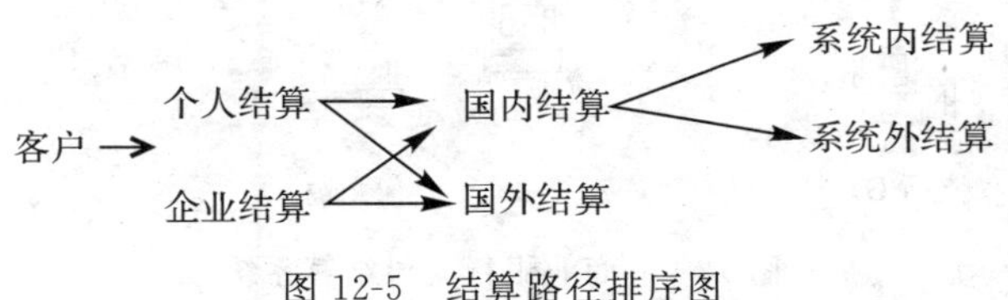

图 12-5 结算路径排序图

12.4.2 银行支付结算网络系统

现代商业银行提供支付结算服务的基础是支付结算网络系统(也称为支付结算信息管理系统)和资金清算网络系统。支付结算信息管理系统所支持的银行业务功能的先进性和系统运行的稳定性决定了银行支付结算的质量和服务形象。比如，2006 年 4 月中国银联公司由于计算机系统故障导致全国自助柜员机和刷卡消费系统瘫痪达 8 个小时；中国工商银行北京分行 2007 年也因网络技术故障，造成网点对外服务处于瘫痪 90 分钟。这种技术失误给银行的服务形象和信用形象造成了极大的损害。

1. 商业银行支付结算信息管理系统

商业银行支付结算信息管理系统也称为银行业务核心系统，可以分为支行级柜面业务处理系统、分行级业务管理系统和通信中心、总行级业务管理系统和数据总中心三个层次（见图 12-6）。柜面人员通过柜面业务系统界面，将交易数据录入管理信息系统中。分行、总行业务管理系统系统按日、月、年等不同的模块完成各类业务的数据处理、账务处理和报表生成。

现代商业银行业务数据采用大集中方式，银行全辖的数据存放在全国几个分中心或一个中心，为了防止数据损坏、通信故障和自然灾害等因素可能导致的银行支付结算系统瘫痪，银行必须建立灾难数据备份中心。如图 12-6 所示，各分支行的终端（A1、B1）通过专线网络连接到分行通信机 C1 上，再通过分行的通信中心转接到总行数据中心。现代商业银行日常结算业务完全依赖于信息管理系统和电信网络，计算机技术、网络技术已经成为商业银行的生命线。

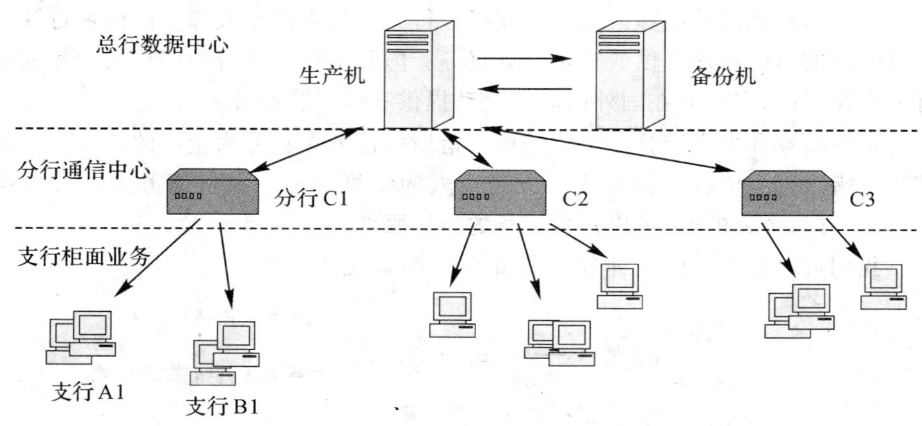

图 12-6 商业银行支付结算系统

2. 国家支付信息管理系统

中国国家支付信息管理系统由各个商业银行柜面支付结算系统和央行资金清算系统两部分组成。国家支付信息管理系统支持各个商业银行间的业务信息交换，以监管当局的身份承担银行间的资金清算中介的角色。

如图 12-7 所示，国家支付系统的工作流程如下：①支票签发人将支票递交开户银行柜台。②银行柜面人员将支票票面上的信息录入到银行业务信息管理系统。③业务系统在签发人的存款账户中扣款，同时将资金划转信息传递到分行。④分行将资金划转信息通过通信专线传递到央行。⑤央行在将信息传递到收款人开户银行数据中心。⑥数据中心贷记收款人账户。⑦收款人开户银行可查询到资金到账信息。

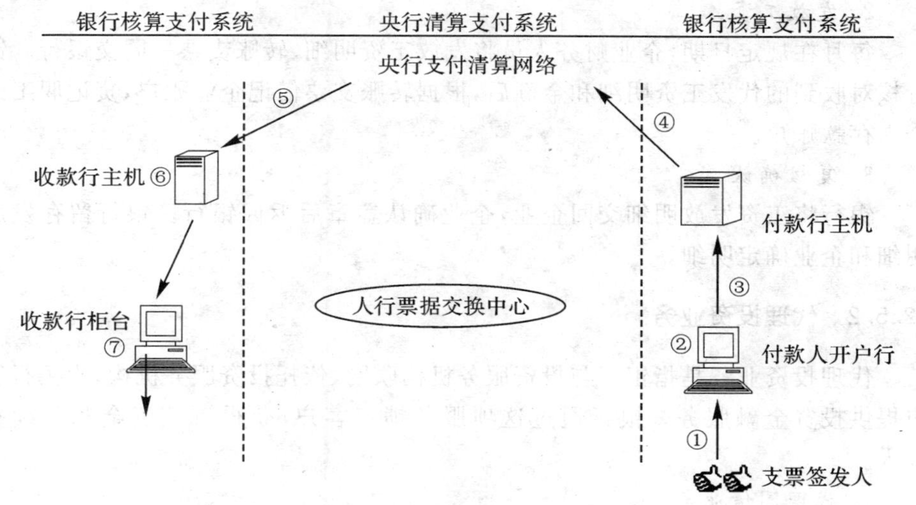

图 12-7　国家支付系统

12.5　代理业务

银行代理业务是指银行接受客户委托，利用自身的结算优势、金融专业优势和先进技术手段，代理客户办理双方商定的经济事务。商业银行开办的代理业务有：代理收付、代理投资、代理融通、保付代理和基金托管等。

12.5.1　代理收付业务

银行代发业务是一种典型的银行代理收付业务。指商业银行接受客户的委托，利用支付结算专业优势，代为企业向职工发放工资。代理企业发放工资是中国商业银行竞争客户资源、吸收存款资金的重要手段。银行按月企业根据企业清单，将工资发放到职工活期储蓄账户中。由于个人一般不愿频繁地转移账户资金，因此工资账户往往是余额最高、资金最稳定的储蓄账户，因此成为商业银行竞争的焦点。银行代发工资业务处理流程如下：

1. 签订协议

携带银行指定的相关证件，企事业单位与商业银行签署“代理发放单位工资”协议。并在协议中指定代理发放工资的银行账号。一般只有企业基本账户才能作为代发工资账户。

2. 发放工资

每月在规定日期，企业财务人员将发放工资明细、转账支票一同交银行。银行核对收到的代发工资明细和金额后，根据转账支票借记企业账户，贷记职工的个人存款账户。

3. 复核确认

银行将工资发放明细交回企业，企业确认盖章后返回银行。银行留存发放明细和企业确定明细。

12.5.2 代理投资业务

代理投资业务是指银行与投资服务机构联网，依托投资服务机构，为银行客户提供投资金融服务。银行通过这项服务锁定客户，获得沉淀资金和手续费收入。

1. 代理国债业务

国债业务分为凭证式国债和无记名式国债等形式。

(1)凭证式国债。是指个人或机构在银行营业网点购买国债，银行向客户签发国债收款凭证，凭证面额不固定，凭证上注明购买人的姓名。凭证式国债起点金额为100元人民币，大于100元人民币必须是百元的整数倍数，上限金额为50万元人民币。凭证式国债按年度、分期次发行，存期为二年、三年、五年，凭证为记名凭证，可挂失，可在同一城市内通兑，到期或提前兑付凭凭证支取本息。凭证式国债不得部分提前支取，提前兑付的国债均按兑付本金数的2%收取手续费。

(2)无记名式国债。是指银行向客户出售的由国务院财政部统一印制，固定面额的国债。一般分100元、500元、1000元等面额，不记名，不挂失，到期兑付本息，可上市买卖。无记名式国债按年度、分期次发行，存期为二年、三年、五年，到期可在全国范围的金融机构兑付，是国家发行国债的一种方式。

2. 代理股票投资业务

代理股票市场投资业务是指银行与证券公司、开放式基金公司合作共同为银行存款人提供股票和基金投资中介服务。

(1)代理证券买卖业务。可分为银行银证转账业务和银证通业务。银证转账业务是银行利用自身先进的电子自动转账系统，将投资者存款账户与其在证券公司的资金账户连接起来，方便客户资金在两个账户中转入或转出的业务。

银证通业务是指在客户在开立账户的银行，在银行卡或活期存折账户下设立一个专用理财账户，作为证券保证金账户，进行深沪交易所A、B股股票、开放式基金和债券买卖，以及新股配售、配股等交易。商业银行代理证券公司为客户提供证券交易服务。

(2)开放式基金代理业务。开放式证券投资基金是指基金规模不固定，基金单位总数随时增减，投资者可以按基金的报价申购或赎回基金的一种投资基金。在经济发达国家，开放式基金已经成为金融市场主要的投资工具，为社会大众所接受。通过购买开放式基金，客户可以分享基金管理公司专家理财的优势。银行代理基金公司向客户提供基金买卖交易服务。

12.5.3 代理保险业务(银保合作业务)

代理保险业务是指商业银行通过与保险公司建立业务合作关系，利用银行的营业网点代理销售保险公司的保险产品、代缴保险续期保费，以及其他的保险业务，间接为客户提供保险服务。一般银行会与多家保险公司建立业务合作关系，利用银行网点优势、客户资源优势、信誉优势向银行客户出售保险产品。客户可以通过银行的网点选择购买所需保险产品，也可通过电话银行、网上银行、自助服务终端等银行服务渠道缴纳保险费。我国银行代理的保险产品主要类别有：投资分红两全型保险、少儿教育保险、人身意外伤害保险、养老保险、健康保险、家庭财产保险等。

12.6 电子银行服务渠道

2005年11月，中国银监会颁布《电子银行业务管理办法》、《电子银行安全评估指引》和《电子银行安全评估机构业务资格认定工作规程》。其中《电子银行业务管理办法》将电子银行定义为：“电子银行业务包括利用公共网络提供的银行业务(网上银行、电话银行等)，也包括利用专用网络提供的银行服务(自助银行等)。”由于电子银行处于相对开放的环境之中，与其他银行业务相比，对系统安全性和可靠性的要求更高，安全性问题是电子银行运营和管理的核心问题。电子银行可以进一步分为Internet网络银行、手机银行、自助银行等多种形式。

12.6.1 Internet 网络银行

随着 Internet 在全球范围内的迅猛拓展，电子商务浪潮波及各个经济领域。银行作为电子贸易不可缺少的服务机构，在电子商务中担负着完成电子货币支付和清算的重任。网络银行(Internet Bank)也随之蓬勃发展。建立在 Internet 基础上的网络银行是指依赖于互联网，在线为客户提供各种支付结算、信息查询和其他金融服务的银行服务平台。

1996 年 6 月，美国的"安全第一网络银行"建立了全球第一家无任何分支机构的网络银行，开业短短的几个月，就有近千万人次上网浏览，给金融界带来极大的震撼。随后各国都纷纷在网上开设银行。

目前，网络银行发展的模式有两种：一种是完全依赖于 Internet 发展起来的全新电子银行；另一种是传统意义上的银行利用互联网扩展传统银行业务服务范围，代表性的产品有家庭银行、企业银行。网络银行是对现有银行专用网的延伸和对银行传统业务方式的补充，银行通过 Internet 把自己的网络服务延伸到客户的办公室或家里，弥补了传统银行营业网点少和营业时间短的不足。

网络银行的实质是为通过 Internet 进行电子商务活动的客户提供电子结算手段。客户只要拥有账号和密码便能在世界各地利用 Internet 进入网络银行处理个人交易。在网络银行中，客户除了能办理储蓄、转账业务，办理信用卡、证券交易、保险、付款申请等业务以外，还可以查询各种银行信息及根据实时数据进行现金分析和财政状况分析。

网络银行的目标是将传统的金融服务，如存、取、贷款以及汇兑、代收等业务都在 Internet 上实现，使得客户可以不受银行营业地点的限制，从而形成一个融银行账户和银行自身于一体的全开放银行体系，促使社会向"无现金、无支票"方向发展。对于"信用重于一切"的银行来说，网络银行的安全尤为重要。对于网络银行来说，信息安全涉及数据存取控制、数据加密传输、身份认证等关键技术。

网络银行的出现，向传统银行发起了挑战，成为银行最便利的服务手段。网络银行无需"自助银行"、"无人银行"的固定场所，省掉自动柜员机(ATM)等价格昂贵、维护频繁的银行设备，客户只需要输入用户名及密码便可进入系统。因此，未来有形银行的营业网点将大量减少，那种传统大银行引为自豪的星罗棋布、遍及全球的分支机构，将来恐怕只能成为"摆设"了。知名的网络银行，国外有"安全第一网络银行"(www. sfnb. com)、"美洲银行"(www. bankamerica. com)等，国内有"中国银行"(www. bank-of-china. com)、"招商银行"(www. cmbchina. com. cn)和"中国建设银行"(www. ccb. cn. net)等。

12.6.2 电话银行

电话银行也称为电话银行服务中心，是现代银行业日益走向无纸化办公或线上服务和提高服务效率的必然产物。电话银行业务中，客户无需通过柜台而只要通过电话完成所需银行服务，银行通过“人机”方式、(即电话自动语音回答客户咨询、查账等)或“人工”方式(即坐席员按照客户要求提供金融服务)满足客户的要求。为了获得全国统一的服务，各银行均采用特服号电话银行：

中国工商银行电话银行　95588　中国建设银行电话银行　95533

中国银行电话银行　95566　招商银行电话银行　95555

12.6.3 手机银行

商业银行与移动供应商共同合作推出了手机银行，有手机理财、手机支付及手机电子商务等功能。支持在线交易的手机金融服务，具有以下特点：技术先进，安全可靠；一次接入，实时在线；界面友好，直观可视；申办方便，操作简单；功能齐全，理财增值；全国开通，全网漫游。只要是商业银行开户的客户，移动供应商网络覆盖的范围内，客户都可以随时随地使用“手机理财＋手机支付＋手机电子商务”的所有功能。

12.6.4 自助服务银行

自助服务银行是指商业银行的自助营业厅服务。自助营业厅是银行利用电脑设备，昼夜为客户提供自行办理银行业务的营业场所。服务设备包括：ATM自动取款机、CDM自动存款机、信息查询机、存折补登查询机等。服务功能有：自动取款、自动存款、账务查询、综合信息查询、转账、补登存折、电话银行服务。

12.6.5 消费系统

特约POS商户。为了方便客户日常消费，银行引进国际先进管理经验和技术，采用先进的商户POS设备，在全国各分行所在地精心挑选了包括各大百货商场、酒店、休闲娱乐场所在内的各种特约商户。客户可在特约商户购物或消费，可凭借记卡或信用卡刷卡付账，不必支付现金。

网上特约商户。为了方便客户日常消费，银行利用先进的Internet网络技术，在全国各分行所在地精心挑选了众多的网上商店作为商业银行的网上特约商户。为网上商户提供“网上支付结算”。银行客户可在网上特约商户购物或消费，凭借记卡或信用卡即时付账，不必支付现金。

【本章小结】

本章主要讨论了银行的支付结算方式、代理业务和金融服务渠道。

支付结算工具包括支票、汇票、本票及银行卡。在支付结算中银行根据委托人的指令完成相关的金融服务。银行面临的主要问题是操作风险和客户的满意度问题。银行通过收取支付结算服务手续费获得收入。

在支付结算服务的基础上，银行还向客户提供代理投资服务业务。银行利用其网点优势和客户群庞大的优势，为资本市场服务中介机构，如基金公司、证券公司提供投资渠道和服务；为客户提供投资服务，银行从服务中获得投资佣金，增加了银行收入。银行还根据客户的需要，向社会企业提供委托收款、代发工资等业务。

各家银行在中间业务方面展开了激烈的竞争，电子技术和网络技术成为实力较量的焦点。中国目前银行服务的电子化程度属于世界一流，通过网络银行、电子银行方式，银行的服务已经渗透到公众生活的各个方面。

【课后练习】

一、连线题

1. 请将相关联的内容连线。

结算业务	借记卡	银行服务手续费收入
代理业务	贷记卡	
资产业务	支票	银行贷款利息收入

二、判断题

2. 你如果有向朋友、贸易伙伴清偿债务、货币支付的需求，并希望获得银行A的结算服务，你必须到银行A开立账户。否则银行A是不会为你提供结算服务的。 (　　)

三、选择题

3. 由于历史的原因，在国内各家商业银行中，中国银行在国外的分支机构最多，在国外签约的代理行也是最多的。从这个特性判断，中国银行在下列哪项业务中有其突出优势。 (　　)

A. 客户持银行卡在国外消费。　　B. 中国客户向国外汇款。

C. 银行在海外上市。　　D. 签发支票。

4. 同学甲、乙各持有一张商业银行A签发的信用卡，信用额度为2000元。同学甲一年当中连续使用了10次，每次消费按时还款。另外一个同学乙同时持有银行A发放的一张借记卡，保持卡内存款2000元；信用卡一次也没有用过。第二年，银行A审查老客户信用记录，根据在银行的信用记录对信誉好的学生将信用额度从2000元增加到3000元。银行A会选中哪位同学？（　　）

A. 有好的还款记录，选中同学甲。

B. 考虑一直在这家银行存款，选中同学乙。

C. 因为都是一年以上的老客户同时选中甲和乙。

D. 不能确定。

5. 商业银行表内业务面临的风险是________，中间业务面临的主要风险是________，表外业务面临的主要业务风险________。

A. 信用风险　　B. 利率风险　　C. 流动性风险　　D. 操作风险

四、操作题

6. 画出商业银行结算业务中"托收承付结算"的业务操作流程图。在图中标明各个业务操作步骤的序号，并根据序号描述业务流程过程。

7. 画出商业银行结算业务中"信用证结算"的业务操作流程图。在图中标明各个业务操作步骤的序号，并根据序号描述业务流程过程。

8. 画出商业银行代理业务中"代理融通业务"操作流程图。在图中标明各个业务操作步骤的序号，并根据序号描述业务流程过程。

9. 画出商业银行结算业务中"保付代理业务"操作流程图。在图中标明各个业务操作步骤的序号，并根据序号描述业务流程过程。

【网站指引】

如果你想了解更多的银行中间业务，请登录以下网站：

http://www.bank-of-china.com/中国银行网站

http://www.cmbchina.com/招商银行网站

第 13 章

银行表外业务：承诺、担保和回购协议

引　言

人们发现在经济一体化、全球化的今天，企业和个人常常需要借助"银行信用"来提高自身的信用等级，以顺利建立商业贸易关系。商业银行在对外提供信用帮助的同时，会根据所分担的风险程度收取一定的费用作为补偿。商业银行利用信息优势、金融市场专业优势将风险降低到最低程度，这样获得的收入不占用稀缺的银行资本金，这些因素构成了现代商业银行开展表外业务的经济动力。本章调选典型的几个表外业务作重点讨论。

学习目标

1. 掌握表外业务与中间业务的异同点
2. 掌握商业银行担保、承诺和票据发行便利业务操作要点和风险点
3. 了解商业银行表外业务产品创新和发展趋势

重点问题

1. 表外业务的业务特征
2. 回购协议业务要点
3. 票据发行便利业务要点

13.1 表外业务概述

商业银行表外业务也称为资产负债表外业务，是相对于表内业务(资产和负债业务)而言的。表外业务与表内业务的主要区别是：商业银行在开展表外业务时不影响资产负债表的数额和结构，能给银行带来非利息收入；是现代商业银行突破传统存贷款业务经营模式，不依赖于资金，通过积极参与与分担风险的方式获取利润的一种新型的经营模式。由于业务涉及各类风险的测度和控制技术，因此在表外业务中使用了较多的创新金融工具。

13.1.1 表外业务

商业银行表外业务(Off-Balance Sheet，简称 OBS)是指未被列入资产负债表，但与表内业务有密切关系，在一定条件下会转换为表内业务的银行经营活动。表外业务与中间业务相同点是：业务活动情况并不反映在资产负债表中。区别是：办理中间业务始终不会动用银行资金，而表外业务在开办初期，虽然不会改变资产负债表总额，但可以在一定的条件下转换为表内业务，是一种潜在的资产负债业务。中间业务可以被看作是表外业务中不存在资金风险的那部分业务。中间业务重点强调业务的服务功能以及服务手续费带来的收益，而表外业务重点强调控制潜在的风险以及银行通过分担客户风险获得的收益。

以资产负债表为依据，被资产负债表记载的业务称为表内业务，无记载的业务称为“广义的表外业务”，包括中间业务和表外业务。区分表内表外业务可经过两个步骤。

步骤一：判断商业银行与客户的交易行为在发生之初是否引起资产负债表中资产负债总额的变化。如果立即引起资产负债表中的资产总额或负债总额变化，我们称这种业务为“表内业务”。

步骤二：如果在商业银行与客户的交易行为在发生之初，不会引起资产负债表中资产、负债总额的变化，进一步判断这种交易是否与表内资产或负债项目存在着某种潜在的联系，会不会在未来特定的条件下转化为表内业务。如果业务活动从发生到结束，始终不会转换为表内业务，我们称这种业务为中间业务(第10章讨论的)。例如银行代理黄金买卖业务就属于“中间业务”。如果业务活动发生之初没有引起商业银行资产负债表内资金总额的变化，但是与资金活动存在某种潜在的联系，未来有可能转换成表内业务。我们就称这种业务为“狭义的表外业务”。例如银行向企业提供付款担保，在担保初期，不动用银行资金；一旦企业付款出现困难，银行必须履行承诺向企业提供贷款，帮助企业履行还款义务，付款担保业务与贷款存在相关性，因此担保业务是表外业务。

中间业务与表外业务在金融服务功能方面的相同之处在于：商业银行通过中间业务、表外业务的形式向客户提供多样化的金融服务。不同之处在于：商业银行提供中间业务服务的目的是行使商业银行基本职能——支付中介和金融服务职能，通过金融服务锁定客户，为开展其他业务聚集客户资源，因此更注重满足客户的需求。而商业银行提供表外业务是承担着未来的资金风险，金融服务的主要目的是在风险可控的情况下获取更大的收益，因此开展表外业务更注重控制风险，收取适度的佣金。

13.1.2 表外业务种类

中国银行业监督管理委员会 2004 年 2 月 23 日颁布的《商业银行资本充足率管理办法》的附件 3 中"表外项目的信用转换系数及表外项目的定义"将表外业务分为信用风险类和衍生产品类。

1. 信用风险类表外业务

信用风险类表外业务是指银行接受申请人的申请，为其商业活动提供付款、融资等信用担保或承诺，在办理业务之初，银行只出借信用、不动用资金。如果申请人在履行商业合约违约时，银行必须代为付款或提供融资支持的行为。这类业务主要是银行担保和银行承诺，是传统银行资产业务的延伸。详细的类别见表 13-1。

表 13-1 商业银行信用风险类表外业务项目

项 目	信用转换系数
等同于贷款的授信业务	100%
与某些交易相关的或有负债	50%
与贸易相关的短期或有负债	20%
承诺	
原始期限不足 1 年的承诺	0%
原始期限超过 1 年但可随时无条件撤销的承诺	0%
其他承诺	50%
信用风险仍在银行的资产销售与购买协议	100%

上述表外项目中：

①等同于贷款的授信业务，包括一般负债担保、远期票据承兑和具有承兑性质的背书。

②与某些交易相关的或有负债，包括投标保函、履约保函、预付保函、预留金保函等。

③与贸易相关的短期或有负债，主要指有优先索偿权的装运货物作抵押的跟单信用证。

④承诺中原始期限不足1年或可随时无条件撤销的承诺，包括商业银行的授信意向。

⑤信用风险仍在银行的资产销售与购买协议，包括资产回购协议和有追索权的资产销售。

2. 汇率、利率及其他衍生产品合约类表外业务

衍生产品合约类表外业务是指现代商业银行开办的衍生金融工具业务（衍生工具管理和使用在第15章中讨论）。主要分为利率风险类和汇率风险类，包括互换、期权、期货和贵金属交易等，如表13-2所示。

表13-2 商业银行衍生产品合约类表外业务项目

项　目	剩余期限及信用转换系数		
	不超过1年	1年以上，不超过5年	5年以上
利率	0.0%	1.0%	7.0%
汇率与黄金	0.5%	5.0%	7.0%
黄金以外的贵金属	1.5%	7.5%	8.0%

13.1.3 商业银行开展表外业务目的

通过分析西方发达国家商业银行开展表外业务的动机和效果，我们了解商业银行开展表外业务的目的。

1. 规避资本管制寻找新的利润增长点

20世纪70年代，西方发达国家为了维护银行体系的安全，对商业银行的资本金规模提出了监管要求。美国银行提出著名的“纽约公式”，对商业银行资本金需要量管理提出了量化的管理标准。在这种监管体制下，表内业务活动要消耗稀缺的银行资本金。表外业务活动可以不依赖于资本金数量而给银行带来收益。因此，得到迅速发展。

2. 适应金融环境变化

20世纪70年代，各国纷纷放松了金融管制，其结果给商业银行的经营环境带来了两个明显的变化：一是减少了对证券交易的限制，证券市场开放，促进融资证券化。由于直接融资市场发行的大部分证券利率高于商业银行存款利率，出现企业融资“脱媒”现象，使得商业银行筹资活动变得更加艰难。二是逐步放

开了对利率的管制，促进金融市场利率市场化、自由化进程。与利率管制时期相比，市场化后贷款利率大幅度降低，存款利率却相应提高，使商业银行传统的利差空间变得非常狭小。经营环境艰难、业务竞争激烈使得许多小型的商业银行倒闭，而大型的商业银行则依赖自己的金融专业人才优势、客户资源优势，大力发展表外业务，从中获取业务收入，弥补利差空间减少带来的利润损失。表外业务因此得到了空前的发展。

3. 转移分散经营风险

1973 年，布雷顿森林体系崩溃。各主要国家货币开始浮动，之后世界各国普遍实行浮动汇率制度。汇率多变给商业银行的国际业务和外汇头寸的管理带来种种的困难。这些问题出现迫使商业银行寻求新的经营手段和经营理念。如采用互换业务、期权等衍生金融工具转移和分散风险，实现商业银行控制交易成本、套期保值等目的，同时大大加快了表外业务的发展。

4. 满足客户不断变化的需求

表外业务形式多样，操作灵活，只要双方同意，就可以达成协议。随着客户与银行合作深入，客户不再满足于向银行借款这样传统的金融服务的要求，会向银行提出更多金融品种、更专业化金融服务的需求。而金融监管放松和金融自由化，也使得银行可以向客户提供各种各样的金融创新品种和服务。

【相关链接】

企业通过银行承诺贷款业务获得未来融资保障

2006 年至 2007 年，中国政府采取紧缩的货币政策，三次上调金融机构存款准备金率，贷款资金紧张。企业为了避免在需要资金时，由于银行资金短缺，无法及时获得资金影响企业正常经营活动，会向银行提出“综合授信”要求，希望银行承诺在一定的时期内，当企业需要资金时，保证规定的额度内的资金到位。在这种承诺下，一旦企业提出提款要求，无论银行资金流动性头寸情况如何，都必须兑现贷款资金到位的承诺，因此，银行在这项业务中会收取较高的“承诺费用”。

5. 商业银行特有的优势促进了表外业务的发展

与其他金融机构相比商业银行有其独特的业务优势，表现为在较长的发展历史中所形成的规模经济优势、良好的信誉下丰富的客户群体资源优势、长期培养的大量的金融优秀人才的优势。现有的客户资源和良好的信誉使得商业银行的新产品营销成功率较高，容易被市场所接受，推动了中国商业银行表外业务发展。随着金融环境的不断变化，2006 年之后中国商业银行表外业务在经营活动中的地位越来越明显。

【相关链接】

表外业务可以帮助现代商业银行缓解哪些经营中的问题？

现代商业银行非常重视承诺业务的发展，因为银行承诺业务可以帮助商业银行解决经营过程中的一些难题。包括：

(1)承诺业务是商业银行拓展客户的手段。利用承诺业务银行可以表示出对企业的信任度和合作诚意。实际操作当中，对于大型企业、特别是著名企业，各家银行都会给予较高的贷款承诺额度。而企业往往也以这样的银行信任来展示自己的信誉，提升自己在商业贸易中的地位。

(2)承诺业务可以锁定借款客户。在资金相对宽松的金融市场形势下，银行也较多地使用这种业务。签订贷款承诺协议后，借款人如果没有全额提取贷款，需要支付一定费用的补偿金，为了减少财务成本开支，企业在获得贷款承诺后，如果需要贷款资金会尽可能到签订协议的银行借款，而不会转向其他银行。因此，在资金相对宽松的市场环境下，银行会利用这种业务锁定客户。

(3)银行保函是银行获得收入的重要渠道。银行在对客户的信用等级评定、业务风险测定方面有非常娴熟的技术。在开具银行保函时银行会挑选风险几乎为零的业务，因此银行保函对资深的银行家而言是一种出借信用，收取手续费，但不承担风险的业务。由于这种业务消耗的资本金数额较小，因此也规避了银行资本金短缺限制业务发展的矛盾。

13.2 银行担保业务

银行担保是指银行受贸易合同双方当事人的委托，向合同受益人出具的书面担保书，保证对担保委托人的债务或履行合同的义务，承担委托人违约时的赔偿责任。商业银行担保业务使用的金融工具是“银行保证书”。主要形式有银行保函、备用信用证和商业信用证等。银行通过出具保证书形式把自己的信用出借给保证书申请人，借助于银行信用提升了申请人在商业贸易中的信用等级。

在银行出具保证书时，银行并不动用资金。如果保证书申请人能正常地履行商业合同义务，银行在收取手续费后，并不承担任何风险和义务。但是，一旦申请人不能履行商业合同义务，担保银行必须动用资金代为客户偿付债务或者履行合同义务，银行承担资金风险，有遭受资金损失的可能性。银行对保证书申请人有追索权。

13.2.1 担保业务中的信用结构

在这项金融业务中，参与人有三个，是一种多边信用关系，其特点是：①以银行信用作为商业贸易保证，易于被客户接受。②保证书是依据商务合同开出的，但又不依附于商务合同，是具有独立法律效力的法律文件。当受益人在保证书项下合理索赔时，担保行就必须承担付款责任，而不论申请人是否同意付款，也不管合同履行的实际事实。即保函是独立的承诺并且基本上是单证化的交易业务。

我们以银行为担保书申请人提供贷款还款担保为例。在申请人正常履行贷款合同，按时归还贷款的情况下，出具担保书的银行不承担任何风险，但是可以在业务中收取数量可观的担保手续费，从这一点也可见银行努力开办表外业务的原因。如果担保书申请人不能履行贷款合同义务，不能按期归还贷款本息，保证书出具银行必须代为归还贷款本息，这样对保证书出具银行造成的损失是非常大的，这种情况是商业银行在开办表外业务时极力要避免的。银行表外业务的风险取决于申请人的信用状况。以下是银行还款担保书样例。

银行还款担保书

第 012 号

××公司/银行：

贵公司/银行与四达科技有限公司与 2004 年 12 月 20 日签订的合同号为 00586 的《借款合同》，给予该公司伍佰万元的贷款/授信额度，贷款/授信额度使用期限为自2005 年 1 月 1 日至2005 年12 月30 日。并且在此进一步申明，本保证人了解并同意主合同的所有条款，并应借款申请人的要求针对该笔债务，特于2004 年12 月25 日向贵部出具本《担保书》，自愿为借款申请人在《借款合同》项下的所有债务承担连带保证责任。

本担保书适用中华人民共和国法律，因本担保书所产生的争议，本保证人同意采取《借款合同》所约定的纠纷解决方式。

本保证书自签字之日起生效，至借款人在《借款合同》项下全部债务完全得到清偿之日失效。

本担保书一式三份，贵部、本保证人、借款申请人各执一份。

保证人全称(盖章)： 法定代表人签章：

保证人法定地址： 保证人开户银行：

保证人通信资料： 保证人结算账号：

____年____月____日

银行开办担保业务受到商业贸易双方的欢迎。在商业贸易中，银行担保业务的优势表现为：①对于申请人来讲，可以利用银行担保提升信用等级，在融资或贸易活动中处于一个有利地位。②对于开证行来讲，由于开立担保书的客户一般都是银行所熟悉的、信誉较好的客户，因此开立保证书业务所耗费的银行操作成本和风险成本较低，可以给银行带来较高的收益。③对于商业贸易的受益人来讲，使得受益人获得较高的资金安全性，特别是对不熟悉的贸易伙伴，这种保证显得尤为重要。

13.2.2 国内贸易中的银行担保种类

国内贸易中，银行开具的担保书称为"银行保函"，分为融资性银行保函和非融资性银行保函。

1. 非融资性银行保函

央行颁布的《资本充足率管理办法》中规定："一、表外项目。……与某些交易相关的或有负债。包括投标保函、履约保函、预付保函、预留金保函等。"其中，履约保函是指银行应委托人的请求，向受益人出具的、保证委托人履行合同的书面保证，银行承诺在委托人违约时进行赔偿。投标保函是指银行根据投标人请求，向招标人出具的、保证投标人在不能履约时由担保银行向招标人赔偿。

2. 融资性银行保函

融资性银行保函也称还款保函，是银行应借款人要求，向贷款人出具银行担保书，保证在借款人不能如期归还贷款时，由担保银行偿还贷款本息。

银行提供融资性保函，承担着很大的风险，因此非常重视对申请人资格审查。保函的申请人必须是在银行开户的企业法人，具有履行担保项下合同的能力和意愿，具有真实的商务行为，在本行存入一定的保证金，并对差额部分提供反担保。办理手续也非常严谨，如：申请人需填写开立保函申请书并签章，提交保函的背景资料，包括合同、有关部门的批准文件等；提供相关的保函格式；提供企业近期财务报表和其他有关证明文件；提供银行接受的担保，包括缴纳保证金、质押、抵押、第三者信用担保或以物业抵押或其他方式作担保，授信开立等。由银行审核申请人资信情况、履约能力、项目可行性、保函条款及担保、质押或抵押情况后可对外开出保函。

13.3 银行承诺业务

承诺业务是指银行向客户许诺，在一定的期限内，在双方商定的条件下，对双方约定的交易负有信用责任。商业银行使用的金融工具是“银行承诺书”。银行开办的承诺业务分为不可撤销贷款承诺、可撤销贷款承诺和票据发行便利。在银行开立承诺书而承诺书申请人尚未要求执行承诺时，银行不动用资金。申请人要求银行执行承诺后，银行向企业发放贷款，承诺业务转换为贷款业务。

13.3.1 不可撤销贷款承诺和可撤销贷款承诺

银行向企业开出的承诺通常是贷款承诺。银行与客户约定，在一定条件下、一定期限内向企业发放贷款，银行承担贷款资金到位的义务，按比率向客户收取手续费。

根据承诺书中是否设定履行承诺的特定条件，承诺书又分为无特别设定条件的“不可撤销承诺”和有特别设定条件的“可撤销承诺”。银行为了在市场变化、贷款企业经营情况变化时掌握主动权，通常出具的是可撤销承诺。不可撤销贷款承诺业务具有较大的风险，主要表现为：①银行流动性风险。当申请人需要提取贷款资金时，银行可能会因为资金短缺，无足够的资金发放给申请人。②企业信用风险。在贷款承诺期限内，企业信用可能会出现等级下降、财务恶化等情况，但承诺银行不得不发放贷款。因此，银行开展此项业务的对象一般限定在与其有长期交往、信誉良好的客户。开展此类业务的目的更注重于维护银行和客户的紧密关系，通过这种良好的业务关系，带来持久的存款、贷款业务，从而获取更多的收益。

13.3.2 鉴证承诺与鉴证贷款

鉴证承诺是指银行在鉴证企业间销售合同的前提下，对销货方开户银行出具的付款承诺。即当购货方因任何原因没有足额支付销售合同货款导致销货方开户行向销货方发放的鉴证贷款不能按时足额收回时，鉴证银行保证在接到销货方开户行要求付款的书面通知时，无条件在购货方尚未支付的货款限额内向销货方开户行偿付其尚未收回的贷款本息。

鉴证贷款是指银行根据企业间销售合同及购货方开户银行出具的鉴证承诺或其他有效的付款承诺，对销货方提供的无需其他担保的流动资金贷款。

银行开办此类业务的条件。鉴证贷款和鉴证承诺必须以企业间购销合同为基础；鉴证贷款适用对象主要是生产经营中流动资金不足，需向银行申请贷款，但又无法提供担保的生产销售型企业；申请鉴证贷款须具有购货方银行出具的鉴证承诺；鉴证贷款实行“专户管理、专款专用、封闭运行”。

此项业务的特点是：提供融资便利，扩大企业销售；体现银行信用，推动国内贸易；帮助企业间建立紧密的伙伴关系，促进企业共同发展。

13.3.3 票据发行便利

票据发行便利又称为票据发行融资安排。票据发行便利 1981 年出现在欧洲货币市场，是基于传统欧洲银行信贷风险分散的要求而产生的一种金融创新工具。是银行与借款人签订协议，约定在未来的一段时间内，向借款人提供的、具有法律约束力的融资承诺。商业银行购买借款人连续发行的一系列短期票据并以最高利率在二级市场上出售，未出售差额部分由包销的商业银行提供等额贷款以满足借款人筹措中期资金的融资方式，是一种新型的融资方式。

对借款人来讲，票据发行便利所发行的是短期票据，比直接的中期信贷的筹资成本要低；借款人可以较自由地选择提款方式、取用时间、期限和额度等，比中期信贷具有更大的灵活性；短期票据有发达的二级市场，变现能力强。由于包销银行在正常情况下并不贷出足额货币，只是在借款人需要资金时提供机制把借款人发行的短期票据转售给其他投资者，保证借款人在约定时期内连续获得短期循环资金，这样就分散了风险；投资人或票据持有人只承担短期风险，而承购银行则承担中长期风险，这样就把原由一家机构承担的风险转变为多家机构共同分担，对借款人、承包银行、票据持有人都有好处。票据发行便利的约定期限一般为 3～7 年，短期票据循环发行，期限从 7 天至一年不等，大部分为 3 个月或 6 个月。

1. 票据发行便利市场发展历史

票据发行便利自 1981 年问世以来发展迅速、特别是 1982 年国际债务危机发生，国际银团贷款大为紧缩以来，更加受到贷款人、投资者的青睐。在 1983 年底至 1984 年间，为满足借款人对特定筹资的需要，或使其能够在最适合的情况下选择成本最低的方式提用资金，出现了多种选择便利。1985 年以后成为经济合作与发展组织成员国运用浮动利率票据和商业票据筹资的替代物或补充，出现了多种变型。主要有短期票据发行便利、全球循环承购便利、可转让循环承购便利和抵押承购便利等。票据发行便利的票据使用的货币单位主要是美元，也有用欧洲货币单位或新加坡元的。

一般而言，票据发行便利的主要借款人是欧洲大型商业银行和经合组织成员国政府.还有一些亚洲、拉美国家借款人。借款人如果是银行，发行的票据通常是可转让大额定期存单；如果是工商企业，则主要采用本票性质的欧洲票据。按惯例，借款人通过票据发行便利取得借款要缴纳三种费用：一次性缴纳发行管理费用；在每期票据期末向承包银行支付发行费用；向贷款人支付基础参考利率

LIBOR 或 LIBBR 加一定额度的收益。票据发行便利虽然不直接影响银行负债的增加，但是银行承诺的履约具有不确定性，

2. 票据发行便利业务主体构成

票据发行便利交易有四个主体。

(1)借款人。票据发行便利市场上的借款人一般是资信度比较高的企业，他们认为自身的高信誉度是比较好的条件，因此开始从原来的间接融资改为直接融资，直接向客户发行票据获得融资。

(2)发行银行。发行银行最早是以牵头银行的形式出现，充当销售代理人的角色。之后发行银行改为投标小组，投标小组成员可对发行的任何一种票据进行投标。这一技术的应用，也使借款人可以在发行市场条件改善的情况下获利，也使借款人了解票据发行的最高成本额。

(3)承销银行。承销银行承担了票据包销职能和票据发行风险。承销银行为借款人提供票据期限转换便利，以保证借款人在发行期间可以不间断地获得短期资金的便利。当借款人的票据没有全部出售时，包销银行有责任购买所有未出售的票据，或提供等同金额的贷款。

(4)投资者。投资者是票据的持有人，要承担持有票据的期限风险。在票据未到期时，如果企业倒闭或破产，票据持有人会受到损失。但是，这样的票据一般信用等级较高，风险较小。投资者处于对商业银行的信任，会从商业银行购买这种债券；发行人利用客户对银行的信任，提高债券的信誉度，保证实现发行计划完成。

13.4 银行资产销售和购买协议

银行资产销售与购买协议业务分为银行信贷资产受让业务和贷款回购协议业务。

13.4.1 银行信贷资产受让业务

信贷资产受让业务是指银行受让其他金融机构在其经营范围内，自主、合规发放的且未到期的信贷资产的业务。分为回购型和买断型两种形式。

回购型信贷资产受让业务是指银行受让其他金融机构未到期的信贷资产后，约定在未来日期以约定价格，由出让单位向银行无条件、全额地购回该项资产的资金交易方式。回购型信贷资产受让业务具体操作见“贷款回购协议”。银行受让方作为资产的“逆回购方”在持有受让资产期间可承担也可不承担贷款的

信用风险。

买断型信贷资产受让业务是指银行受让其他金融机构未到期的信贷资产的资金交易方式，受让银行同时受让该资产的债权，成为该项资产的债权人，因此承担贷款的信用风险。

13.4.2 贷款回购协议业务

贷款回购是指交易双方进行的、以贷款权利质押的一种短期资金融通方式。资金融入方(正回购方)将贷款卖给资金融出方(逆回购方)以融入资金。同时双方约定在将来某一日期贷款出售方按约定回购利率，向资金出售方买回相等数量的同品种贷款的交易行为。贷款回购协议是一种具有法律约束力的协议，交易中所使用的金融工具是“贷款回购协议”。

2004 年银监当局实施资本金监管政策后，贷款回购协议业务在我国商业银行逐渐盛行。这种融资方式打破了在中国内地银行实施了较长时间的、由内部上级管理部门进行资金划拨满足流动性需求的管理方法。贷款回购协议完全是交易双方的市场行为，在不同的银行间、不同地域的银行间存在广阔的交易市场。例如，2004 年到 2005 年，长三角经济区的企业贷款需求旺盛，企业资信情况普遍较好，资金市场供给紧缺。长三角地区银行机构与东北、西北地区银行间“贷款回购协议”交易的情况非常普遍。

回购协议操作要点是：选择的贷款一般是资产质量较好、收益率较高的贷款。在回购期内，出让方保持对贷款客户的服务。

贷款回购协议的优点：对正回购方来讲可以改善资产结构，获得流动性。对逆回购方来讲，解决贷款资金过剩、流动性过剩问题，获得利润。

【例 13-1】 浙江杭州某商业银行 A，人民币存款余额 300 亿元，贷款余额 197 亿元，存贷比 65.6%。上级管理部门下达的存贷比指标上限是 66%。可以继续发放贷款 198－197＝1 亿元。2006 年初信贷部门向行长反映，由于银行可发放贷款额度不足，贷款申请合格但不能发放的企业贷款数量达到 5 亿元。本行贷款企业之间已经在传本银行不再发放贷款了。为了消除不利的影响，银行决定利用贷款回购协议，向东北银行 B 出售贷款 5 亿元获得新的资金，发放新的贷款。

资产项目	余额(亿元)	负债项目	余额(亿元)	存贷比(%)
贷款	197	存款	300	65.6

银行双方协商后，银行 B 在银行 A 现有的贷款项目中挑选了总额为 4.5 亿元贷

款。并根据资产期限不同，分别签署了“贷款回购协议”。约定协议有效期 6 个月，回购协议利率 5.0%。

回购协议生效后，东北银行按照“贷款合同”的金额向杭州银行购入贷款。6 个月后，杭州银行 A 以“回购协议”商定的价格回购贷款。

问：(1)银行 A 完成这笔“贷款回购协议”交易后，存贷比降为多少？

(2)根据出售贷款后，还可以向企业发放多少额度贷款？能否满足客户需要？

(3)计算六个月后，银行 A 向银行 B 回购这笔贷款所支付的费用是多少？

解：(1)银行 A 按照出售的“贷款合同”的金额 4.5 亿贷款。资金从银行 A 的资产负债表中支出。资产余额＝197－4.5＝192.5(亿元)

资产项目	余额(亿元)	负债项目	余额(亿元)	存贷比(%)
贷款	197－4.5＝192.5	存款	300	64.2

(2)出售贷款后可贷出资金数量：

198－192.5＝5.5(亿元)

可以满足客户的贷款申请需求。

(3)6 个月后，银行 A 向银行 B 支付交易费用：

4.5 亿×5%×6/12＝0.1125(亿元)

13.4.3 债券回购业务

债券回购是指交易双方进行的以债券为权利质押的一种短期资金融通业务。资金融入方(正回购方)在将债券卖给资金融出方(逆回购方)以融入资金的同时，双方约定在将来某一日期由正回购方按约定回购利率计算的金额向逆回购方买回相等数量的同品种债券的交易行为。

适用对象。经中国人民银行批准进入全国统一同业拆借市场、可办理债券买卖和回购交易的金融机构。

种类。债券的交易分为现券买卖、正回购和逆回购三种形式。

业务特点与优势。合作双方可实现提高收益，防范利率风险，增强资产流动性的目的。期限多样，有利于合作双方合理匹配资金期限结构、实现资产多元化。债券回购业务为同业客户提供融入短期限资金的途径。对债券逆回购方来讲，以债券作为权利质押，融出资金安全性较高。通过债券逆回购盘活资金，最大限度运用可调度资金，提高资金收益率。

13.5 银行保理业务

13.5.1 保付代理业务

保付代理业务简称为保理业务，又称应收账款融资或应收账款权益售与，是指商业银行接受销货方的委托，以代理人的身份代为收取应收账款，并为委托人提供资金融通的一种代理业务。保理业务是销货方向其开户银行申请的代为收取应收款的业务，与信用证由购货方申请的特点形成对比。销货方可以通过选择信用保障服务控制购货方的风险。

银行保理业务主要是为了满足工商企业扩大销售和回收货款的需要。激烈的市场竞争迫使企业采用赊账销售的方式来扩大产品销路，一旦购买方拖延不付，赊销方就会陷于资金周转不灵的困境。因此，市场需要一种制约力来保证商业信用关系，使企业正常的经营不被干扰，维护社会经济体正常运转。

1. 服务方式

银行应收账款融资服务帮助企业将应收账款提前转化成现金收入，并降低坏账风险。

(1)融资服务。银行按照发票金额的一定比率向申请人提供融资，让申请人的应收账款提前转化成现金，而申请人无需将货权抵押给银行。

(2)收账服务。当以赊账贸易的形式进行销售时，银行代为催收货款。

(3)信用保障。卖方通过选择信用保障服务来控制买家风险。

2. 保理业务处理流程

(1)销货方赊销。

(2)赊销方将应收账款委托给银行，获得资金融通。赊销方向银行支付一定的手续费并支付融资利息。

(3)商业银行接收应收账款收账委托，代理收款、提供资金融通。银行向委托人融资，同时承担了债务风险和被欺诈的风险，因此对赊账企业的资金融通设定可追索权。为了降低保理业务风险，在银行接收委托之前，会对购货方进行资信调查，确定授信额度。同时跟踪购货方的情况。

(4)银行履行代收款业务，收回的账款归还销货方的贷款(见图 13-1)。

随着信用环境的不断完善，商业信用也越来越被广大的企业所重视。加上信息透明度不断提高，这种业务方式被越来越多的银行采用。从而深化了商业银行对企业发展的支持力度，也更加巩固了企业与银行之间的合作关系。

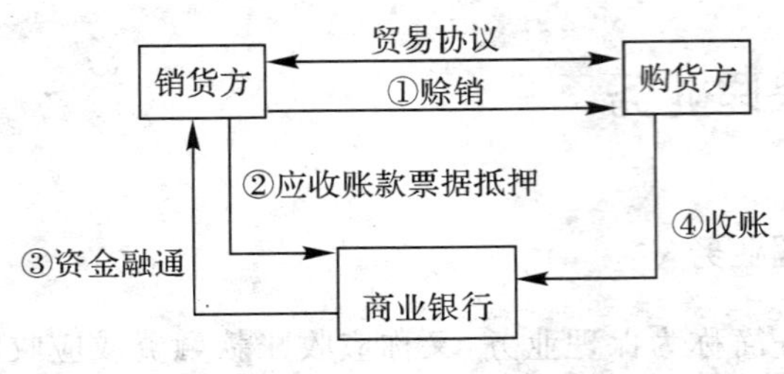

图 13-1　保理业务处理流程图

3. 业务费用构成

销货方向银行支付融资利息，支付代为收款的金融服务佣金。在这项业务中银行可以获得双重的收益。

13.5.2　票据包买(福费廷)业务

票据包买业务是指银行无追索权地买断未到期的国际贸易应收账款，为出口商进行融资的行为。票据包买业务可分为一级市场业务和二级市场业务。一级市场业务是指包买商直接从出口商手里购买应收账款，并持有直至票据到期；二级市场业务是指二级包买商从一级包买商手中，或从其他二级包买商手中无追索权地购买应收账款。

在当今竞争激烈的经济环境中，出口商面对买家提出的远期支付的要求往往进退两难，拒绝就有可能失去生意机会，但接受的话又面临到期对方不付款的风险，而且可能会造成企业现金流短缺。福费廷可以帮助企业规避以上所提到的风险。从本质上来说，福费廷是一种单据贴现服务，而在到期日买方不付款的情况下对出口商不具有追索权。因此福费廷可以帮助出口商将赊账销售转化成现金销售，也可以说福费庭业务是银行从出口商处买断票据、提供融资的保理业务。

1. 福费廷业务处理流程

(1)出口商向保理机构提出保理业务申请。

(2)保理机构接受申请，审查贸易合同。

(3)委托进口商所在地保理机构对进口商进行调查，并给出调查结论。

(4)进口商所在地保理机构根据调查结果评定进口商的信用等级。

(5)出口商保理机构根据评级结论作出是否受理的决定。通知出口商。

(6)出口商在接到受理通知后，同意赊账销售。

(7)出口商将应收账款抵押给银行，获得资金融通。

(8)出口商保理机构向进口商保理机构提交委托收款单据,委托其向进口商收取相关款项。

(9)进口商所在地保理机构跟踪进口商的生产和经营状况,在规定期限内收回应收账款。

(10)两地保理商进行资金清算(见图 13-2)。

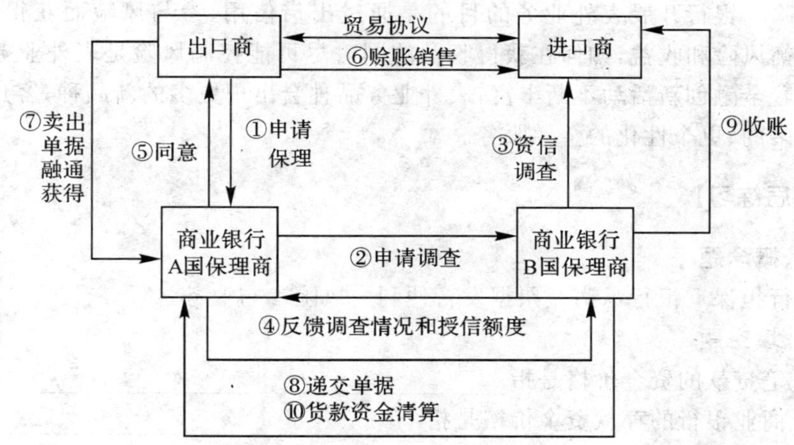

图 13-2 福费廷业务处理流程图

2. 福费廷业务特点

(1)对于出口商来讲,卖出单据后,只要出口商的货物品质和交货条件符合合同的规定,保理机构对出口商就没有追索权。出口商将全部汇率风险、信贷风险和债务风险转嫁给保理商。出口商获得资金融通,加快了资金周转,节省了管理赊账的人力和物力。

(2)对进口商而言,免除了向商业银行申请信用证和交付押金的手续。减少了资金的积压,降低了进口成本。其不利因素是合同价格相应提高。

(3)对保理机构来讲,除了按照应收账款的1%～2%的金额收取手续费外,还可以获得融资利息收入。这个成本一般是转移到出口货物的货价上的。但是货价的提高一般低于交付保证金给进口商带来的损失。保理商对海外机构熟悉,了解进口商的情况,可以准确地把握进口商的资信情况。

3. 费用构成

福费廷业务费用构成为出口商向保理机构支付的融资利息和金融服务佣金。

【本章小结】

表外业务是银行在办理业务时不动用银行资金,业务活动不在银行资产负债表内反映,开展业务时银行不承担资金风险,在未来某个时间可能会转换为表内业务的银行经营活动。表外业务与中间业务的本质区别在于银行是否会承担资金风险。银行开展表外业务的目的是通过出借信用、参与风险而获得收益。如何权衡风险和收益,如何在获得收益的同时尽可能控制风险是表外业务的关键。随着金融创新活动不断丰富,表外业务品种会出现更多的新品种,客户也将获得更多的、更个性化的金融服务。

【课后练习】

一、概念题

银行担保　银行承诺　票据发行便利　风险参与业务

二、填空题

1. 笔贷款的资金价格是指________________。
2. 商业银行的存款资金价格是指________________。

三、简述题

3. 比较商业银行中间业务与狭义的表外业务的相同特点和不同特点。
4. 什么情况下,银行会向企业提供贷款承诺服务?
5. 什么样的情况下,企业会要求银行开立“银行担保”?
6. 票据发行便利中,银行向票据发行人提供什么样的金融服务?

【网站指引】

要了解中国商业银行表外业务的状况,银行如何防范表外业务风险,可登录以下网站:

http://www.cnforex.com/环球外汇网

http://www.ccpan.com/中国会计师网

http://www.zgjrw.com/中国金融网

第 14 章

银行国际业务

引 言

商业银行国际业务又称为国际银行业务。国际银行业务起源于国际贸易的发展。历史上，国际贸易融资和货币兑换是商业银行的主要国际业务，随着20世纪80年代各主要国家相继放松金融管制和经济全球化进程加快，先进技术手段的应用，商业银行的国际业务比重越来越大，某些大银行的国际业务甚至超过了国内业务，成为其收入的主要来源。近年来，随着新一轮国际分工的深化，跨国公司的规模、经营方式、产业结构发生了前所未有的变革，国际金融市场迅猛发展，为各国商业银行拓展国际业务提供了广阔的空间，商业银行业务的国际化已经成为商业银行发展的必然趋势。

学习目标

1. 了解国际业务的理论基础和历史演变过程
2. 掌握银行国际业务的种类
3. 掌握银行国际业务的组织机构
4. 掌握银行国际业务的风险

重点问题

1. 国际资产业务种类
2. 国际负债业务种类
3. 信用证结算方式

14.1 银行国际业务的理论基础及历史演变

14.1.1 商业银行国际业务的理论基础

对于商业银行开展国际业务的重要性、必要性、业务开展方式以及国际业务的开展对商业银行的影响等方面的理论支撑，可以概括为以下几个方面：

1. 国际分工论

国际分工论源自亚当·斯密分工理论。亚当·斯密理论认为：国内分工和国际分工都有利于劳动生产率的提高，而国际分工导致了国际贸易和国际资本的流动。商业银行的国际分工理论认为：商业银行国际业务是在国际分工的基础上，由于各国在生产、交换、分配和消费等方面的差异而产生的；商业银行国际业务必须跟随国际商品和资本的流动，并为这些活动提供金融服务；在金融领域甚至在银行业务中，也存在国际分工，各国的银行业也可以在寻求比较利益的基础上，达到更高的效率，创造更多的财富。

2. 收支平衡论

早期的重商主义者在国际贸易中奉行"少买多卖"原则，主张严禁金银出口，增加贸易顺差。晚期的重商主义者主张在保证有更多的金银运回本国的前提下，允许金银出口，但最终要获得贸易顺差。这一理论将国际收支与发展一国经济、寻求国际分工合作的比较利益等割裂开来，片面认为一国的金银越多越好，外汇越多越好，金银只能多进少出，甚至希望只进不出，所以有它的局限性。但它的通过商业银行国际业务增加一国收支平衡的能力、拓宽收支平衡渠道的观点，仍然是指导当今商业银行经营管理的重要思想。

3. 国际竞争论

一国商业银行开展国际业务的范围、水平、能力以及吸收和利用外资的总量、结构等，是影响一国综合竞争能力的重要内容。如果逃避竞争，不参与国际分工，就无法享受到国际分工带来的高效率。商业银行国际竞争理论的基本观点是：商业银行开展国际业务的能力，是一国金融竞争力的重要体现，同时也是一国综合竞争力的重要组成部分；在适当条件下，开放本国的金融市场、银行业市场，对促进本国商业银行国际业务水平的发展是有利的，但必须量力而行，根据实际情况逐步放开，而不能一蹴而就。

4. 金融深化论

20 世纪 70 年代爱德华·肖和罗纳德提出来的金融深化论是相对于金融压

抑而言的。所谓金融压抑,是指一国由于受有关行政控制、税收政策等的影响,阻碍金融体系正常、健康发展的一种经济现象,突出表现为一国的经济和金融陷于恶性循环。金融深化论的主要观点一是商业银行开展国际业务是商业银行参与国际金融市场的必然途径,是本国金融深化的重要内容。如果一国的商业银行不走向国际金融市场,不从事国际业务,金融深化就难以实现。二是商业银行开展国际业务,可以加强与国际同业的交流,借鉴和学习先进的管理经验,适应国际惯例,在通过间接渠道引进资金的同时,也引进了相关的管理知识,有助于本国商业银行的创新。三是引进外资商业银行是本国商业银行从事国际业务甚至跨国经营的前提或基础,引进外国商业银行,可以获得体系内的转让和创新效应、体系外的直接效应、溢出和外部效应、示范效应和激励效应等好处。四是通过本国商业银行的国际化及引进外资商业银行,可以促进本国金融监管部门改进金融管理,提高监管效率。

5. 风险管理论

这一理论认为,从事国际业务是商业银行在国际范围内处理和防范风险的一种途径,同时也会产生新的风险。为此,这一理论提出:对国际业务的风险要和国内业务的风险一样进行统筹管理;应在国际范围内,更大限度地利用各种金融工具和业务,提高风险防范的水平和盈利水平。应对国际业务特有的风险,如汇率风险、国家风险、政治风险等予以特别关注,注重对国际业务风险特殊性的管理,不能盲目地照搬国内业务的管理办法和经验。

14.1.2 商业银行开展国际业务的意义

商业银行是现代一切经济活动的中心,也是国际债权债务的清算中心。商业银行通过开展国际业务,可以起到国际债权债务的清偿作用。而国际债权债务的顺利清偿,可以进一步促进国际贸易及其他各种经济、政治、文化和技术交流的顺利进行和进一步发展,是实现资金在全球金融市场流转,保证全世界社会再生产得以顺利进行的前提条件。

1. 促进国家之间各种经济、政治、文化、技术合作与交流的顺利进行

商业银行国际业务起源于国家之间的各种经济、政治、文化、技术的合作与交流,而商业银行国际业务又进一步促进了国家之间的这些交流与合作。我国正在实施全面改革开放战略,加入世贸组织后,经济已经全面融入了国际化的浪潮中,离开了商业银行的国际业务是不可想象的。

2. 促进银行整体功能的发挥,提高外汇资金使用效益,完善我国金融体系

商业银行从事国际业务,能使国际金融和国内金融结合起来,使人民币资金

和外汇资金紧密配合，从而有利于发挥银行的整体功能。商业银行集中经营外汇业务，能改变目前我国外汇资金使用的分散化和多元化、外汇资金缺乏统筹安排的弊病，将有利于管好用好外汇资金，提高外汇资金的使用效益。从事国际业务的商业银行既要积极参与国际金融市场的竞争，客观上又要求开放本国的货币市场和资本市场，发展本国的金融中心和离岸市场，这对规范完善我国金融体系有巨大的推动作用。

3. 提高商业银行的经营效益

商业银行通过积极地开展国际业务，可以充分提高资金使用效益，增加银行收益。自 20 世纪 80 年代以来，一些大量从事国际业务的跨国银行，通过国际业务所获取的收益已达到或超过利润总额的 50%。商业银行通过在海外设立分支机构，可以扩大自身规模，实现规模经济效应，从而降低经营成本，提高利润水平。设立海外分支机构还可以扩大资金来源，特别是在离岸金融中心设立分支机构不但可以广揽天下客户，而且可以避开国内一些法律法规的限制，降低融资成本。我国国有商业银行境外贷业务结构如表 14-1 所示。

表 14-1　2003 年国有商业银行境外信贷业务结构

银行名称	境内信贷比重(%)	境外信贷比重(%)
中国银行	80.84	19.16
工商银行	97.73	2.27
建设银行	98.62	1.38
农业银行	99.42	0.58

资料来源：根据各行年报整理。

14.2　银行国际业务的种类

商业银行的国际业务分为国际负债业务、国际资产业务、国际结算业务和外汇交易业务。

14.2.1　国际负债业务

国际负债业务是指银行在国际范围内筹集资金的业务，是银行负债业务在国际范围内的延伸。该业务拓展了银行资金来源渠道，又为国际资产业务奠定了基础。

经济发达国家存在资本过剩时，银行吸收的本币存款中一部分会用于国际资产业务，不必为国际资产业务进行专门的筹资活动。相反，如果银行资金不足以支撑存在的良好的国际信贷机会，银行就要通过专门国际筹资活动来满足这种需要。主要包括国际存款、国际借入款、发行国际债券以及回购协议等筹集方式。

1. 国际存款

国际存款是商业银行资金来源的重要组成部分，包括同业存款和非银行存款。同业存款是指国外其他银行存放在本行的存款，其主要目的是为了便利国家之间的支付与清算；非银行存款是指其他国家非银行类机构、个人存放在银行的资金。

对于跨国银行来说，所吸收的国际存款中有很大一部分是欧洲美元存款。所谓欧洲美元是指存放在美国境外银行机构的美元，这些银行机构既可以是一家外国银行，也可以是一家美国银行设在海外的分行。欧洲美元存款是指商业银行通过在资金充裕的欧洲美元市场发行大额存单来筹集资金。与美国“国内”美元相比，欧洲美元存款如下的特征：一是所有的欧洲美元存款都是定期存款，都可以获得利息，而美国“国内”美元存款却有大量的无息活期存款。二是欧洲美元基本上是一种批发性的交易，单笔交易金额很大，通常至少达 100 万美元，甚至可达数十亿美元。三是不要交存款准备金和存款保险金，所有的存款都可以使用。基于以上的特点，银行在吸收欧洲美元存款时往往愿意支付更高的利率。

2. 国际借款

国际借款是指商业银行为应付经营过程中所出现的临时性的资金短缺或短期资金周转的需要在国际市场进行的同业拆借业务。它是商业银行进行短期国际借贷的主要方式，一般通过其国外分支机构向外国银行借入。国际借款期限较短，一般在一年以内，无需抵押品，属于信用借款，具有手续简便、资金供给充裕、借款不限定用途、币种选择灵活等优点。

3. 发行国际债券

在国际金融市场上发行金融债券也是商业银行一种重要的筹资渠道。通过发行国际债券，商业银行能筹措到较长期限的可使用资金，使自己的资金来源多样化。

国际债券的种类有外国债券和欧洲债券两种。外国债券是指债券发行人在国际金融市场上发行的以市场所在国货币为面值的债券，外国债券只能在传统的国际金融市场上发行。目前世界上最著名的外国债券市场美国的扬基债券市场、日本的武士债券市场和英国的猛犬债券市场。欧洲债券是指债券发行人在国际金融市场上发行的不以市场所在国货币为面值的债券。欧洲债券只能在欧洲货币市场上发行。欧洲货币市场又称为离岸金融市场，是指经营欧洲货币（又称为离岸货币）借贷业务的金融市场。

4. 回购协议

回购协议是指商业银行在需要周转的资金时，将其所持有的有价证券等资产出售以获取资金，同时买卖双方约定在某一特定时间，出售者再将有价证券购回的融资方式。

14.2.2 国际资产业务

国际资产业务是指商业银行在国际范围内的资金运用业务，包括国际信贷业务、国际证券投资业务和国际租赁业务。

1. 国际信贷业务

国际信贷业务是商业银行主要的国际资产业务，主要有直接贷款、银团贷款和贸易融资这三种方式。

(1)直接贷款。直接贷款也称为国际放款，是指商业银行采取国内贷款的形式直接向国外借款人发放贷款。与国内银行放款相比，国际放款一般不限定用途，借款人可以自由地使用资金；金额较大，风险较高，因而利息和费用也较大。放款的价格一般由放款利息、承诺费、管理费、代理费和其他杂费组成。贷款对象大多数是外国银行、政府和大的跨国公司在国外的分支机构等。

(2)银团贷款。银团贷款也称为辛迪加贷款，其实质也属于直接贷款。在国际贷款中，大量的是项目贷款，即主要是针对某一个项目而不是某一借款人发放的贷款，如铁路、公路、飞机场、核电厂的修建等。这类贷款金额大，期限长，风险大，所以单个银行不愿或没有能力发放，但盈利前景十分可观，许多银行便组成银团对这类项目发放银团贷款。

(3)贸易融资。贸易融资也称为进出口融资，是指商业银行在进出口贸易中对进口商和出口商提供的资金融通。这种业务政府一般要给予补贴，因此利率较低，条件优惠。商业银行的贸易融资主要有以下六种形式。

①出口信贷(Export Credit)。出口信贷是商业银行在政府的鼓励支持下，为促进本国商品的出口而向进出口贸易当事人提供的资金融通。提供此种贸易融资时，政府对银行提供一定的利息补贴，使商业银行出口信贷的利率低于其他形式的贷款利率，对进出口各方有较大的吸引力。西方商业银行办理的出口信贷，大多用于大型成套设备的出口，属于中长期信贷。它主要有两种形式，即买方信贷和卖方信贷。

买方信贷。买方信贷是出口国银行向进口商或进口商银行提供的用于购买出国商品的贷款。出口商和进口商签订合同,规定进口商见货后立即支付货款,但进口商可能没有足够的现金付款,这时商业银行提供买方信贷作为资金支持。一般有两种做法:一是向进口商提供贷款,进口商收到贷款后,用此款向出口商支付货款;另一种做法向进口商的银行提供贷款,然后再由该银行将款项贷放给进口商,进口商用此款支付进口货款。不管哪种做法,都要求在买卖双方签订贸易合同后,买方必须向卖方先付15%以上的订金,而且该笔贷款仅限于购买提供贷款国的商品。进口设备投产后,由进口商或进口国银行分期偿还给贷款银行。

卖方信贷。卖方信贷是由出口国银行在本国出口商将产品赊销给外国进口商之后,收回货款之前,向出口商提供的周转贷款。出口商与进口商签订买卖合同,允许进口商延期支付货款,而出口商可能会因为资金短缺影响到正常经营活动,由商业银行提供卖方信贷,对出口商给予资金支持。贷款利率一般低于国际金融市场利率,利差部分由政府补贴给商业银行。这时进口商一般要先付进口商品总值约15%左右的订金,其余的85%分批偿还,因此卖方信贷也一般不超过出口商品总值的85%。

②打包放款(Packing Loan)。打包放款是出口国银行向出口商提供的一种短期信贷。出口商与国外进口商签订买卖合同后,在组织货物出口过程中,可能出现资金周转困难。出口商用进口地银行向其开发的信用证或其他保证文件,连同出口商品或半成品一起,交付出口地银行作为抵押,借入款项,此时提供的贷款就称为打包放款。它通常按信用证金额的一定比例提供本币资金,待出口商收回货款后再归还银行的本息,这实际上是一种短期的卖方信贷。

③票据买入业务。票据买入业务又称为票据贴现,是指出口企业以远期付款的方式进行商品买卖,同时开立以进口商或进口商所在地的商业银行为付款人的远期汇票,在远期汇票到期前,商业银行为了满足出口企业即期资金需要,以贴现的形式买入该汇票,然后以持票人的身份收取票款的行为。其实质是商业银行以未到期的票据作为抵押向出口企业提供短期资金融通。商业银行开展票据买入业务时,要事先申明,如果票据遭受拒付,商业银行保留有对出口企业的追索权。

④进出口押汇。进出口押汇是指进出口商在出口合同的执行过程和货款的收回过程中,从商业银行获得信用担保和资金融通的信贷方式。分为进口押汇和出口押汇两种。

进口押汇(Inward Documentary Bills)是指进出口双方签订商品买卖合同后,进口地银行(一般为进口商的开户行)只凭进口商的信誉,就为其开具符合出口商要求的保证按期付款的文件(绝大多数为信用证),以便出口商接到保证文件后能够按期发货,货到后进口商再赎单付款。银行为进口商开立信用保证文件的这一过程就是进口押汇。在进口押汇业务中,进口商必须在规定的时间内付款赎单,或者出具依托收据借出货运单据提货,出售后以所得货款归还商业银行为其垫付的资金及利息。

出口押汇(Outward Documentary Bills)是指出口商根据买卖合同的规定向进口商发出货物后,取得各种单据,同时根据有关条款,开出以进口商为付款人的汇票。为提前收回货款,出口商将汇票连同有关货运单据,在委托本国代理银行代收货款时,请求银行将该项出口汇票及有关单据先予承购。如果该银行对汇票及单据进行审查后,认为符合规定,则予以承购,收下汇票和单据,将汇票票款扣除利息后付给出口商。这种由出口地银行对出口商提供的资金融通就称为出口押汇,俗称出口买单(Bills Purchased)。出口押汇与票据买入类似,但又有本质不同。前者以各种单据为抵押,在借款信用上属于抵押贷款,后者没有抵押品,在借款信用上属于信用贷款。

⑤福费廷(Forfeiting)。福费廷业务又称包买票据,是指在大型机械设备和成套设备的进出口贸易中,采取延期付款的货款支付方式下,出口商为了防止汇率变动或加快资金周转,将进口商承兑的远期汇票,按固定利率无追索权地卖给金融机构,提前取得货款的一种贸易融资方式。这种业务与票据买入业务有类似,不同之处是时间较长,商业银行没有追索权。

⑥保理业务。保理业务又称承购应收账款业务,是保理商为国际贸易中以赊销方式进行买卖的出口商提供的将出口贸易、销售账务处理、收取应收账款和买方信用担保融为一体的金融服务。其中的出口贸易融资是指出口商以赊销的方式将出口产品装船发货,然后用取得代表出口方应收货款权利的发票、承兑汇票、货物提单等单据无追索权地卖给保理商,并提前取得货款。

2. 国际证券投资业务

商业银行进行国际证券投资的方式有以下几种:

(1)购买外国政府或企业在本国发行的以本国货币为面值的债券,即通常所说的外国债券。如美国花旗银行在纽约购买中国政府发行的美元债券。

(2)购买外国政府或企业在本国发行的以外国货币为面值的债券,即通常所说的欧洲债券。如英国的 HSBC 控股银行在伦敦购买中国政府发行的美元债券。

(3)到国外去购买该国政府或企业在当地发行的债券。如中国工商银行将持有的美元在美国购买美国政府的债券或高品质的企业债券。

(4)商业银行在国外的分支机构购买当地政府或企业发行的债券。

3. 国际租赁业务

国际租赁业务是指商业银行应国外承租人的要求，购买大型成套设备出租给国外承租人，并约期收回租金的国际融资活动。国际租赁是国际贷款的转化形式。在租赁期间，出租物的所有权归银行所有，承租人只有出租物的使用权。租赁期满，承租人对租赁物品有退租、续租和留购的选择权。国际租赁与国内租赁一样，是一种将融资和融物相结合的资金融通方式。由于在国际租赁的合同期内，商业银行完全拥有出租物的所有权，因此可以在某种程度上降低国际租赁的风险。

14.2.3 国际结算业务

国际结算是指在国际上办理货币收付以清偿不同国家之间的债权债务关系的业务活动。国家之间的经济交易或活动，主要是国际贸易和非国际贸易业务。其中国际贸易是结算产生和发展的主要根据，同时国际结算的发展反过来又促进了国际贸易的发展。因此，国际贸易结算构成了国际结算的主要内容。在国际结算中，由于擅长处理货币收付和兑换、在国外有大量的分支机构和代理行等原因，商业银行成为全球国际结算的中心。国际结算业务也就成为商业银行的一项重要国际业务。商业银行国际结算的方式主要有汇款、托收和信用证三种。

1. 汇款结算方式

汇款结算方式是付款人把应付的款项交给自己的往来银行，请求银行代自己把款项交付给收款人的一种结算方式。汇款结算有四个基本当事人，即汇款人、汇出行、汇入行和收款人。如果汇入行和汇出行之间没有建立代理行关系，那么完成一笔汇款业务，还需要与两家银行都有代理关系的第三家银行参与。在汇款结算方式下，银行不需要考察汇款的目的和客户的信用状况，只需简单地接受委托并办理汇款，银行只面临操作风险。因汇款过程中使用的工具不同，汇款又分为电汇、信汇和票汇三种。

(1)电汇(Telegraphic Transfer，T/T)是汇出行应汇款人的申请用加押电报、电传或电子划拨系统通知汇入行向收款人解付一定金额的汇款方式。这种汇款方式的基本操作程序依次为：汇款人填写电汇申请书，连同款项和汇费一起交汇出行；汇款人取得电汇回执；汇出行将汇款内容加密后用电报、电传或电子划拨系统通知汇入行解付；汇入行核押后通知收款人取款；收款人到汇入行取款；收款人取款后在汇入行的“收款人”收据上签字或盖章；汇入行借记汇出行账户，将“付讫借记通知书”寄汇出行。

(2)信汇(Mail Transfer,M/T)是汇出行应汇款人申请,邮寄信汇委托书或支付委托书,授权汇入行向收款人解付一定金额的汇款方式。它与电汇操作程序基本相同,不同在于:在汇出行通知汇入行的手段上,信汇用的是信汇委托书,电汇用的是电报、电传或电子划拨系统;在保密方式上,信汇是汇出行的授权人员签字,电汇用密押。信汇比电汇的费用要低,但由于速度相对较慢,现在很少用这一方式。

(3)票汇(Demand Draft,D/D)是汇出行应汇款人申请,开立以其分行或代理行为解付行的银行即期汇票,支付一定金额给收款人的一种汇款方式。这种汇款方式的基本操作程序依次为:汇款人填写票汇申请书,连同款项和汇费一并交汇出行;汇出行开出即期银行汇票交汇款人;汇款人将汇票交收款人;汇出行将票汇通知书邮寄汇入行;收款人持汇票向汇入行取款;汇入行向收款人解付票款;汇入行借记汇出行账户,将"付讫借记通知书"寄汇出行。

2. 托收结算方式

托收(Collection)是债权人因向债务人收取款项而向其开出汇票,委托出口地银行或其国外的分行或代理行代收款项的一种结算方式。一笔托收结算业务通常有四个当事人,即委托人、托收行、代收行和付款人。委托人又称出票人,是开立汇票委托托收行向国外付款方收款的人。托收行是接受委托人的委托,转托国外代收行代为收款的银行,托收行一般是出口地银行。代收行是接受托收行的委托,代为向付款人收款的银行,代收行一般是进口地银行。付款人又称受票人,是最终支付货款的人,一般是进口商。

3. 信用证结算方式

信用证(Letter of credit,L/C)是银行根据进口商的请求,对出口商发出的、授权出口商签发以银行或进口商本人为付款人的汇票,承诺只要交来符合条款规定的汇票单据必定承兑和付款的一种书面保证文件。

在汇款结算和托收结算方式下,国际贸易中的进出口双方存在着风险严重不对称。如果是先发货后付款,则出口方存在着收不到货款的风险;反之则进口方存在着收不到货物的风险。即使托收结算尤其是跟单托收结算大大降低了出口方收不到货款的风险,但这种风险依然没有消除。在出口货物销售前景不好的情况下,进口商可能会出现道德风险,既不支付进口货款,同时也不要进口商品。如果出现这种情况,出口商必将遭受重大的损失。信用证结算很好地克服了汇款结算和托收结算的缺点。在信用证结算方式下,如果出口商严格按照信用证的要求发货并制备单据,只要开证行不倒闭,出口商就一定收到货款。基本消除了出口商收不到货款的风险。信用证结算的优点,使其成为当前国际结算的最主要、最广泛的形式，被称为国际商业银行往来的生命线。

根据其性质、期限、流通方式等特点，信用证的种类可以分为：

(1)跟单信用证和光票信用证。跟单信用证(Documentary Letter of Credit)是开证行凭跟单汇票或单纯凭单据付款的信用证。这里的单据是指代表货物或证明货物已经交运的单据，包括提单、铁路运单、航空运单、邮包收据等。国际贸易所使用的绝大部分信用证是跟单信用证。光票信用证(Clean Letter of Credit)是指开证行仅凭不附单据的汇票付款的信用证，或汇票仅附有非货运单据，如发票、垫款清单的信用证。贸易结算中的预支信用证和非贸易结算中的旅行信用证都是光票信用证。

(2)不可撤销信用证和可撤销信用证。不可撤销信用证(Irrevocable Letter of Credit)是指信用证一经开出，在其有效期内，未经受益人及各有关当事人的同意，开证行不得片面修改和撤销的信用证。只要受益人提交了符合信用证规定的单据，开证行就必须履行付款义务。这种信用证在票面上注明了"不可撤销"字样，它对受益人收款比较有保证，所以在国际贸易中使用得最多。可撤销信用证(Revocable Letter of Credit)是指开证行对所开信用证不必征得受益人或有关当事人的同意而可以随时撤销或修改的信用证，票面上有"可撤销"字样。由于对出口商不利，所以出口商一般不接受这种信用证。

根据《跟单信用证统一惯例，国际商会第 500 号》(《UCP500》)的规定，如果信用证上没有标明是"不可撤销"还是"可撤销"字样，则该信用证视为不可撤销。

(3)保兑信用证和不保兑信用证。保兑信用证(Confirmed Letter of Credit)是指开证行开出信用证后请另一银行保证对符合信用证条款规定的单据履行付款义务的信用证。对信用证加具保兑的银行叫保兑行，它通常是通知行，也可能是出口方的其他银行或第三国银行。信用证的"不可撤销"是指开证行对信用证的付款责任，"保兑"则是指开证行以外的银行对信用证的付款责任。因为保兑行所负的责任相当于其本身开证，所以只能在不可撤销信用证上才能加以保兑，成为保兑的不可撤销信用证。此时，开证行和保兑行都对信用证承担第一付款责任，这对出口商最为有利。不保兑信用证(Unconfirmed Letter of Credit)是指没有经过另一家保兑银行保兑的信用证，当开证行资信好和成交金额不大时使用。

(4)即期信用证和远期信用证。即期信用证(Sight Letter of Credit)是指开证行或付款行收到符合信用证条款的跟单汇票或装运单据后，要立即履行付款义务的信用证。这种信用证能使出口商收汇迅速，因而在国际贸易中广泛使用。远期信用证(Usance Letter of Credit)是指开证行或付款行收到符合信用证条款的跟单汇票或装运单据后，不立即付款，而是等到汇票到期时才履行付款义务的信用证。

(5)可转让信用证和不可转让信用证。可转让信用证(Transferable Letter of Credit)指规定信用证的每一受益人可以把信用证的全部或部分使用权转让给第二受益人的信用证。不可转让信用证(Non-transferable Letter of Credit)指受益人不能将信用证的权利转让给他人的信用证。凡信用证中未注明"可转让"者，即为不可转让信用证。

(6)循环信用证(Revolving Letter of Credit)。循环信用证是指信用证的全部或部分信用额度在被使用之后能够重新再被使用，直至达到规定次数或规定的总金额为止的信用证。这种信用证的优点在于进口方可以不必多次开证，从而节省开证费用，同时也可以简化出口审证、改证等手续。它适用于大额的、长期合同下的分批交货。它可以按时间循环或按金额循环。按时间循环的信用证是受益人在一定时间内可支取信用证规定的金额，支取后，在下次仍可继续支取。上次未用完的信用证余额可以移到下次一并使用的叫做积累循环信用证；上次未用完的信用证余额不能移到下次一并使用的叫做非积累循环信用证。按金额循环使用的信用证是信用证金额议付后，仍恢复原金额，可再使用，直到用完规定的总金额为止。

(7)对开信用证(Reciprocal Letter of Credit)。对开信用证是指两张信用证的开证申请人互以对方为受益人而开立的信用证。第一张信用证的受益人就是第二张信用证的开证申请人，同样，第一张信用证的开证申请人就是回头证的受益人。两张信用证的通知行往往就是回头证的开证行。两张信用证的金额相等或大体相等。这种信用证一般用于来料加工、补偿贸易和易货贸易。对开信用证的生效方法有两种：第一种是两证同时生效，即第一证先开出，但暂不生效，等对方开来回头证，受益人接受后，通知对方银行，两证同时生效；第二种是两证分别生效，即第一证开出后立即生效，回头证以后另开，或第一证的受益人在交单议付时，附一担保书，保证在若干时间内开出以第一证开证申请人为受益人的回头证。分别生效的对开信用证只有在易货双方相互信任时才会开立。

(8)背对背信用证(Back to Back Letter of Credit)。背对背信用证又称转开信用证，指受益人以自己为申请人，要求原证的通知行或其他银行以原证为基础，另开一张内容相似的以实际供货人为受益人的新信用证。背对背信用证的开立通常是中间商转售他人货物，从中图利，或两国不能直接办理进出口贸易时，通过第三者以此种方法来沟通贸易。

(9)预支信用证(Anticipatory L/C)。预支信用证是开证行授权代付行(通常是通知行)向受益人预付信用证金额的全部或一部分,由开证行保证偿还并负担利息的信用证。通常是进口商向开证行申请,要求开证行在信用证上加列条款,授权出口地的通知行或保兑行在交单之前,向出口商预先垫付全部或部分金额的款项,待出口商交单议付时,出口地银行再从议付金额中,扣还预先垫款本息,将余额付给出口商。若出口商到时不能装货交单,出口地银行可向开证行提出还款要求,开证行保证立即偿还出口地银行的垫款本息,然后向开证申请人索要此款。

(10)备用信用证(Standby Letter of Credit)。备用信用证又称商业票据信用证(Commercial Paper Letter of Credit)担保信用证或保证信用证(Guarantee Letter of Credit),指开证行根据开证申请人的请求对受益人开立的承诺承担某项义务的凭证。

14.2.4 外汇交易业务

1. 外汇交易

外汇交易也称外汇买卖,是指国际金融市场上外汇供给者与需要者在不同货币之间按照一定的汇率进行相互交换的活动。它的存在基于以下几个重要事实:客户有进行货币兑换的需要;跨国银行持有的外汇头寸和外汇债权或债务受汇率变化而导致银行外汇头寸风险;外汇债权债务风险和对外贸易风险。为此,银行有通过外汇买卖来降低外汇风险的需要。与以上几个实事相对应,银行在外汇市场上从两个层次开展外汇买卖,即因客户的需要办理外汇买卖和为平衡外汇头寸、防范外汇风险而在银行同业市场上进行轧差买卖。

2. 商业银行外汇交易业务的种类

外汇市场上的交易品种丰富,方式多样。随着金融衍生工具的发展,交易方法更是层出不穷,最基本的有以下几种:

(1)即期外汇交易。即期外汇交易(Spot Transaction)即现货交易或者说现汇交易,是指交易者在外汇买卖成交后,立即或在两个交易日内进行交割的外汇买卖。按照国际惯例,经营外汇业务的商业银行与居民、企业、旅游者等客户之间的外汇交易一般是当日成交,当日交割。商业银行之间的外汇交易则通常在交易成交后两个交易日内完成交割,以便外汇的卖出银行有足够的时间处理账户转移等事项。

(2)远期外汇交易。远期外汇交易(Forward Transaction)是指买卖双方交易成交后,按双方签订的远期合同,在未来的约定日期进行外汇交割的交易方式。常见的远期外汇买卖期限为1个月、2个月、3个月、4个月、5个月、6个月等，通常为3个月，也有长达1年的，但很少见。

(3)外汇期货交易。外汇期货交易(Currency Futures Option)是指在有形的外汇市场上，由清算所向下属成员清算机构或经纪人，以公开报价的方式进行具有标准合同金额和清算日期的远期外汇买卖。

外汇期货交易与远期交易在交割时间、合同形式等方面极为相似，但在具体运作上，外汇期货交易较之外汇远期交易，有着显著的特点：外汇期货交易有具体的市场，如国际货币市场和伦敦金融期货交易所等；外汇期货交易是一种固定的、标准化的形式，具体体现在合同规模、价格、交割期限、交割地点均标准化，而非通过协商确定；外汇期货交易的买方只报买价，卖方只报卖价，由交易所确定每日限价；外汇期货交易的远期合约大多很少交割，交割率甚至低于1%；外汇期货交易的买卖双方无合同责任关系，买卖双方与清算所有合同责任关系。

(4)外汇期权交易。外汇期权交易(Foreign Exchange Option)即买卖远期外汇权利的交易。在这种交易中，外汇期权的买方和卖方在规定时期内按双方商定的条件，比如一定的汇率，购买或售出指定数量的外汇。在行市有利于买方时，买方将买入看涨期权，可以获得在期权合约有效期内按某一具体履行价格购买一定数量某种外汇的权利；在行市不利时，买方将买入看跌期权；在行市捉摸不定时，投资者倾向于购买双向期权，即买方同时买进看涨期权和看跌期权。在外汇期权交易中，买方向卖方支付期权费，该费用被视为购买期权的价格。外汇期权交易对买方而言，它在期权有效期内没有必须按预定价格履行合同交割的义务，这有利于买方对资产和收益的保值。对卖方而言，可以获得期权费。商业银行在外汇期权交易中，可能充当买方，也可能充当卖方。

(5)外汇互换交易。互换交易(Swaps)是指互换双方在事先预定的时间内交换货币或利率的一种金融交易。双方在期初按固定汇率交换两种不同货币的本金，随后在预定的日期内进行利息和本金的互换。主要包括货币互换和利率互换以及货币利率互换等。商业银行在互换交易中，可充当交易一方或充当中介人。交易者通过货币互换以降低筹资成本；通过货币互换工具消除其敞口风险，尽是避免汇率风险和利率风险；货币互换属于表外业务，可以规避外汇管制、利率管制和税收方面的限制。具体的交易方法和机理可以参见有关金融工程的书籍。

14.3 银行国际业务的组织机构

商业银行的国际业务必须通过一定的组织机构来完成。目前，中小型银行直接通过总行的国际业务部进行有关业务，而大型银行及跨国银行则大多通过其国外分行和分支机构或国外代理行等来经营国际业务。由于各国对外开放程度及管制不一，各家银行的实力、信用及战略不同，各国的文化、历史、法律环境差异较大，银行在国际业务机构设置上存在较大的差异。下面对世界各国商业银行开展国际业务经常采用的组织机构形式进行简单的介绍。

14.3.1 国际业务部

开展国际业务最简单的方式是在商业银行内部建立一个国际业务部。国际业务部的规模可大可小，人数可多可少。在国际业务部的业务量尚未形成规模时，可以利用银行现有的国内业务设施和从事国内业务的人员进行国际业务。

国际业务部开展国际业务，必须与国外银行建立广泛的代理行关系。国际业务部实际上是一家微缩的银行，商业银行可以通过它从事几乎所有的国际银行业务，包括吸收外汇存款、发放外汇贷款、办理国际结算、进行资金汇划和外汇交易等。建立国际业务部是商业银行初步涉足国际业务的最佳途径。

14.3.2 国外分支行

国外分支行是商业银行开展国际业务的常见形式。从法律上讲是总行的一个组成部分，不是独立法人，是从属于总行的能独立经营业务的分支机构，其资产、负债等均为总行的一部分。它以总行的资产和信誉为后盾，提供较广泛的国际业务，对外融资抗风险的能力较强。它要遵守东道国的所有的金融业管理规定，在当地法律允许的范围内从事存放款、国际结算、贸易融资、证券买卖业务以及各项咨询业务等。业务活动受到东道国金融监管当局的监管，并接受东道国及本国银行管理机构的检查。《巴塞尔协议》在跨国银行的监管方面，对东道国和东主国进行了分工。

商业银行在国外建立分支行要比通过国内的国际业务部开展国际业务要满足以下条件：①商业银行通过一般时间的国际业务部的运作积累了一定的经验。如果没有经验就贸然建立国外分支机构，很难取得成功。②商业银行通过一般时间的国际业务部的运作在国外积累了一定的客户，或商业银行的国内客户进行大量的跨国经营，并在国外的某些地区形成了一定的积聚效应。没有客户基础，商业银行的国外机构很难立足。③商业银行拥有某些从事银行业务的专有技术，从而在国外开展业务时能够取得某些竞争优势。④东道国允许国外商业银行在其国内设立分支机构，运作环境比较宽松。虽然目前大多数国家的银行向国外开放了银行业，但程度不同，有些能够给予全面的国民待遇，而有些则对外资银行加以种种限制。

在大多数情况下，国外分支行的资本是与其国内母行相互分离的，因此国外分支行要像一家小型银行一样运作。它必须在当地招聘人员，加入当地的票据交换系统，在中央银行存放存款准备金，参加当地的货币市场交易。

14.3.3 “空壳”分行

“空壳”分行是对跨国银行在某些国家设立的仅仅具有账簿功能的银行的形象称谓。基于不同国家银行所适应的税率不同，为了降低纳税额，许多跨国银行在税率很低的国家建立了分行。这些分行并不在当地提供一般的银行业务，而是将银行在其他国家的贷款拿到这里来发放，从而使银行的贷款收入在这些税率低的国家纳税，借以降低银行的整体税率。“空壳”银行主要为美国和西欧国家的跨国银行服务。美国跨国银行的“空壳”银行主要设在百慕大、巴哈马等地；西欧国家跨国银行的“空壳”分行主要设在卢森堡、塞浦路斯等地。

14.3.4 国外子银行

商业银行还可以在国外设立独资或合资银行，也即国外子银行开展国际业务。它与国外分支行不同的是，其财务独立于总行，其资产、负债和信用政策并非是总行（母行）的完整的组成部分。它往往由包括东道国银行在内的多家银行出资组建。子银行有自己独立的名称和管理机构，作为一个完整独立的银行开展业务。虽然许多欠发达国家规定合资银行必须由该国的银行控股，但发达国家的跨国银行参与建立合资银行也能获得大量的好处，比如更好地了解东道国的银行业状况，争取东道国有利的银行业务机会等。合资银行的参股各方按照出资比例参与经营管理并分享利润。

商业银行设立独资或合资银行主要的原因是东道国不允许外国银行在本国设立分支机构，而商业银行又不想错过有利的盈利机会。对于我国的商业银行来说，通过合资入股国外金融机构，有它的积极作用：一是可以减少我国商业银行的资金投入，使其能将有限的资金用到扩大经营规模上；二是合作的经营方式有利于弥补我国商业银行跨国经营经验的不足，消除对市场缺乏了解和其他方面的进入障碍；三是有利于我国商业银行吸取和利用当地合作银行的其他资源，如原有的经营框架、机构网点、客户群体、营销体系等。

14.3.5 代表处

通常，在不允许开设分行或认为有必要建立分行但尚没有条件建立的国家或地区，银行可先设立代表处。这是商业银行在国外设立分行、从事国际业务的第一步。代表处不能从事接受存款和发放贷款，不从事赢利活动，它主要作用是扩大总行在该地区的声誉和影响，为总行招揽生意，宣传和解释总行所在国政府的经济政策，调查和分析东道国的政治、经济信息以及东道国客户的信用状况和环境，为总行是否在该地开设分支行以及以后在该地区采用的经营战略提供决策依据。

因为国外代表处不对外经营，所以各国对设置代表处的限制很少。国外代表处是跨国银行进入一个新的国家或地区的方便途径，往往也是国外分支行设立前的必经之路。许多国家规定，在建立商业银行分支行之前，必须设立一个代表处，并且代表处必须开张满足规定的时间。另有一些国家不允许设立外国银行的分支行，因此，在这些国家往往存在大量的外国银行代表处。对于我国的商业银行来说，在国际化经营的初期，可以通过代表处的窗口作用与当地政府、同业和企业保持联系并发生业务往来，收集当地及国际金融市场信息，培训国际金融市场专业人才，为大规模跨国经营做好充分的准备。

14.3.6 国外代理行

跨国银行国际业务有着广泛的地区性，而跨国银行受成本或其他因素的影响，不可能在世界各地均开设国外分支行，银行国际业务的广泛性与其国外分支行数量的有限性往往形成矛盾。为拓展自身在海外的国际业务，银行必须在海外寻找代理行，建立代理关系，签订合约，相互委托业务。代理行按是否开有账户分成两类：一是互有账户关系的代理行，建立这种关系的代理行之间可直接划拨头寸；二是没有账户关系但有印押关系的代理行，它些代理行间的头寸须通过有账户关系的第三家银行来进行。代理行关系往往是双向的，互相提供服务，并为身处不同国家或不同货币金融中心的银行之间提供财务上的沟通便利，方便不同系统银行间资金划拨清算、代收、代付的处理。银行国际业务在很大程度上依赖于国外代理行，它们是银行国际业务的重要组织机构，就这类机构的数量而言，远远多于国外分行。

14.3.7 国际联合银行

国际联合银行是几个跨国银行一起投资组建的银行，其中任何一家银行都不能持有国际联合银行50%以上的股权。该类银行的组建是跨国银行国际性贷款面广量大的特征对跨国银行组织形式提出的必然要求，其主要目的是有利于经营辛迪加贷款。目前，这类银行主要以国际货币市场为依托从事欧洲货币贷款。

14.3.8 银行俱乐部

与前面几种组织机构不同，银行俱乐部是一种松散的组织形式，俱乐部成员仅仅是一种国际合作关系。由于俱乐部成员大多来自欧洲，也被称为欧洲银行集团。比较有名的是欧洲银行国际公司、阿尔法集团、欧洲联营银行公司、欧洲联合合作金库等。俱乐部的组织形式以及成员的来源决定了此类俱乐部建立的目的是：协调和促进各成员之间的国际业务，分散各自的经营风险，适应欧洲货币联盟的发展前景，与美、日等跨国银行抗衡。

【本章小结】

本章讨论了国际业务产生的理论基础，商业银行国际业务的分类。回顾了商业银行国际业务的发展历程，介绍了商业银行国际业务的组织机构。

【课后练习】

一、概念题

欧洲债券　买方信贷　卖方信贷　打包放款　进口押汇　出口押汇　福费廷　保理业务　光票托收　跟单托收　信用证　远期外汇交易　外汇期货交易　外汇期权交易　外汇互换交易

二、填空题

1. 银团贷款涉及______、______和______三类银行。

2. 英国某银行在伦敦发行的以英镑为面值的债券是______债券，在香港发行的以美元为面值的债券是______债券，而在香港发行的以港币为面值的债券则是债券。

3. 打包放款一般会转作______。

4. 福费廷业务与票据买入业务有类似，但又有不同，体现在一方面______，另一方面商业银行______。

5. 汇款结算方式因汇款过程中使用的工具不同分为______、______和______三种。

6. 对开信用证是指两张信用证的开证申请人互以对方为______而开立的信用证

7. 背对背信用证又称转开信用证，指受益人以自己为______，要求原证的通知行或其他银行以原证为基础，另开一张内容相似的以实际供货人为______的新信用证。

8. 信用证涉及的基本当事人有开证申请人、______、______、受益人、议付行、______和付款人。

9. 汇率有直接标价法和间接标价法两种标价方法。前者是以______为标准，用______来表示出的外国货币的价格。

10. 世界各国商业银行开展国际业务经常采用的组织机构形式有国际业务部、______、______、______、______、______、国际联合银行、银行俱乐部。

三、简述题

11. 简述商业银行开展国际业务的意义。

12. 简述信用证结算的特点。

13. 对进口商、出口商和商业银行都会产生积极的作用。

四、拓展题

14. 论述我国商业银行国际业务的发展战略。

【网站指引】

要了解有关信用证的案例，请登录下面网站：

http://www.86qiye.com

第 15 章

银行风险管理(一):资产负债管理和利率风险管理技术

引　言

管理和控制金融风险是商业银行日常管理工作的重要内容。银行风险管理理论和技术的发展经历了从传统的资产负债管理、利率风险管理,到1988年在巴塞尔协议框架下的资本充足率管理,直至当前广泛运用的金融工程技术管理和控制金融风险的发展过程。本章重点介绍资产负债管理和利率风险管理理论和技术。

学习目标

1. 掌握商业银行资产负债管理理论和方法
2. 掌握商业银行规避利率风险的方法

重点问题

1. 利率敏感性管理与银行预期利润的关系
2. 持续期管理与银行净值的关系

15.1 资产负债管理中的法律法规

为了防止银行家过于追求“盈利性”，造成银行流动性风险，政府金融监管当局公布了一系列指标用于约束银行家的投资行为，以维持商业银行资产负债表中各业务平衡发展，保证国家银行体系安全、稳定运行。商业银行根据监管当局的要求，要做好对各类资产负债指标的控制性管理；同时还要采取更具体、有效的方法约束各个业务部门的活动，以维护银行资本、资产和负债等各项业务协调发展。

15.1.1 控制性管理

银行家在作资产负债管理各种决策时，必须遵守金融监管当局制定的法律法规，各种活动必须在上级管理部门规定的权限和指标范围内开展。

“规定的权限和指标范围”其含义是指监管当局和银行上级部门针对资产负债管理所制定的法律法规和内部管理制度，以及相关的业务指标。比如中国《商业银行法》中规定商业银行的“贷存比(贷款总量/存款总量)≤75％”，这就是金融法规对商业银行的资产负债管理的“权限和指标”。管理部门对下级机构设定业务控制指标的目的在于强制约束银行家日常经营行为，防止银行家为了过度追求利润可能过多地发放贷款而引发银行流动性风险。

如果银行将筹集到的资金全部发放贷款，可以获得最大收益，但会造成流动性风险，因此银行必须保持一定比例的现金资产。那么持有多少比率的现金资产才是合理的呢？如果银行全部吸收活期存款(筹资成本最低)，全部发放长期贷款(收益率最高)，这种做法符合利润最大化的目标，但是这种“短借长贷”的行为也会引发流动性风险。那么，活期存款与定期存款、短期贷款与长期存款的比率怎样才是合适的呢？上述问题是银行资产负债管理要解决的基本问题。

在中国经济飞速发展的大环境下，贷款市场资金需求量大，银行贷款部门工作人员会根据客户的需求，不断向行长提出增加贷款的要求，资金管理部门的重要职责之一就是监控银行各下属机构发放的贷款数量是否突破了贷存比。如果观察到某一机构的贷存比率即将被突破，资产管理部门专家会做两件事情，一是向存款部门、行长提出扩大负债规模的建议；二是向贷款部门提出控制贷款数量的建议。在这种建议下，银行行长会向存款部门下达新的筹资计划，或者向贷款部门下达禁止发放贷款的计划，以协调整个银行业务均衡发展。

【相关链接】

《商业银行法》中关于资产负债管理的有关规定

(1)资本充足率	资本/风险资产＞8％
(2)贷存比	各项贷款余额/各项负债余额＜75％
(3)贷款结构比例	流动资金贷款/贷款总额＞85％
(4)资产流动性比例	流动性资产/流动性负债＞25％
	流动性资产：一个月内可以变现的资产
	流动性负债：一个月内到期的存款/拆入资金
(5)单笔贷款的最高限额	单个企业法人贷款余额/银行总资本金＜25％
(6)信用贷款比率	严格控制信用贷款发放
(7)贷款质量比率	逾期贷款/各项贷款余额＜8％
(8)固定资产比率	购置固定资产/银行资本金＜30％
(9)经营收益率	资产收益率＝利润总额/资产总额＞1％
	资本收益率＝利润总额/资本金累计＞20％

15.1.2　协调性管理

资产负债管理中的协调性管理是指商业银行通过调整资产项目、负债项目的总量、利率、期限和币种等结构，实现两者间的匹配，规避流动性风险。具体方法是：

1. 数量平衡

数量平衡指商业银行要保持资产总量与负债总量、贷款总量与存款总量合理比率，达到整体数量平衡。

(1)资产总量和负债总量平衡。商业银行通过控制贷存比的方式实现总量平衡。

【例 15-1】 根据表 15-1 中的数据分析该银行的存贷比是否符合监管当局的政策规定。表中银行的贷存比是：

(578358＋23855)/(151588＋959573－124515－26000)＝63％

这个比率符合监管当局的政策规定。我们假设，金融监管当局规定银行在存款中要剔出“存入短期存款保证金”部分，那么该银行的贷存比是：

(578358＋23855)/(151588＋959573－124515－26000－190343)＝78％

这个比率超过了监管当局法规规定的指标，因此该银行管理者必须作出收回一定数量贷款的决定，使存贷比降到 75％以下。这个道理也可以用来解释 2000 年至 2006 年国内银行出现“全员拉存款”的现象。

表 15-1　2002 年某商业银行分行资产负债表(本外币合计)　单位:万元

资　产	期初数	期末数	负债及所有者权益	期初数	期末数
流动资产			流动负债		
现金及银行存款	2060	3082	短期存款	446219	580844
其中:现金	2060	3082	短期储蓄存款	16773	21040
贵金属			财政性存款		
存放中央银行款项	152481	137507	向中央银行借款		
存放同业款项	8273	15415	同业存放款项	98315	124515
存放联行款项	204536	195686	联行存放款项		
拆出资金		10220	拆入资金		
短期贷款	335473	578358	应解汇款		
应收进出口押汇	7245	1943	汇出汇款	17146	12025
应收账款	1800	961	委托存款		
减:坏账准备			应付代理证券款项	1	1
其他应收款	3671	5425	卖出回购证券款		
贴现	1462	5488	应付账款	2124	2760
短期投资	6400		其他应付款	410	438
委托贷款及委托投资			存入短期保证金	101739	190343
自营证券	149	161	应付工资	380	364
代理证券			应付福利费	−133	4
买入返售证券			应缴税金	973	1538
其他流动资产		16000	预提费用		1
一年内到期的长期投资			发行短期债券		
流动资产合计	723550	970246	其他流动负债	10000	26000
			流动负债合计	693947	959573
长期资产					
中长期贷款	13728	23855			
不良贷款	36057	40130	长期负债		
减:贷款呆账准备金	3683	6770	长期存款	90029	92875
长期投资	42265	68253	长期储蓄存款	36133	58713
减:投资风险准备金			存入长期保证金		
固定资产原值	4875	5971	应付转租赁租金		
减:累计折旧	2312	2503	发行长期债券		
固定资产净值	2563	3468	长期借款		
在建工程	6223	9032	其他长期负债	1	
待处理固定资产净损失			长期负债合计	126163	151588
长期资产合计	97153	137968			

续表

资　产	期初数	期末数	负债及所有者权益	期初数	期末数
			所有者权益		
无形、递延和其他资产			实收资本		
无形资产	43	54	资本公积		
递延资产	697	1238	盈余公积	1448	1448
其他长期资产	5879	6053	未分配利润	5764	2650
无形、递延及其他资产合计	6619	7345	其中:本年利润		
			所有者权益合计	7212	4098
资产总计	827322	1115559	负债及所有者权益合计	827322	1115559

(2)负债项目内各个子项目数量平衡。商业银行必须保证核心存款与借入款适当的比例。负债资金项目中的核心存款(储蓄存款、活期存款和定期存款)是商业银行最基础的资金来源,而借入款由于期限短、流动性强、单笔数额较大,造成银行资金波动性大。另外,获得借入款的难易程度依赖于资金市场的供需状况,使得银行在获得借入款方面不确定性很大。在核心存款中活期存款、定期存款也要保持适当的比率,活期存款特点是资金流动性强,但资金成本低;定期存款有利于流动性管理,但资金成本较高。

(3)资产项目内各个子项目数量平衡。商业银行资产包括现金资产、贷款和证券投资等子项目。根据流动性,资产项目又可以分为流动资产、长期资产;根据投资类别,资产还可分为贷款和其他投资类。资产各项目间要保持适当的比率。①控制贷款项目中的中长期贷款与短期贷款的比例。中长期贷款有利于提高银行收益,短期贷款有助于银行的流动性管理。根据银行经营管理原则中"安全性、流动性、效益性"的顺序,银行必须控制中长期贷款规模。②保持一定比例的证券投资的数量。证券投资是商业银行资产投资项目多元化的重要途径,可以分散资产风险,有助于流动性管理。由于证券资产有较强的变现能力,通常被看作是提高商业银行流动性管理的一项重要手段。③保持足额的损失准备金。足额的损失准备金是商业银行防范各类资产风险的重要手段,银行必须根据政府金融法规规定足额提取损失准备金。

2. 结构对称

资产负债管理中的结构对称是指银行资产项目期限(利率)结构要与负债项目期限(利率)结构保持对称性。期限结构对称的目的是尽可能使借款人归还贷款所产生的银行流动性供给能够与银行存款人取款所产生的银行流动性需求保持基本一致,从而减少流动性头寸缺口,减少银行可能面临的流动性风险。另外，资产与负债的期限结构对称也保证了银行能够保持适度的存贷差，从而保证银行的盈利能力。

【例 15-2】 监管当局规定，社保资金存入银行，存款利率可以双方协商，这样存款被称为银行协议存款。保险公司将大额存款存入银行时会提出较高的收益要求。

假设某保险公司提出存入1个亿4.2%的存款利息要求。银行应该接受这笔存款吗？

分析：一个亿的资金具有极大的诱惑力，但是，银行必须考虑，4.2%的资金来带动的贷款业务利率是多少？4.2%的资金成本加上经营中1.5%的资金管理费用支出，实际业务成本率是4.2%+1.5%=5.7%。如果银行只能发放5.58%贷款，那么整个经营活动是亏损的。因此，银行应该放弃这笔存款。

3. 目标替代

利润最大化是商业银行经营管理的最终目标，但是在具体的决策和操作中，银行家要平衡"安全性、流动性和效益性"之间的关系，银行的业绩是用风险、利润和规模等综合绩效来衡量的，不能片面地追求单一目标。

银行业务管理必须保持三个经营目标之间协调。在银行家的经营活动中，常常会遇到"长期贷款与短期贷款如何取舍"这样的问题。比如，银行发放"基础设施建设贷款"这样的长期贷款，利率高、收益好，但是风险大、流动性差。而发放工商企业流动资金贷款等的短期贷款，收益较差，但流动性强、风险易于把握。银行家在选择时常常要权衡是多放一些长期贷款增加收益，还是多放一些短期贷款增加银行的安全性。资产负债管理部门职员的职责之一就是向行长提供这方面的建议和信息。如果银行持有的长期贷款过多，银行家就需要决策多发放短期贷款，少发放长期贷款。表15-1某银行的资产负债表中：

贷款结构比率＝流动性贷款/贷款总额
＝578358/(578358＋23855)
＝96%

这个比率满足监管当局"＞85%"的要求。但是这个比率过大，会降低银行盈利能力，资产负债管理部门要建议贷款部门今后多发放一些长期贷款，修正这个指标。

4. 风险分散化

商业银行资产项目由贷款和证券投资两部分组成，资产管理中的主要风险是贷款风险(信用风险)，银行家在实际操作中特别要注重贷款结构的管理，尽可能分散投资，避免资金投向过于集中，造成风险集中。

防止企业风险传导至商业银行。如我国《商业银行法》规定，“单笔贷款的最高限额，单个企业法人贷款余额/银行总资本金＜25%”。这样规定是为了避免由于单个企业经营不善倒闭导致银行资金损失过大，引发银行倒闭。在日常管理中，银行家们非常注意本银行的贷款是否过于集中在某个行业，贷款过于集中会导致由于国家产业政策变化、国际形势变化导致的行业危机传导至银行。

总体来讲，资产负债管理是银行针对银行资产负债表中各项目相互关系的管理。管理的目的是要达到资产负债表左(资产)与右(负债)之间数量平衡、结构对称；上(流动性资产、流动性负债)与下(长期资产、长期负债)间的数量平衡、结构对称。

15.2 资产负债管理理论

商业银行对资产负债管理的认识不是在最初就是全局性的，管理思想是随着经济的发展和环境的变化不断发展和完善的。其演变的过程可以归纳为：从资产管理理论、负债管理理论到资金管理理论三个阶段。

15.2.1 第一阶段：资产管理理论

资产管理理论产生有其特殊的历史背景。20 世纪 60 年代以前，在一个相当长时期，商业银行资金来源渠道狭窄，主要依靠存款。这时的银行家认为银行持有存款的数量和种类完全由客户决定，商业银行只能在资产规模和结构上有自主控制权。因此，这个时期，商业银行资产负债管理的重点主要放在资产业务上，通过对资产规模和结构的控制，实现流动性管理的目标。这种思想在三种理论指导下历经三个发展阶段。

1. 商业贷款理论(真实票据理论)

这个理论是美国经济学家亚当·斯密于 1776 年，在《国民财富的性质和原因的研究》一书中提出的。该理论认为：“银行存款源于客户存款，而存款是可能随时被提取的。如果存款人在需要资金的时候，无法从银行中提取存款，银行就会倒闭。为了应付存款人的难以预料的提款需求，银行只应发放与商品周转相联系的自偿性贷款，而不应发放长期贷款或做长期投资。”该理论指出了商业银行资金来源的高流动性要求银行有高流动性的资产与其对应。只有这样才能满足流动性、安全性和效益性的要求。这个理论至今仍然是商业银行资产负债管理的重要理论基础。

这个理论出现的历史和经济背景是，在商业银行发展初期，企业规模小，基本依赖自有资金进行生产和经营，企业只有在出现临时资金不足时才向商业银行贷款。这样的融资市场背景决定了银行短期周转性贷款与融资市场资金需求相吻合。这个时期银行贷款主要是商业贷款，业务特点是：

贷款的自控性：贷款数额随商品贸易的扩大或缩小进行自我调节。

贷款的自偿性：商业贸易贷款具有"进贷销还"性质，

贷款的担保性：借款人以贸易交易的票据为抵押品，从银行取得贷款。强调贷款企业贸易的真实性，以保证贷款的安全性。

【相关链接】

现代商业银行发放的"仓单质押贷款"是典型的自偿性贷款

2005 年的中国银行贷款市场流行发放"仓单质押贷款"，这种贷款的特点是企业将仓库内的原料或货物抵押给银行，银行控制仓库的提货权。企业仓库仍然正常进出货，银行控制仓库内库存物品的价值不小于银行贷款价值，用于控制银行贷款风险。

此理论不足之处在于过多地强调了银行流动性，银行为了满足流动性，只发放短期贷款。而短期贷款是银行各类资产中收益最低的项目，牺牲了银行盈利能力。

2. 转移理论

1918 年美国经济学家莫尔顿在《政治经济学》杂志上发表的《商业银行及资本形成》一文中提出了"转移理论"。这个理论一经问世就得到了广泛的应用。该理论认为："为了保证银行流动性，满足客户提款的需求，银行可以购买易转换的资产，即易转让给第三方的资产。这些资产具有信誉高、期限短、容易出售的特点。当银行资金不足时，可以把这部分资产转让给中央银行，只要中央银行随时可以购入这部分资产。"

转移理论出现的经济背景是，第一大战结束、第二次世界大战即将爆发之际，美国政府扩大军费开支、大量发行国债。二次大战爆发后，经济萧条，企业贷款需求量锐减，银行纷纷用大量空闲资金购买国债。投资国债不仅风险低于贷款，净收益也非常可观。这一理论在银行现实操作中找到依据。该理论指导下的银行贷款的特点是：①保持商业银行的资产流动性。强调银行资产投向可以是高收益的证券，银行收回资金的主动权比贷款更大，因此流动性更强。②增强商业银行的资产收益性。此理论比"真实票据理论"的进步在于银行贷款不仅可以发放短期贷款，还可以购买流动性较强的有价证券，腾出来的资金还可以发放长期贷款，提倡银行进行具有短期流动性性质的长期投资——国债、信誉好的企业债券，银行管理兼顾流动性和盈利性。

3. 预期收入理论

1949年，美国经济学家布鲁克诺在《定期放款与银行流动性理论》一文中提出了"预期收入理论"。该理论认为："贷款的安全性取决于借款人是否能够按期归还。而借款人的贷款归还期是按未来现金流和收入制定的，那么银行贷款的安全性和流动性就取决于借款人的现金流和未来收入。"此理论与前两个理论不同之处在于，它并不强调贷款的用途和担保，重视对借款人的预期现金流和收入预测。认为只要保证贷款资金能够收回和有收益，银行不仅可以发放中长期贷款，而且可以发放消费性质的贷款。

这个理论的出现也有其特殊的历史背景。第二次世界大战结束，由于经济高速发展和基础建设的需要，美国产生了大量设备和基础设施建设投资需求，中长期贷款资金市场需求非常大。同时许多消费者由于对未来收入的乐观预期，逐渐改变消费观念，开始负债消费（信用卡兴起），住房贷款和消费贷款应运而生。商业银行竞争加剧，使得商业银行也不得不开拓新的资产业务。

这个理论揭示了商业银行资产运用的经济动因与其未来收益的相关性。这个理论的出现增加了商业银行资产业务品种，增强了银行市场竞争力。更重要的是消费贷款的出现，使得商业银行与大众的生活联系更为紧密，提高了商业银行在经济生活中的地位；长期贷款的出现，使得商业银行参与到企业的经营活动中，更加显示了商业银行在国家经济发展中的作用。该理论的建立解除了银行对贷款用途的限制，使银行的贷款范围、贷款对象的选择自由度更大。

三种理论比较：银行的资产负债管理行为无论以什么理论为指导，短期贷款始终是商业银行主要的资产项目。三个资产管理理论并不相互矛盾，而是随着时代的进步、经济的发展而不断得到补充和完善的。

15.2.2 第二阶段：负债管理理论（主动负债管理理论）

资产理论的丰富和发展拓宽了银行贷款投向，银行贷款资金可以进入几乎所有的行业。同时，银行资产负债管理中负债管理理论逐渐形成，这个理论发展的经济背景是：在经济迅速发展的背景下，贷款需求猛增，贷款需求的增长速度大于银行存款的增长速度，银行发展主要障碍是资金来源不足。同时，金融环境变化，市场利率不断上升，而存款利率的上限受到监管当局的严格管制，客户为了提高投资收益，大量提款去购买商业票据和其他证券，造成银行存款来源受到威胁。在这种情况下，商业银行不得不进行存款促销，留住客户存款。这些都为负债理论的存在提供了现实的基础。

负债管理理论认为:“银行解决资来源问题,不仅依赖于存款,还可以通过借入款来弥补资金来源不足。”具体解释为:

银行为了实现扩大资金来源的愿望,可以采取主动促销手段,拓展负债业务。表 15-1 中“发行长期债券”和“长期借款”项目就属于银行主动负债项目,银行通过借入资金的方式扩大负债规模。另外,现代商业银行提升服务质量,装修漂亮的大厅,向客户提供快捷的计算机网络结算手段,对存款大户提供 VIP 服务等等,目的都是希望客户将存款存入银行,也是银行开展主动负债活动的典型的行为。

当银行资金来源不足,或偿付能力不足时,可以通过借入款满足客户提取存款的需求。银行可以通过负债项目中借入款,满足存款人提取存款的要求。如表 15-2 所示,客户从“活期存款”账户中提取－100 万元,银行从市场借入“借入款”100 万元,在银行负债项目中一加一减正好轧平。客户提款的流动性需求是可以通过负债项目来满足的,而不是传统管理思想所强调的必须由资产项目来满足客户提款的流动性需求。

表 15-2 银行通过借入款满足存款人提款要求

	期初数	借方发生数	贷方发生数	期末数
活期存款	1000	－100		900
借入款	600		＋100	700
负债合计	1600	－100	＋100	1600

当银行可贷资金不足时,可以通过发行大额可转让存单、向其他银行借款、通过“回购协议”借款和向人民银行借款等等方式筹集资金,满足贷款资金需求(见表 15-3)。

表 15-3 银行通过借入款满足贷款资金需求

	发生数		发生数
短期贷款	＋100	存款	0
长期贷款	＋100	借入款	＋200
资产总额	＋200	负债总额	＋200

15.2.3 第三阶段:资金管理理论

近年来,世界各国相继放松政府金融管制,金融全球化、一体化成为主流趋势,利率市场化不可避免。利率波动对以货币资金为经营对象的银行而言,不仅影响到其持有资产和负债的价值,还会影响到银行的盈利能力。如何规避利率波动对银行的影响，是资金管理理论关注的问题。

15.3 主要市场风险：利率风险

利率风险是现代商业银行管理中面临的最为严峻的挑战，是最具潜在破坏力的风险。利率风险是指金融市场利率变化，商业银行最重要的收入项目——贷款或证券投资的利息收入，商业银行主要的支出项目——存款与借入款的筹资成本，都会受利率变动的影响。利率变化也会改变银行资产、负债的市值，从而改变银行的净值及股东在银行的投资价值（见图 15-1）。规避利率风险技术是指银行运用现代金融工具和技术，管理银行资产和负债，规避市场利率波动可能给银行带来的损失，保持银行的盈利能力，保护股东的利益。

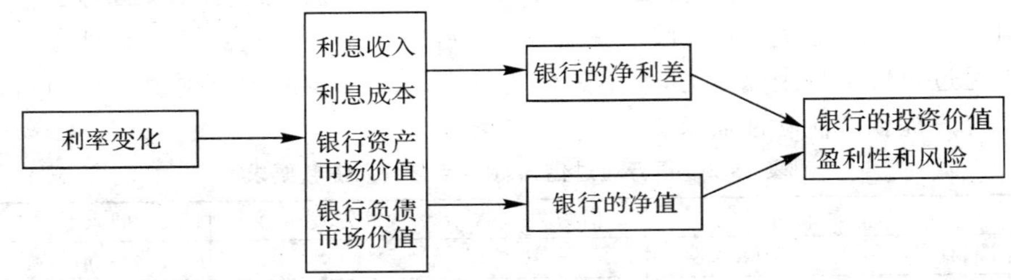

图 15-1　利率风险与银行资产负债管理

15.3.1 影响市场利率变化的因素

1. 市场因素

虽然资金利率对银行管理至关重要，但是银行家们完全没有能力控制市场利率。图 15-2 表明决定市场资金交易价格的各因素之间的关系。曲线 1 表示市场资金价格与市场资金供给量成反比。这条曲线并不一定是严格的直线，给出的是两种因素相互影响的变化趋势。曲线 2 表示市场资金的价格与市场资金需求量与成正比。这条曲线也并不一定是严格的直线，给出的是两个因素之间相互影响的变化趋势。

这两个曲线在市场上同时作用并运行。假如市场处于状态 A，市场资金的供应量大于市场的需求量，银行间的竞争会导致市场资金价格将向右移动，市场利率趋于降低，逐步靠近 B 状态，以提升资金需求者的吸引力。市场逐步从状态 A 过渡到状态 B，资金价格不断降低，资金供应量不断减少，资金需求量不断

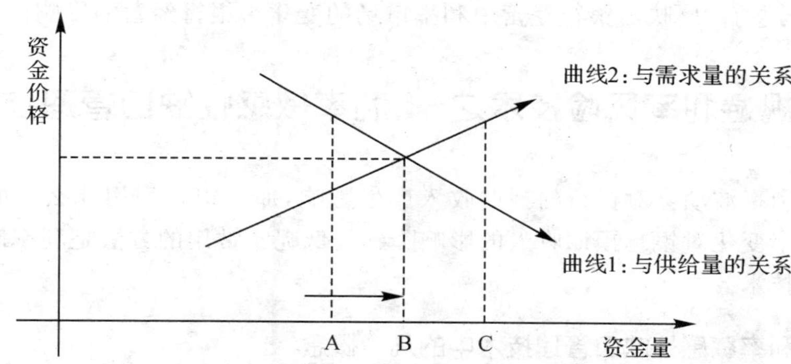

图 15-2 资金市场资金价格与供给量和需求量关系图

增加,直到市场达到状态B供需平衡。资金价格(利率)趋于稳定。

2. 政策因素

监管当局也会运用价格杠杆,调控资金市场供求,从而实现对国民经济的宏观调控。比如,2006 年 4 月,房地产市场投资过热,一季度房地产投资占社会总投资的 20%以上,国家采取措施单方面上调银行贷款利率,以抑制投资过热。2006 年 7、8 两个月,央行两次上调银行法定存款准备金率,强制降低资金市场的供应量,造成资金价格上涨。

15.3.2 市场利率变化对银行存贷差的影响

一家银行的盈利目标是股东大会为银行设立的。银行家的管理活动的目标就是在特定的时期(自然年度)实现这个盈利目标,并确保这个目标不会受到市场利率的影响。

$$\text{平均利差}=\frac{\text{银行贷款或其他投资的利息收入}-\text{存款和其他资金来源的利息支出}}{\text{总利差资产}}$$

$$=\frac{\text{减去成本后的净利息收入}}{\text{总利差资产}} \quad \langle 15\text{-}1\rangle$$

【例 15-3】 一家中国股份制银行贷款及证券投资年度利息收入 250 亿元,资金成本年度利息支出 150 亿元,所持有的盈利资产为 3000 亿元,这家银行的平均利差是多少?

解:(250－150)/3000＝3.3%

答:银行的平均利差为 3.3%。

从上例可见银行平均利差是非常小的,这其中还没有扣除相关的管理成本,一旦扣除其他管理成本,这个利差空间会更小。目前一些国家银行的利差空间只有0.5%左右，反映出银行经营中利率市场的变化对银行经营的影响。

15.4 规避利率风险技术之一:利率敏感性缺口管理技术

市场利率波动会对银行的预期收入产生影响，那么银行采用什么样的方法可以把利率变化对银行预期收入的影响降到最低呢？常用的方法是利率敏感性缺口管理技术。

15.4.1 利率敏感性缺口管理技术中的几个概念

1. 可重新定价的资产

可重新定价的资产是指那些在指定的时间段内银行预期回收的贷款和预期发放的贷款，以及银行发放的浮动利率贷款。这些贷款的特点是，如果在指定时间段内市场贷款利率发生变动，银行可以按照新的市场贷款利率重新确定这部分贷款资金的价格。因此，我们称这部分资产是可以重新定价的银行资产。具体称之为“可重新定价的贷款”。

2. 可重新定价的负债

可重新定价的负债是指在指定时间段内银行持有的到期的存款，或者是计划开出去的定期存单。这部分负债资金的特点是，对于到期的存款，存款人可能会继续将资金存入银行，如果市场存款利率变动，银行要按新的市场存款利率付给存款人。因此这部分负债资金是可以重新定价的。具体称之为“可重新定价的存款”。

3. 利率敏感性资产和利率敏感性负债

可重新定价的资产或负债我们就称之为利率敏感性资产或负债。更加准确地讲，利率敏感性资产（RSA）是指在指定期内可能重新定价的资产，如浮动利率资产、指定期内到期的资产。利率敏感性负债（RSL）是指在指定期内可能重新定价的负债。如浮动利率存款，指定期内到期的存款或借入款。

【例 15-4】 某日，银行A统计本银行利率敏感性资产和负债统计结果如表15-4。统计的方法是，首先设定考察期为7天，统计七天内即将到期的贷款或即将发放的贷款合计为40万元，七天内即将到期的存款为30万元，以此类推，设定考察期为30天、90天，分别计算出利率敏感资产和负债的数额。

表 15-4 银行利率敏感性资产和负债统计表 单位:万元

考察期(合约到期日)	利率敏感性资产	利率敏感性负债	缺口规模
未来 24 小时	40	30	+10
未来 7 天	120	160	-40
未来 30 天	85	65	+20
未来 90 天	280	250	+30
未来 120 天	455	395	+60

4. 利率敏感性缺口

利率敏感性缺口是指指定期限内银行的利率敏感性资产数额与利率敏感性负债数额之差。

利率敏感性缺口=利率敏感性资产数额-利率敏感性负债数额 〈15-2〉

如表 15-4 中,未来 24 小时的考察期内,银行利率敏感性缺口是+10,为正缺口。未来 7 天的考察期内,银行利率敏感性缺口是-40,为负缺口。

银行规避市场利率风险的利率敏感性缺口管理技术就是银行设定不同的考察期限,统计出不同考察期限内银行持有的可重新定价的资产和可重新定价的负债,计算出利率敏感性缺口。分析不同的缺口状态下,银行净利差收入与市场利率的变化关系,避免银行净利差收入受到利率市场变化的影响造成银行利润损失。

15.4.2 利率敏感性缺口与银行净利差收入的关系

虽然银行家无法控制市场利率的变化,但是市场利率变化的方向是可以预见的。银行家可以通过调整银行持有资产(或负债)的数量和结构,控制银行利率敏感性缺口的方向。

如果指定期内,敏感性缺口>0,存在正缺口,我们称银行是资产敏感性的。

如果指定期内,敏感性缺口<0,存在负缺口,我们称银行是负债敏感性的。

不同的缺口状态,随着市场利率的上升或下降,银行的利差收入会有不同的变化,表 15-5 给出了银行利差收入、银行利率敏感性缺口与市场利率之间的关系。为了避免利率变化对银行预期收入的影响,应该尽可能保持银行利率敏感性缺口为 0。

表 15-5　利率敏感性缺口与银行利差收入变化关系

银行利率敏感性缺口	银行持有敏感资产数量　银行持有敏感负债数量	市场利率变化	资产利息收入变动　负债资金成本变动	银行利差收入变化
正	＜	上升	增加量＞增加量	增加
	＞	下降	下降量＜下降量	减少
负	＜	上升	增加量＜增加量	减少
	＜	下降	下降量＜下降量	增加
0	＝	上升	增加量＝增加量	不变
	＝	下降	下降量＝下降量	不变

【例 15-5】 以例 15-4 中银行未来 24 小时内的利率敏感性缺口＞0 为例分析。

(1)情况 1:假设在 24 小时内贷款利率和存款利率同步上升 1%,那么:

银行贷款利息收入可增加:40×1%＝0.4(万元)

银行负债资金成本增加:30×1%＝0.3(万元)

银行收益增加:0.4－0.3＝0.1(万元)

市场利率上升带来的银行资产利息的增加幅度大于负债资金成本上升幅度。银行的利差收入随市场利率的上升而上升。

(2)情况 2:假设在 24 小时内贷款利率和存款利率同步下降 1%,那么

银行贷款利息收益下降:40×(－1%)＝－0.4(万元)

银行负债资金成本下降:30×(－1%)＝－0.3(万元)

银行收益增加:－0.4－(－0.3)＝－0.1(万元)

市场利率下降带来的银行资产利息收入下降幅度大于负债资金成本下降的幅度。银行的利差收入随市场利率的下降而下降。

【例 15-6】 以例 15-5 中银行未来 7 天内的利率敏感性缺口＜0 为例分析。

(1)情况 3:假设市场存贷款利率同步上升,上升幅度为 1%,那么:

银行贷款利息收入增加:120×1%＝12(万元)

银行负债成本支出增加:160×1%＝16(万元)

银行收益变化:12－16＝－4(万元)

资产利率上升带来的银行资产重新定价利息收入的增加幅度小于负债资金重新定价带来的资金成本上升幅度。银行净利差收入随市场利率的上升而下降。

(2)情况 4:假设市场存贷款利率同步下降,下降幅度为 1%,那么:

银行贷款利息收入下降:120×(－1%)＝－12(万元)

银行负债资金成本下降:160×(−1%)=−16(万元)

银行收益变化:−12−(−16)=4(万元)

市场利率下降带来的银行资产重新定价利息收入下降幅度小于负债资金重新定价带来的资金成本下降幅度。银行净利差收入随市场利率下降而上升。

上述方法在理论上是成立的,但在实际经营活动中,存贷款的利率变化并不一定是同幅度的。比如我国中央银行 2006 年 4 月公布存款利率不动,贷款利率上调 0.25%。因此银行家控制利率风险依然是非常困难的。

15.5 规避利率风险技术之二:持续期缺口管理技术

本节主要研究当市场利率变动时,银行持有资产、负债以及“银行净值”与利率变化的关系。

15.5.1 什么是持续期

持续期是一种对固定收入金融工具的到期日进行价值和时间加权的平均时间,也可以理解为各期现金流抵扣最初投入资金的时间。银行所持资金的持续期是指银行持有资金的平均到期时间,其中考虑的资金要素包括所持资产的现金流入与所持负债的现金流出,如:银行预期贷款或证券投资可获得的现金流入,以及银行向存款人支付本金和利息的现金流出。时间要素包括未来现金流入和流出的时间安排。

1. 单一金融工具持续期

$$D=\frac{\sum CF_t\times T/(1+r)^t}{\sum CF_t/(1+r)^t}=\frac{\sum CF_t\times T/(1+r)^t}{P_0} \qquad \langle 15\text{-}3\rangle$$

式中:D 为金融工具的持续期;T 为现金流发生的期数;CF 为在 t 时期发生的现金流数额;r 为金融工具到期收益率;P_0 为现值。

【例 15-7】 假设银行对外贷款 1000 元,贷款利率是 10%,期限 5 年。每年归还利息,到期后还本金。请计算这笔贷款的持续期。

解:银行前四年每年的现金流收入: 1000×10%=100(元)

第五年的现金流收入: 100+1000=1100(元)

根据公式〈15-3〉计算该笔贷款持续期:

$$D=\frac{\sum_{t=1}^{4}\frac{100\times t}{(1+10\%)^t}+\frac{1100\times 5}{(1+10\%)^5}}{1000}=4.17(\text{年})$$

答：在现行利率下，这笔贷款在4.17年可回收全部的贷款本金。

2. 修正持续期

只在期末发生现金流的资产或负债，如：到期一次还本付息的贷款和。修正持续期计算公式：

$$D_r = \frac{D}{1+r}$$

【例15-8】 某银行有一笔到期还本付息的贷款，本金为100万元，期限2年，贷款利率8%。求贷款的持续期和修正持续期。

解：D=2年

3. 金融工具组合的持续期

银行持有不同期限和利率的贷款、存款，不同的金融工具有着不同的持续期。银行管理者需要掌握其持有的所有金融工具的平均持续期。

$$\text{银行金融工具组合持续期} = \sum_{m=1}^{n} \text{单一金融工具资金重权} \times \text{单一金融工具的持续期} \quad (15\text{-}4)$$

【例15-9】 根据表15-6银行B资产负债表中列举的银行资产和负债数额，计算该银行的资产、负债的持续期。

表15-6 某银行B资金列表

资产	市值	利率	期限	负债	市值	利率	期限
现金	100			定期存款	520	9%	1
抵押贷款	700	14%	3	大额定期	400	10%	4
国库券	200	12%	9	股东权益	80		

解：分别计算银行资产持续期和负债持续期。

(1)计算资产持续期

抵押贷款持续期：

每年的利息收入=700×14%=98(万元)

$$\begin{aligned}\text{持续期} &= 98/(1+14\%)+98\times2/(1+14\%)^2 \\ &\quad +[(700+98)\times3/(1+14\%)^3]/700 \\ &= 2.65(\text{年})\end{aligned}$$

国库券的持续期：持续期=5.97(年)

$$\begin{aligned}\text{银行平均资产：持续期} &= (700/1000)\times2.65+(200/1000)\times5.97 \\ &= 3.05(\text{年})\end{aligned}$$

(2)计算负债持续期

大额定期存款：　　持续期＝3.49(年)

定期存款：　　持续期＝1/(1＋9%)＝0.917(年)

银行平均负债：　　持续期＝(520/920)×0.917＋(400/920)×3.49

＝0.518＋1.517＝2.035(年)

15.5.2 利用持续期缺口管理技术与规避银行利率风险

银行家一直在尝试利用持续期管理技术来规避银行的利率风险。采用的方法是用持续期缺口 GAP 来衡量市场利率变动为银行净值影响。

$$\mathrm{GAP}=DA-\mu DC \qquad \langle 15\text{-}5\rangle$$

式中：μ 为银行负债占总资产的比率；DA 为银行资产平均持续期；DC 为银行负债平均持续期。

保持持有资产金融工具为平均持续期＝持有负债金融工具平均持续期

即：保持 GAP＝0，是银行规避利率变化对银行净值影响的最好方法。

当 GAP＜0 时，任何存贷款利率的变化，都会使银行资产市值的变化小于负债市值的变化。利率下降造成负债市值增加大于资产市值的增加，银行净值会减少。利率上升造成负债市值减少大于资产市值的减少，银行净值会增加。

当 GAP＞0 时，任何存贷款利率的变化，都会使银行资产市值的变化大于负债市值的变化。利率下降造成负债市值增加小于资产市值的增加，银行净值会增加。利率上升造成负债市值减少小于资产市值的减少，银行净值会减少。

如例 15-9 中，银行的持续期缺口。

银行持续期缺口＝3.05－(920/1000)×2.08＝1.14(年)

GAP＝1.14(年)

银行 A 的持续期缺口为正。

15.5.3 银行资产负债市值与持续期的关系

我们知道市场利率上升会导致银行固定利率贷款或负债的市值下降，固定利率的资产或负债的约定期限越长，利率上升对它的影响越大。利用持续期技术的目的在于通过持续期可以定量计算出银行持有资金的市值随市场利率变化的趋势。以便于银行家在掌握利率变化趋势的情况下，调整银行资产和负债结构，避免银行股东利益损失过大。

从金融学中的组合理论可知，金融工具的持续期度量了金融工具市值对市场利率变化的敏感度，如公式〈15-6〉。

银行资产市值随市场利率变化 $\Delta A=-A\times DA\times \Delta r/(1+r)$

$$银行负债市值随市场利率变化\ \Delta L = -L \times DC \times \Delta r/(1+r) \qquad \langle 15\text{-}6\rangle$$

式中：A 为银行总资产市场价值；L 为总负债市场价值；r 为市场利率；DA 为资产持续期；DC 为负债持续期。

$$银行资产净价值的变化量 = -资产持续期 \times \frac{市场利率变化量}{1+市场利率} \times 资产$$

$$银行负债净价值的变化量 = -负债持续期 \times \frac{市场利率变化量}{1+市场利率} \times 负债$$

上式告诉我们，银行资产、负债价值与利率的变化 $\Delta r/(1+r)$ 反方向。利率上升，资产、负债的市值下降。资金价值变化幅度与持续期成正比，即金融工具的持续期越长，利率变化引发的金融工具价值的变化幅度越大。

【例 15-10】 计算例 15-8 中银行单一金融工具净值变化和银行净值变化。假设市场利率增长了 1%。

(1)根据公式〈15-6〉计算资产类金融工具净值变化。

抵押贷款＝－700×2.65×1%/(1＋14%)＝－16.3(万元)

国库券＝－200×5.97×1%/(1＋12%)＝－10.7(万元)

(2)计算负债类金融工具净值变化。

定期存款＝－520×3.49×1%/(1＋9%)＝－4.8(万元)

大额定期＝－400×0.917×1%/(1＋10%)＝－12.7(万元)

银行净值变化＝－16.3＋(－10.7)－(－4.8)－(－12.7)＝－9.5(万元)

结论：市场利率上升，银行持有的固定利率的资产和负债金融工具的市值下降。持续期缺口为正，资产价值下降大于负债价值下降，银行净值减少。当市场利率同步上升 1%，导致银行的净值下降 9.5 万元。

银行家在实际经营过程中，利用持续期规避利率风险有一定的局限性。比如，银行持有的负债或资产的现金流具有不确定性，导致银行无法准确地计算金融工具的持续期。银行资产负债的持有量每时每刻都在变化，在某个时点计算出的银行的持续期缺口可能会在下一个时刻就发生变化。因此银行家只能运用这种技术的结果作出定性的管理策略，而不能准确地计算出利率变化或对银行净值带来的准确的损失量。

表 15-7　银行持续期缺口与银行净值变化关系

银行持续期缺口	银行资产持续期　银行负债持续期	市场利率变化	资产价值变动　负债价值变动	银行净值收入变化
正	>	上升	减少量>减少量	减少
	<	下降	增加量>增加量	增加

续表

银行持续期缺口	银行资产持续期　银行负债持续期	市场利率变化	资产价值　负债价值变动　变动	银行净值收入变化
负	＜	上升	减少量＞减少量	增加
	＜	下降	增加量＞增加量	减少
0	＝	上升	减少量＝减少量	不变
	＝	下降	增加量＝增加量	不变

【本章小结】

商业银行同时向贷款、存款客户提供多样金融产品及服务，与产品和服务相对应，银行在其内部设置了不同部门，负有不同的职责。各部门在各司其职的过程中必然会遇到冲突和矛盾，银行资产负债管理的主要思想就是要求各部门在遵守金融法律法规、银行内部管理制度的原则下，服从银行各种业务间要在数量、结构上保持协调一致。资产管理理论、负债管理理论和资金管理理论就是在银行家不断实践和探索中形成的。

银行规避利率风险技术包括：利率敏感性缺口管理和持续期缺口管理。利率敏感性管理主要用于规避由于市场利率变化造成的银行预期净利差收入变化；持续期缺口管理主要用于规避由于市场利率变化造成的银行净值变化。

【课后练习】

一、简述题

1. 哪些因素会引起利率变动？利率变动会给银行带来什么样的风险？

2. 商业银行免受利率风险的目标是什么？

3. 什么是银行的利率敏感性缺口管理？市场利率变化、敏感性缺口与银行净利差收入之间的关系如何？

二、计算题

4. 根据下表完成以下计算。

(1)计算每项资产和负债的持续期。

(2)计算银行资产的平均持续期，银行负债的平均持续期。

(3)计算银行的持续期缺口？请说明随着市场利率的变化，银行净值的波动情况。如果要规避利率风险，你对这家银行有何建议？

某银行持有的资产与负债　　单位：百万元

资产组成	资产市值	每类资产所附利率	每类资产平均久期	负债与权益资本组成	负债市值	每类负债所附利率	每类负债平均久期
现　金	100			1年定期存款	340	9	
3年期贷款	700	14		4年定期存款	400	10	
9年期债券	200	12		5年定期存款	280	10	
总　计	1000			总负债	920		
				股东权益	80		
				总　计	1000		

【网站指引】

关于银行规避利率风险的资料可以在以下网站上查阅：

http://www.gsm.pku.edu.cn/北京大学光华管理学院金融风险管理中心

http://www.frm365.com/金融风险管理社区

第 16 章

银行风险管理(二):金融衍生工具风险管理技术

引　言

银行持有的资产负债存在持续期期缺口时,并不总是可以通过调整资产数量或者负债数量来缩小缺口的,因为调整的措施一定会牵涉到存款人、借款人。对于这些银行的客户,银行并不能要求他们按照银行的意愿做事,因此借助于公开市场的金融衍生工具规避风险,会使银行风险管理更加主动,也更有成效。

学习目标

1. 了解金融衍生工具的种类
2. 掌握各类金融衍生工具技术
3. 掌握商业银行利用金融衍生工具规避金融风险技术

重点问题

1. 利用利率期货规避贷款利率风险
2. 利用期权规避金融风险
3. 利用利率互换降低融资成本

16.1 利用利率期货合约规避利率风险

上一章中我们讨论过，当银行持有资产的平均持续期大于负债的平均持续期时，银行持续期缺口为正，市场利率上升时，银行资产价值下降会大于银行负债价值下降，银行净值减少。相反，如果银行持有资产的平均持续期小于银行持有负债的平均持续期，银行持续期缺口为负，市场利率下降时，银行负债价值的上升大于资产价值的上升，银行净值减少。这种由于市场利率波动造成银行净值损失的风险可以通过期货合约规避。

16.1.1 金融期货种类

期货是指买卖双方在公开市场（如纽约期货交易市场、东京期货交易市场）达成的标准化交易协议，协议要求在未来某个时间，对某种特定的金融工具进行交割以获得现金。期货合约采用标准规格的固定格式。金融期货有多种形式，基本种类有：

1. 外汇期货

外汇期货是指以不同的外汇币种作为交易对象，通过对不同币种汇率未来走势的预期，实现规避风险或套利。

2. 利率期货

利率期货是指以有息资产作为交易对象（如国库券、政府债券和企业债券），通过预期未来市场利率走势，实现规避风险或套利。这里需要强调的是利率期货常常通过公开市场债券贴现价格表现的。市场（存贷）利率上升，债券价格下降；市场（存贷）利率下降，债券价格上升。

3. 股票指数期货

股票指数期货是指以股票价格为标的物的期货合约。股指期货合约的价格等于某种股票指数的点数乘以规定的每一点的价格。各种股票指数期货的每一点的价格是不同的，比如恒生指数期货每点的价格是50港元，即恒生指数每下跌一个点，期货合约多头每份亏损50港元，空头每份合约盈利50港元。股票指数期货是目前市场上最热门也是发展最快的期货交易品种。股票指数期货不涉及股票本身的交割，所以合约都以现金形式结算。

期货交易的目的是将市场风险（包括汇率风险、利率风险和股票价格风险）从市场风险厌恶者身上转移到愿意接受风险并希望从市场风险中投机获益的投机者身上。目前中国商业银行已经开始向客户提供外汇期货和利率期货等金融衍生工具，2007 年，中国内地股指期货处于规则拟定阶段。

16.1.2 利率期货套期保值原理

利用利率期货金融工具避险的原理是通过利率期货市场实现对利率现货市场套期保值。操作的前提条件是：现货市场（存贷款）利率变化方向与期货市场利率变化方向是一致的。

1. 买空（多头）套期保值

多头套期保值是防止现货市场上金融产品在买入之前价格上升的风险，通过期货市场锁定价格。

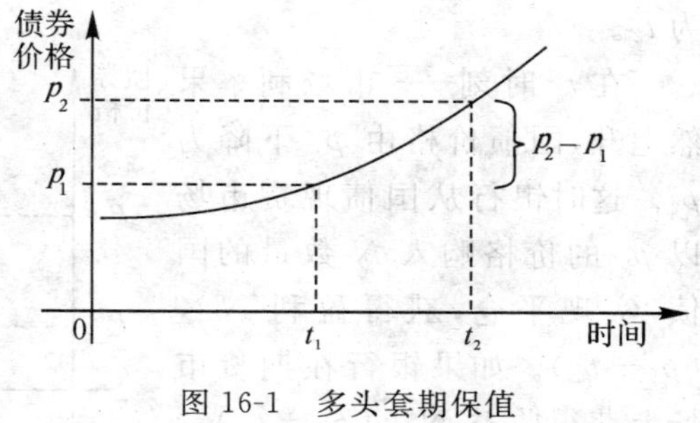

图 16-1 多头套期保值

人们利用“买空套期保值”规避风险的原理是：假如在现货市场上，投资者计划在未来某个时期买入 A 债券，并预期市场利率会下降。当市场利率下降时，债券贴现率下降，即债券价格上升。利用利率期货规避风险策略的操作程序如图 16-1 所示，由现货市场交易计划、期货市场交易操作和现货市场交易操作组成。

现货市场交易计划：投资者在 t_1 时刻做出计划，计划在 t_2 时间买入数量为 M 万元的 A 债券，此时 A 债券的价格是 p_1。投资者预期 t_2 时刻债券价格会上升到 p_2，如果等到 t_2 时刻购买，会有 p_1-p_2 的差价。

期货市场交易操作：为了避免价格“p_1-p_2”的变化造成 $M\times(p_1-p_2)$ 的损失，投资者可以进入期货市场运用套期保值技术规避这种损失，操作方法是：①在 t_1 时刻，投资者在期货市场上，以 p_1 的价格买入数量为 M 万元的 A 债券，交割的时间定在 t_2。②在 t_2 时刻，投资者在期货市场上，再以 p_2 价格卖出数量为 M 万元的 A 债券，实现平仓。可获得 $M\times(p_2-p_1)$ 差价的盈利。

现货市场交易操作：在 t_2 时刻，投资者在现货市场按计划购买数量为 M 万元的 A 债券，债券价格上升 p_2，购买债券的损失为 $M\times(p_1-p_2)$。现货市场的损失由期货市场的盈利来弥补。这就是多头套期保值的原理。

2. 卖空（空头）套期保值

空头套期保值是防止现货市场上金融产品在卖出之前价格下跌的风险，锁定销售价格。避险的原理是：以金融期货市场债券期货为例，市场（存贷款）利率上升，市场债券贴现率随之上升，债券价格下降。操作程序如图 16-2 所示。

16.1.3 银行利用利率期货避险案例讨论

如图16-2所示，假设在 t_1 时刻银行的持续期（也称为久期）缺口为正，银行预期在 t_2 时间，市场利率会上升，导致银行的净值下降 ΔM。为了规避利率风险，可以采取如下保值策略：

在 t_1 时刻——在期货市场，以 p_1 的价格出售 N 数量的国债，交割时间为 t_2。

在 t_2 时刻——市场利率果然上升，国债价格由 p_1 下降为 p_2。这时银行从国债现货市场以 p_2 的价格购入 N 数量的国债，实现平仓，获得盈利 $N\times(p_1-p_2)$。如果银行在期货市场上获得收益 $N\times(p_1-p_2)\geqslant\Delta M$，银行由于利率波动在现货市场上的损失，通过国债期货市场抵消，化解利率风险。

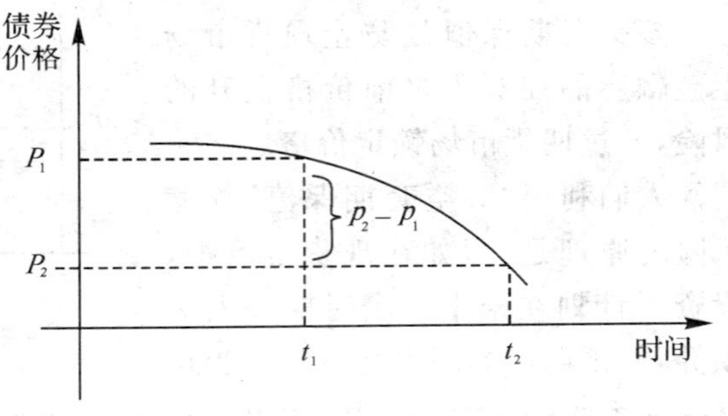

图16-2 空头套期保值

我们可以得出以下结论：当银行的久期缺口为正时，为了避免利率上升带来银行净值下降风险，可以利用金融期货工具采取卖空（现卖后买）的策略规避利率风险。当银行的持续期缺口为负时，为了避免市场利率下降银行净值下降的风险，银行可以采取买空的形式，即先买后卖策略规避利率风险。

16.1.4 规避利率风险管理技术

公式〈16-1〉表示，如果利率上升，债券期货合约的价值会下降，银行可以通过在当期以高价卖出，未来期货合约下降时再买入的方式获得收益。债券期货合约价格的变化根据公式〈15-6〉计算如下：

$$\text{期货合约价值变动}=-\text{期货合约久期}\times\text{期货合约初始价格}\times\frac{\text{利率的变化量}}{1+\text{初始利率}} \quad \langle 16\text{-}1\rangle$$

计算需要期货合约的数量：

$$\text{需要的期货合约的数量}=\frac{\text{银行净值变动}}{\text{期货合约价值变动}}$$

根据公式〈15-6〉得到：

$$需要的期货合约的数量=\frac{(资产久期-\frac{总负债}{总资产}\times负债久期)\times总资产}{期货合约久期\times期货合约初始价格} \quad 〈16-2〉$$

16.2 利用金融期权规避风险

16.2.1 金融期权的含义及类型

金融期权是指期权购买者在交易中针对特定的金融资产、在商定的期限内，以商定的价格、实施或放弃交易的权利，是一种针对特定金融资产买卖选择权的交易。

从不同的角度，可以把金融期权做如下分类：

(1)看涨期权和看跌期权。看涨期权是指只给买方以权利而不是义务，买方有权在一段特定的时间内按约定的价格买进证券。一旦买方决定履行期权而买进证券，看涨期权的卖方有出售的义务。看跌期权是指给买方以权利而不是义务，买方有权在一段特定的时间内按约定的价格卖出证券。一旦买方决定履行期权而出售该证券，看跌期权的卖方有买进的义务。

(2)按交易标的物不同，期权可分为股票期权、股价指数期权、外汇期权、利率期权和期货期权。

(3)按行使期权的时间不同，期权可分为美式期权和欧式期权。欧式期权中，期权购买者只能在期权到期的这一天行使权利。提前行使权利，期权卖出方可以拒绝，超出时间期权作废。美式期权中，期权购买者可以在期权到期的这一天行使权利，也可以提前行使权利，超出时间期权作废。

(4)按期权的场所不同，可分为场内交易和场外交易。场内交易是指在集中式的金融期货交易场所或金融期权交易场所进行标准化的金融期权合约交易。场外交易是指在非集中性的交易场所进行非标准化的金融期权合约的交易。

期权费是指期权购买者向期权卖出者支付的费用。在支付一定的期权费后，买入期权者拥有在一定时期内买入或卖出一定数量特定金融资产的权利，但不必承担必须进行买卖的义务。期权购买者可以放弃权利但不能收回期权费。

16.2.2 买入期权交易策略

1. 购买“买入期权”

买入期权也称“看涨期权”，是指期权交易双方约定在特定的时间，期权购买人具有“以约定的价格 X，买入特定金融产品”的期权。期权购买人行为理由是预测金融产品市价会上升至某一个价格以上。

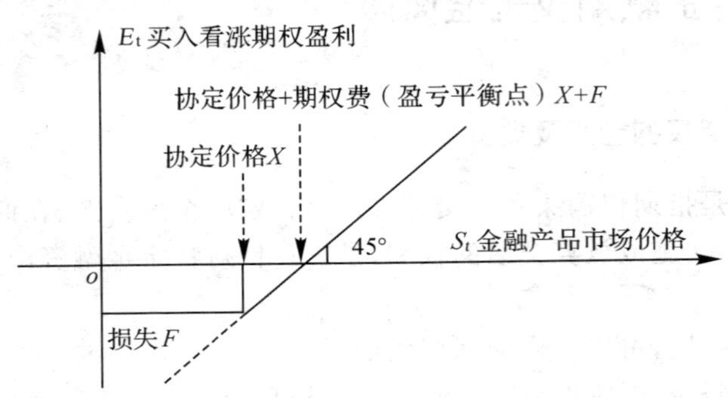

图 16-3 看涨期权中，期权合约的内在价值

当预测准确时，金融产品市场价格高于约定的价格 X，在约定的期限内，期权购买人可以“行使期权”，从交易对方购入金融产品。同时可在现货市场上出售该金融产品，从而获得差价盈利[-(X+F)]。如果市价未上升到预期价格，期权的购买者可以放弃“期权”，期权购买人的损失≤期权费。买入看涨期权合约的内在价值公式如下：

$$E_r=\begin{cases}[S_t-(X+F)] & \text{当 } S_t\geqslant(X+F)\text{，买入期权者盈利}\\ 0 & \text{当 } S_t<(X+F)\text{，买入期权者亏损}\end{cases}$$

式中：S_t 为市场价格；X 为期权合约约定的金融产品价格；F 为期权费。

【例 16-1】 银行计划几天后从证券公司购买 5000 万元的长期国债，8%的利率。但是又担心市场利率会下降，国债价格上涨。因此从证券公司买入“购买长期国债期权”，期权交易协议签订 10 万元国债的价格为 9.5 万元，银行向证券公司缴纳 500 元的期权费。

(1)如果在约定的日期市场利率下降，国债价格上升至每 10 万元的国债 9.7 万元。银行行使期权以 9.5 万元的价格买入国债，每份国债银行获得的收益：9.7－9.5－0.05＝0.15(万元)。或者将每份国债减少损失 0.15 万元。

行使期权可以减少银行在现货市场的购买国债的损失。

(2)如果利率上升，国债利率下降，银行在现货市场上购买国债没有损失。

银行放弃"行使期权"。银行在每份国债期权合约的损失被限制在500元以内。

从上面的例子我们可以得出,"买入看涨期权"是银行预测现货市场某种金融产品价格上涨会超过协定金融产品价格和期权费之和。在期货市场购买看涨期权,如果判断正确,可以减少在现货市场上的损失;如果判断失误,损失仅限于期权费。

2. 出售"买入期权"

买入期权者与卖出期权者共同构成"期权"的买卖双方。卖出"买入期权"者之所以会出售期权是因为预期金融产品的价格会下跌。交易会出现如下几种情况:①当金融产品价格下跌低于协议价格时,买入期权者会放弃权力,卖出者的收益为期权费。②当市价高于协议价,低于协议价与期权费之和时,客户执行合约减少损失,卖出期权者的盈利正好等于买入者的亏损。

16.2.3 卖出期权交易策略

1. 买入"卖出期权"

买入"卖出期权"也称"看跌期权"的交易策略是:预测金融产品市价会跌破某一个价格 X,在这个价格 X 上买入"出售金融资产"的期权。当预测准确时,可以从现货市场以购入金融产品,在期货市场上以 X 出售,从而获得差价盈利。如果金融产品的市场价格没有跌破预期价格 X,放弃"卖出权利"。

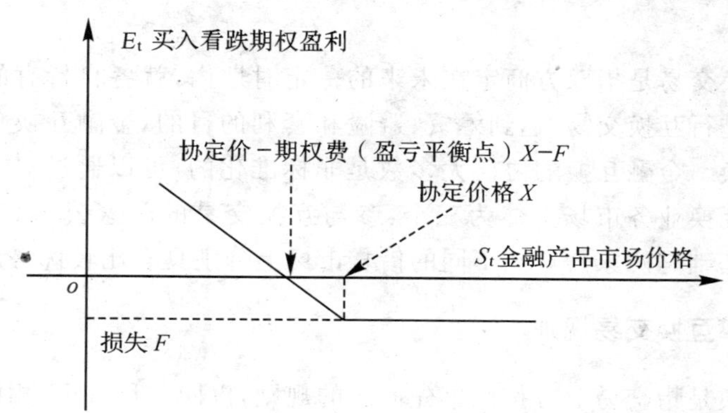

图 16-4 看跌期权中,期权合约的内在价值

买入"看跌期权"合约的内在价值公式:

$$E_r=\begin{cases}[S_t-(X-F)] & \text{当 } S_t<(X+F)\text{,买入期权者盈利}\\ 0 & \text{当 } S_t\geqslant(X+F)\text{,买入期权者亏损}\end{cases}$$

式中:S_t 为市场价格;X 为期权合约约定的金融产品价格;F 为期权费。

【例 16-2】 银行计划发行 1.5 亿元的大额存款定期存单，但是担心存单发行时市场利率上升，造成银行筹集资金成本上升吞噬银行筹集到的资金用于投资的利润。银行在期货市场上联系到一家公司，愿意出售“卖出期权”。银行约定以 97 万元出售 100 万元存单，期权费用 5000 元。

(1)在约定的期限内，如果市场利率上升，导致存单价格下降，下降到每 100 万元的价格降到了 94 万元。银行行使“卖出期权”，避免损失：97－94－0.5＝2.5 万元。

(2)在约定的期限年内，如果市场利率下降，导致存单单价上升，银行在现货市场出售存单，筹资成本下降。同时放弃行使期权。

2. 卖出“卖出期权”

买入看跌期权者与卖出看跌期权者共同构成“看跌期权”的买卖双方。卖出看跌期权者之所以会卖出期权，是因为预期金融产品的价格会上涨(或者至少不会跌至协定的价格)。交易会出现如下几种情况：①当金融产品价格高于协议价格时，买入期权者会放弃权利，卖出期权者的收益为期权费。②当市价低于协议价，高于协议价与期权费之差时，客户执行合约减少损失，卖出者的盈利正好等于买入者的亏损。

16.3 金融互换

金融互换交易是指双方商定在未来的一定时期内，就各自持有的金融产品的相关内容进行互换交易，达到筹资、避险和套利的目的，金融互换分为利率互换和货币互换。金融互换的协议大多数是非标准化的，可以通过双方的协商来确定。金融互换业务市场主体为三个：参与互换交易的两家公司和中介机构。金融互换的基础是两家公司在不同的借贷市场上分别具有比较优势。

16.3.1 利率互换交易规则

利率互换是指交易双方按照事先商定的规则，以同一种货币、相同金额的本金作为计算基础，在相同的期限内交换不同利率利息的支付交易。

【例 16-3】 由于信用等级不同，A、B 两家公司在不同的借贷市场上筹资的成本不同。

表 16-1　A、B 两家公司的筹资利率表

	固定市场利率	浮动市场利率
A公司	12%	LIBOR+0.2%
B公司	13%	LIBOR+0.5%
利率差	1%	0.3%

(1)分析产生互换交易的经济动因。是什么促使两家公司,不从借贷市场上直接借款来满足经营资金的需求,而费一番周折,通过利率互换交易,完成融资交易呢?原因非常简单,利率互换交易后,双方的融资成本都下降了,对交易双方来讲,都是有利可图的。因此,进行利率互换业务是有市场的。

(2)比较优势分析。A 公司的比较优势是:A 公司在固定借贷市场上的利率比 B 公司低 1 个百分点,而在浮动利率市场上,这个差异缩小到 0.3 个百分点。在固定利率市场上,A 公司有比较优势。相对固定借贷市场利率,B 公司在浮动利率市场上有相对比较优势。如果 A 公司需要一笔浮动利率贷款,而 B 公司需要一笔固定利率贷款,可以通过中介公司撮合完成利率互换交易。三方都可以在交易中获益。

(3)交易操作步骤。利率互换交易前提是 A 公司在固定利率市场有比较优势,需要浮动利率贷款。B 公司在浮动利率市场上有比较优势,需要固定利率贷款。双方可以利用其比较优势互补,降低借款成本。

直接贷款的成本:

A 公司直接借贷成本是 LIBOR+0.2%。

B公司直接借贷成本是 13%。

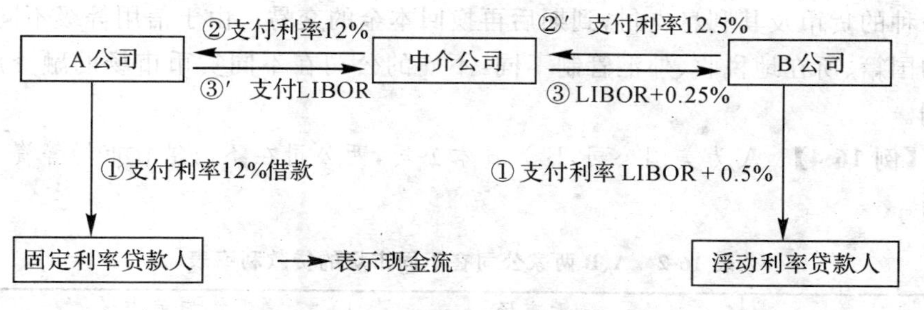

图 16-5　利率互换交易流程图

互换交易过程:

• 利益分配:中介公司测算,AB 公司的借贷利差=1%−0.3%=0.7%

根据三方协商,分别获得收益:0.2%、0.25%、0.25%。

• 互换交易一：向市场借款(见图 16-5 中①)。

A 公司在固定利率借贷市场以 12%的利率借款。

B 公司在浮动利率接待市场以 LIBOR+0.5%的浮动利率借款。

• 互换交易二：完成固定利率交换(见图 16-5 中②)。中介公司以利率 12%向 A 公司借款。同时 B 公司向中介公司支付 12.5%的利率。

A 公司借款成本无变化：12.5%－12.5%＝0

B 公司借款成本：12.5%

中介公司成本：12.0%－12.5%＝－0.5%

• 互换交易三：完成浮动利率交换(见图 16-5 中③)。中介支付 LIBOR+0.25%利率向 B 公司借款。同时 A 公司向中介公司支付 LIBOR 利率。

A 公司交易成本：LIBOR

B 公司交易成本：0.5%－0.25%＝0.25%

中介公司成本：0.25%－0＝0.25%

• 与直接融资相比，完成互换交易后各方受益：

A 公司融资成本变化：0+LIBOR－(LIBOR+0.2%)＝－0.2%

B 公司融资成本变化：12.5%+0.25%－13%＝－0.25%

中介公司收益：0.5%－0.25%＝0.25%

交易产生各方收益：0.7%

16.3.2 货币互换交易规则

货币互换交易是指交易双方按照事先商定的规则，交换本金数量相同的、不同币种的货币及其利息支付，到期后再换回本金的交易。由于信用等级不同，公司的国籍、所在地税收、外汇管制不同，不同的公司在不同货币市场的融资成本不同。

【例 16-4】 A 为美国公司，B 为日本公司，两公司在不同借贷市场筹资成本不同。

表 16-2 A、B 两家公司在不同市场的贷款利率表

	美元市场	日元市场
A 公司	8.00%	10.00%
B 公司	10.00%	11.00%
利率差	2.00%	1.00%

(1)分析产生互换交易的动因。是什么促使两家公司不直接从借贷市场上

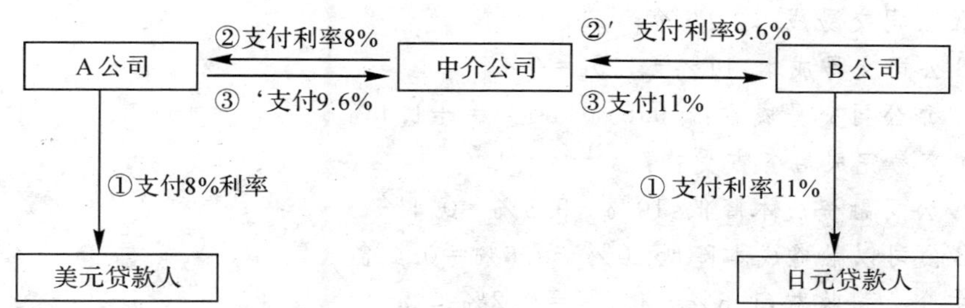

图 16-6 货币互换交易流程图

直接借款来满足经营资金的需求,而要费一番周折增加货币互换交易过程来完成融资交易呢?原因非常简单,增加货币互换交易后,融资成本下降,对双方来讲都是有利可图的。因此,进行货币互换业务是有市场的。

(2)融资优势分析。A公司比较优势是A公司在美元借贷市场上的利率比B公司低2个百分点。在日元利率市场上,这个差异缩小到1个百分点。结论:在美元市场上,A公司有比较优势。相对美元货币市场,B公司在日元市场上有相对比较优势。

如果A公司需要一笔日元贷款,而B公司需要一笔美元贷款,双方可以通过中介公司签订货币互换协议。交易中的三方都可以在交易中获益。

(3)互换交易步骤。A公司需要日元贷款,直接借贷成本为10%。B公司需要美元贷款,直接借贷成本是10%。货币互换交易过程如下:

- 盈利分配:中介公司测算,AB公司的借贷利差=2%-1%=1%。

根据三方协商,A、B公司,中介公司分别获得收益:0.4%、0.4%、0.2%。

- 互换交易一:交易双方各自向货币市场借款(见图16-6中①)。

A公司在美元借贷市场以8%借款。B公司在日元市场以11%借款。

- 互换交易二完成美元资金互换(见图16-6中②)。

中介公司以8%利率向A公司借款。同时以9.60%的利率将资金借给B公司。

A公司交易成本:8.0%-8.0%=0%

B公司借款成本:9.6%

中介公司交易成本:-9.6%+8%=-1.6%

- 互换交易三:完成浮动日元资金交换(见图16-6中③)。

中介支付11%利率向B公司取得日元贷款。同时以9.6%的利率将资金借给A公司。

A 公司交易成本：9.6%

B 公司交易成本：11%－11%＝0%

中介公司交易成本：－9.6%＋11%＝＋1.4%

• 交易完成后各方受益：

A 公司融资成本降低：10%－9.6%＝0.4%。

B 公司以融资成本降低 10%－9.6%＝0.4%。

中介公司收益：1.6%－1.4%＝0.2%。

交易产生各方收益：1%。

(4)其他问题。

本金互换。在交易日，双方按当天的汇率牌价交换不同本金的数量。当天的汇率是 1 美元＝120 日元，A 公司可支付 1000 万美元给 B 公司，同时收取 120,000 万日元(12 亿日元)。

每年交换利率。A 公司每年向中介公司收取 8%的 1000 万元的美元利息。向中介公司支付 9.6%的 12 亿日元的利息。B 每年向中介公司支付 9.6%的美元利息，向中介公司收取 11%的日元利息。

借款协议到期日，A 公司向 B 公司收回 1000 万美元，同时归还 120,000 万日元(12 亿日元)给 B 公司。

16.4 利用股票指数期货规避风险

16.4.1 股指期货的交易规则

以股票指数为基础交易物的期货合约称为股票指数期货。由于交易标的物的独特性质决定了股指期货独特的交易规则。

1. 交易单位

在股指期货交易中，合约的交易单位是以一定的货币金额与标的股票指数的乘积来表示的。这“一定的货币金额”是由合约所固定的，因此，期货市场只以该合约的标的指数的点数来报出它的价格。

主要市场股指期货交易单位＝“一定的货币金额”×主要市场指数点 〈16-3〉

☞【相关链接】

CBOT(美国芝加哥商业交易所)主要市场指数期货合约规格

在CBOT(美国芝加哥商业交易所)上市的主要市场指数期货合约规定,交易单位为250美元与主要市场指数的乘积。因而若期货市场报出主要市场指数为410点,则表示一张股指期货合约的价值为250×410=102500美元。若主要市场指数上涨了20点,则表示一张合约的价值增加了250×20=5000美元。每张合约的每个最小变动单位的价格是:250×0.05=12.50美元。

CBOT主要市场指数期货合约规格

交易单位	250×主要市场指数点
最小变动价位	0.05个指数点(每张合约12.50美元)
每日价格波动限制	不高于前一交易日结算价格80个指数点, 不低于前一交易日结算价格50个指数点
合约月份	最初三上连续月份及紧接着的三个以3月、6月、 9月、12月循环的月份

2. 最小变动价位

股票指数期货的最小变动价位(即一个刻度),通常也以一定的指数点来表示。

☞【相关链接】

S&P500种股票价格综合指数期货合约(S&P500)

S&P500指数期货的最小变动价位是0.05个指数点。由于S&P500指数的一个点的每张合约的价值为500美元,因此,就每个合约而言,其最小变动价位的价格是500×0.05=25美元,它表示交易中价格每变动一个刻度,每张合约的价值增加或减少25美元。

S&P500种股票价格综合指数期货合约(S&P500)

交易单位	用500美元乘以S&P500股票价格指数
最小变动价位	0.050个指数点(每张合约25美元) 每日价格最大波动,与证券市场挂牌的相关股票的交易中止相协调
开市限价	在交易刚开盘期间,最大价格波动额不得高于或低于上一交易日结算价5个指数点,假如期货合约价格在开市后10分钟时达到此停板额,交易将暂停2分钟,然后按新的开盘价范围重新恢复交易。

续表

合约月份	3,6,9,12
交易时间	8:30—15:15(芝加哥时间)
最后交易日	最终结算价格确定日的前一个工作日
交割方式	最终结算价以现金结算,此最终结算价由合约月份的第三个星期五的S&P500股票价格指数的构成股票市场开盘价所决定

3. 每日价格波动限制

自1987年10月股灾以后,绝大多数交易所均对其上市的股票指数期货合约规定了每日价格波动限制,但各交易所的规定不同。这种不同既表现在限制的幅度上,也表现在限制的方式上。同时,经常根据具体情况对每日价格波动进行限制。

4. 结算方式

以现金结算是股票指数期货交易不同与其他期货交易的一个重大特色。在现金结算方式下,每一个未平仓合约将于到期日被自动冲销。也就是说,交易者比较成交及结算时合约价值大小来计算盈亏,进行现金交割。

16.4.2 股指期货的特征

与股票的交易相比,股票指数期货的优势主要表现在以下方面:

1. 提供较方便的卖空交易

股票卖空交易的一个先决条件是必须首先从他人手中借到一定数量的股票。国外对于卖空交易的进行设有较严格的条件,这就使得在金融市场上,并非所有的投资者都能很方便地完成卖空交易。例如,在英国只有证券做市商才有可能借到英国股票;而美国证券交易委员会规则10A-1规定,投资者借股票必须通过证券经纪人来进行,还得交纳一定数量的相关费用。而进行指数期货交易则不然,实际上有半数以上的指数期货交易中都包括拥有卖空的交易头寸。

2. 交易成本较低

相对现货交易,指数期货交易的成本是相当低的。指数期货交易的成本包括:交易佣金、买卖价差、用于支付保证金的机会成本和可能的税项。如在英国,期货合约是不用支付印花税的,并且购买指数期货只进行一笔交易,而想购买多种(如100种或者500种)股票则需要进行多笔、大量的交易,交易成本很高。美国一笔期货交易(包括建仓并平仓的完整交易)收取的费用只有30美元左右。指数期货交易成本仅为股票交易成本的1/10。

3. 较高的杠杆比率

在英国,对于一个初始保证金只有2500英镑的期货交易账户来说,它可以进行的金融时报100种指数期货的交易量可达70000英镑，杠杆比率为28：1。由于保证金交纳的数量是根据所交易的指数期货的市场价值来确定的，交易所会根据市场的价格变化情况，决定是否追加保证金或是否可以提取超额部分。

4. 市场的流动性较高

有研究表明，指数期货市场的流动性明显高于现货股票市场。如在1991年，FTSE-100指数期货交易量就已达850亿英镑。

从国外股指期货市场发展的情况来看，使用指数期货最多的投资人当属各类基金(如各类共同基金、养老基金、保险基金)的投资经理。另外其他市场参与者主要有承销商、做市商和股票发行公司。

16.4.3 股指期货规避风险案例

现货市场上，某投资者在香港股市持有总市值200万港元的10种以上的股票，该投资者预计东南亚的金融危机可能会引发香港股票市场的整体下滑。此时香港股票的恒生指数为13000点。

期货市场上，假设股指期货合约的合约价格等于某种股票指数的点数乘以规定的每一点的价格。恒生指数每点的价格是50港元，即恒生指数每下跌一个点，期货合约的多头每份合约亏损50港元，空头每份合约盈利50港元。市场提供6个月到期股指期货。

【例16-5】 如果投资者打算继续持有手中的股票。6个月后，股票指数下跌到10000点，客户手中的股票的市值为155万港元。请你利用股指期货为他设计避险方案。

(1)计算该客户在现货市场上的盈亏。

(2)计算在你的方案下，客户在期货市场的盈利。

(3)对你的避险效果进行评价。

解：建议客户采用“股指期货”交易进行套期保值。具体方案如下：

由于预计股票指数会下跌，在期货市场上卖出恒生指数期货。分析情况：①如果6个月到期时，指数真的下跌，可以平仓方式从市场买入3份合约，获得盈利。从而抵消股票市场亏损。②如果6个月到期，指数没有较大的变化，投资者可以从证券个股中受益。同时在股指期货市场也不会有大的亏损。

(1)在现货市场上：在股票亏损200－155＝45(万元)

(2)在期货市场上：确定合约张数：1’550’000.00/(13’000×50)＝2.38张。买入3份股指期货买空合约

6个月到期：指数从13000点跌至10000点，股指变化点数3000点，期货市

场上平仓盈利 3000×50×3＝45 万港元

(3)避险效果：现货市场的亏损与期货市场的盈利相抵，套期保值计划成功。

【本章小结】

本章主要讨论了金融期货中的期货、期权、金融互换和股指期货等金融工具技术，以及银行如何利用金融衍生工具规避利率风险。

利用期货交易规避风险的原理是银行用在期货市场上的收益抵消在现货市场上的损失。典型的技术是银行利用国债期货规避由于银行久期缺口造成的银行净值随市场利率波动的风险。

期权交易是期权购买者在市场利率变化时，为了将损失限制在一个有限的范围内的规避利率风险的方法。银行在发行存单、发放贷款等资金经营活动中为了避免收益损失或成本增加，可以采取这种方法。

金融互换和股指期货是常见的金融衍生工具。银行可以作为中介为客户撮合互换交易，也可以提供股指交易的服务获得手续费收入。当然银行也可以作为互换交易或者股指期货交易的参与者，利用这两种工具规避风险，提高收益。

【课后练习】

一、概念题

金融期货　买入期权　卖出期权　货币互换　利率互换　股票指数期货

二、简述题

1. 什么是金融期货。银行如何利用金融期货规避利率风险？

2. 什么是银行的买入期货避险？什么是银行的卖出期货避险？

3. 下列各种情况适合于用哪一种金融期货避险？

(1)银行担心存款利率上升会提高筹资成本，造成固定利率贷款利润损失。

(2)银行持有大量浮动利率贷款，担心市场利率会下降。

4. 假如市场的利率上升，通常哪种期权会被使用？

【网络指引】

如果你想了解更多的关于期货的知识，请登录以下网站：

http://www.cboe.com/International/Chinese/OptProd/default.aspx/CBOE 期货网站

http://www.optionscentral.com/international/chinese/basics/default.jsp/期权行业协会网站

主要参考文献

[1] 黄仁宇.资本主义与二十一世纪.北京:生活·读书·新知三联书店,2004.

[2] [美]彼得·罗斯.商业银行管理.北京:机械工业出版社,2005.

[3] 唐纳德·R·费雷泽,等.商业银行业务——对风险的管理.北京:中国金融出版社,2002.

[4] [美]菲利普·乔瑞.风险价值 VAR.北京:中信出版社,2005.

[5] 史建平.商业银行管理学.北京:中国人民大学出版社,2003.

[6] 彭兴韵.金融发展的路径依赖与金融自由化.北京:生活·读书·新知三联书店,2002.

[7] 巴曙松.巴塞尔新资本协议研究.北京:中信出版社,2003.

[8] 刘巍.宏观经济运行中的货币:假设、推理、检验.广州:中山大学出版社,2004.

[9] 刘忠燕.商业银行经营与管理.北京:中国金融出版社,2003.

[10] 杨宜.商业银行管理.北京:机械工业出版社,2004.

[11] 蔡锷生.银行公司治理与控制.北京:经济科学出版社,2003.

[12] 石英华.资本市场:热点与案例.北京:经济科学出版社,2004.

[13] 施兵超.金融风险管理.上海:上海财经大学出版社,2004.

[14] 戴国强.商业银行经营学.北京:高等教育出版社,2003.

[15] 杨长江.微观经济学.上海:复旦大学出版社,2004.

[16] 邓世敏.商业银行中间业务.北京:中国金融出版社,2001.

[17] 中国银行业监督管理委员会.巴塞尔新资本协议.2004.

[18] 曾康霖.商业银行经营管理研究.成都:西南财经大学出版社,2000.

[19] 李志辉.商业银行业务经营与管理.北京:中国金融出版社,2004.

[20] 殷孟波.商业银行经营管理.北京:中国人民大学出版社,2001.

[21] 鲍静海,尹成远.商业银行业务经营与管理.北京:人民邮电出版社,2003.

[22] 郑先炳.西方货币理论.成都:西南财经大学出版社,2001.

图书在版编目（CIP）数据

商业银行管理学／韩瑾主编．—杭州：浙江大学出版社，2007.6(2013.1 重印)
ISBN 978-7-308-05405-8

Ⅰ.商…　Ⅱ.韩…　Ⅲ.商业银行－经济管理－高等学校－教材　Ⅳ.F830.33

中国版本图书馆 CIP 数据核字（2007）第 094977 号

商业银行管理学
韩　瑾　主编

总 策 划　周卫群
责任编辑　田　华
封面设计　刘依群
出版发行　浙江大学出版社
（杭州市天目山路 148 号　邮政编码 310007）
（网址:http://www.zjupress.com）
排　　版　杭州中大图文设计有限公司
印　　刷　德清县第二印刷厂
开　　本　710mm×960mm　1/16
印　　张　20.75
字　　数　372 千
版 印 次　2007 年 6 月第 1 版　2013 年 1 月第 4 次印刷
书　　号　ISBN 978-7-308-05405-8
定　　价　30.00 元

浙江大学出版社发行部邮购电话(0571)88925591